World as a Perspective

世界作為一種視野

我所認識的新加坡

THE SINGAPORE I RECOGNISE: Essays on home, community and hope

一位在地記者的參與及觀察

韓俐穎 *Kirsten Han*——著

閻紀宇——譯

送給閱讀此書的人……

你的力量超出你的自我認知。

目次

本書包含關於身體暴力的描述，提及監禁以及與死刑相關的議題，同時也論及逮捕與偵訊。我們知道對於如何回應、如何處理這些議題，不同的讀者做法不同，因為每一個人都會有獨特的相關經驗。如果讀者發現自己難以承受，在個人層面受到衝擊，或者一時間還無法面對這些內容，各位大可以暫時放下這本書，找一個人傾訴心中感受。

推薦序

一位社會行動者和獨立記者眼中的新加坡

莊嘉穎／新加坡國立大學政治系副教授

韓俐穎在《我所認識的新加坡》中，從一位社會行動者和獨立記者的經驗和視角，展現了新加坡光鮮亮麗面貌背後的現實。許多國外人士曉得的新加坡，是奢華的娛樂場所，不是可以自拍的金沙，就是聖淘沙、烏節路，還是海南雞飯、肉骨茶。不少外國政治人物經常說要效仿新加坡，或拿新加坡的所謂經濟表現來打臉政治對手。推廣脫歐的英國保守黨人物，稱擺脫了歐盟之後，英國可以成為泰晤士河畔的新加坡（Singapore on the Thames）。有時候還會見到臺灣政治人物說：為什麼新加坡可以，某某城市或臺灣不能？

其實外國人對新加坡有這樣的印象，一點都不稀奇。新加坡如其他國家和城市一樣，有很多不同的面向。新加坡對外的形象，經常是國家機器、對外宣傳和官方媒體推銷的結果。新加坡也有菁英階層甚至中產不但不願意讓別人曉得，連自己都可能不想見到的事實。這本書的書名，是引用時任新加坡駐美大使米爾普里（Ashok Mipuri）回應著者韓俐穎在《紐約時報》刊登的評論時，所使用的一句話。韓在當時的文章中指出，時任美國總統的川普，與新加坡在利用和推廣死刑，以及將「假新聞」的敘述武器化等行為上，似乎在互相學習。

這些幾乎見不得光的事情究竟是什麼？書中經由韓曾經參與過的行動，或報導過的事件凸顯了很多不同的例子。其中，在新加坡成功和富裕的背後，有很大一群低收入移工，人數約一百三十多萬，占新加坡人口大概二成一。他們不但因為雇主要壓低成本，必須接受低工資，在勞工權益上也沒有很足的保障。這些低收入移工，替新加坡經濟提供大量廉價勞力，讓許多公司能夠提升利潤，也讓很多新加坡家庭能夠負擔看護家中兒童和長輩的開銷，還可以同時打理家務。其中一個案例是前新加坡海軍總長、前樟宜機場集團董事長家中服務的印尼籍女傭帕蒂．利亞尼（Parti Liyani）。帕蒂因為得罪雇主而被栽贓偷竊，原本被判坐牢。但在新加坡移工協助團體的幫助下，好不容易上訴成功獲得清白和自由。不過在審理過程中，可以見到制度和執法人員對移工的偏見甚至歧視。

帕蒂算是比較幸運。有更多移工同樣缺乏保障，也只能默默承受不公的對待。還有許許多多的移工在工作時受了重傷，不但得不到賠償，還拖著傷被雇主強制遣返。有的還因為安全措施不足送上性命。更有一些移工，經歷的是被雇主亂扣薪資，被提供已經開始腐爛的伙食，每天需要搭乘缺乏安全配備的運貨卡車上下班。時不時，還會見到雇主虐待移工的案件。這些都還沒提到移工因為要來新加坡打工，經常在本國需要付出昂貴的仲介費，讓他們和家人欠了一身債。碰到這樣的事情，許多新加坡人的反應經常是很不以為然的：至少這些移工在新加坡的條件比在他們國內好，他們回去就會是有錢人。

韓俐穎在書中也提到新加坡的死刑制度。許多人認為新加坡犯罪率低，是因為有了嚴刑厲罰。因此，許多新加坡人也贊同死刑。不過沒有證據顯示死刑與新加坡犯罪率的直接關係。新加坡的犯罪率，多年來與同樣使用普通法制度，而早已廢除死刑的香港不相上下。新加坡的死刑犯，大多是因為運送和販賣毒品，也似乎主要來自低收入戶，自己沒有太多人生機會，而不是幕後的黑幫大佬或大老闆。這些因為毒品而被判死刑的人，給人的感覺或許是可以被報銷的生意成本。他們的死是否真的有嚇阻效應，很難以現有證據證實。

新加坡在二〇一九年，因為長期執政的人民行動黨稱為了要面對不實訊息所帶來的挑戰，通過了《防止網路假訊息和網路操縱法》（*Protection against Online Falsehood and Manipulation Act*，POFMA）。在沒有訊息開放和自由條例的新加坡，POFMA給予政治任命的部長在不需要提供證據的情況下，有權力將任何他們認為是虛假和危害國家利益的資訊列為「不實訊息」，強制要求對方修正、甚至可以要社交媒體或網路服務平臺刪文。不服從的懲罰包括高額罰款或監禁。雖然原則上可以上訴，不過整個司法過程相當漫長而昂貴。

至今，POFMA的使用，主要針對的對象是獨立媒體平臺，或挑戰官方政策的民間組織。在新冠疫情高峰，有許多對於疫情來源、治療，甚至疫苗的不實訊息，但印象中似乎只有少部分受到POFMA管制。在俄羅斯二〇二二年二月攻打烏克蘭之後，也有大量不實訊息在網上到處蔓延，稱烏克蘭是納粹、在捏造死傷、或俄國動武是因為被北約擴張所迫，還推廣新加坡不應該對俄國進行經濟制裁。這一切都沒有受到POFMA管制。但是，這類型的訊息卻恰好是POFMA立法之前，官方強調要針對的威脅。

書中也討論到韓俐穎本身如何認識到新加坡國家暴力和長期未審監禁的歷史。新加坡從英殖民晚期到獨立前幾十年，都在冷戰的陰影下生存。在這樣的環境下，無論是英殖民政府、短暫的馬來西亞聯邦管治、還是獨立前後的人民行動黨政府，都對當地的共產黨進行打壓。除了長時間扣留之外，也有官方使用酷刑招供的傳言。到現在，因為資料不公開，一般新加坡人對這一段歷史仍然相當生疏。官方敘述也只是輕描淡寫，把當時受監禁的人士列為「威脅」、「共產黨」或「共產黨同路人」。這些人當中有多少是共產黨，有多少真正危害國安，還都仍未知曉。

韓俐穎在作為行動者和獨立記者的經歷中，時常會為了以上議題進行動員或追蹤報導。這在一方面很自然引來新加坡執法單位和法律上的關切。另一方面，也使當權的政治人物和一些民眾，把她視為「賣國」的「叛徒」。這樣的批評，在一次韓俐穎與一群新加坡行動者和獨立記者，與當時剛剛再次上任的九十歲馬來西亞首相馬哈迪會面後，特別強烈。當時訪問團中的成員覃炳鑫博士向馬哈迪表示，希望在馬來西亞二〇一八年經過民選推翻長年獨大的國陣聯盟後，能給予東南亞民主一些啟發。

新加坡當權者與民眾對韓俐穎等人公開指責，甚至辱罵。這一系列舉動，其實揭發了新加坡社會和政治的脆弱和易碎性。不少新加坡當權者和民眾，很不習慣面對異議，更無法承受公開批評，難以用心平氣和、就事論事的方式做出回應。經常把批評者或對手混淆成敵人或仇家，以報復性或仇恨的方式進行反擊。在這些人眼裡，最適合提出異議的時候，是在不公開的閉門場合。一方面當權者更容易掌握之後的敘事或讓人遺忘，另一方面可以選擇性地邀請對話者，避開自己不希望聽到或不喜歡的言論，還可以把對方分化成可以接受的「好」異議者，和無法容忍而需要被去除的「壞」異議者。

《我所認識的新加坡》透過韓俐穎的個人經驗、長期細心觀察以及細膩的描述，將新加坡不同的面貌介紹給讀者。韓俐穎的書寫，能讓人重新認識到新加坡，也讓讀者更瞭解新加坡成功背後的一些成本。除了新加坡以外，希望理解認識威權控制手法的讀者，也可以從書中得到不少回饋和反思。在二十一世紀的第三個十年，世界上聽到許多質疑民主、崇拜威權的聲音，問民主是否能當飯吃，有機會發財就足夠了。民主雖然無法解決一切問題，不過在威權統治下，即便再軟性的威權，欣欣向榮背後，也必須付出一定的代價。韓俐穎提醒讀者，在這樣的時刻，關鍵是如何去辨識和理解這樣的現象。

推薦序

後李時代的啓蒙課

吳易叡／成功大學全校不分系學士學程副教授

入秋的東亞已初見寒意，我又飛到八年不見的新加坡參加會議。和同樣在三年前從香港離開的醫學院同事共進早餐。在牛車水南緣恭錫路上的「東亞餐室」，我們都叫了一套咖椰吐司、半熟蛋，還有苦澀到不行的炭燒咖啡。在依然溽熱的赤道上，就算只有快要故障的電風扇陪伴，也一定要點這一份套餐才對味。

除了敘舊，聊聊近況，也免不了提及對新加坡的種種感受，我們都是在香港政治發生劇變之後遷徙的候鳥。我回到了臺灣，而同事則隨著在香港學術界上演的「出埃及記」負笈南洋，在我的老東家取得教職。他很滿意大學對於科學研究投入的資金和各種行政支持，對於學校給予的優渥福利也沒有話說。但離開之前他還是問了我，你怎麼看這邊學生的「反應」？這怎麼說起呢？不到一成的大學錄取率，的確是一群成績優異的高材生。不過說到批判思考的力度與創意，我們也只能相視而笑。他又問我，大部分的教師來了又走，要怎麼決定在此地待多久？

不用我說，只要在此地待上一段時間就知道，大部分能夠對問題提出針砭的人，都是政府不歡迎的人士。這本書的作者韓俐穎也不例外。書中提到的歷史學者覃炳鑫、部落客鄞義林，和寫下這本書的記者，都是我還在新加坡工作時，在媒體上經常讀到的異議人士。由於圈子小而緊密，經常在許多不同場合會偶然相遇。我在二〇一五年出版了散文集《赤道上的極地》，也在幾個發表的場合和他們不期而遇。其中一位，是李光耀頭號政敵林清祥的弟弟，林清如。他來了我在草根書室的朗讀會，在會前還送了我他的著作《我的黑白人生》，並帶我到旁邊怡和軒樓上茶敘。但就在今年，他的人生謝幕。

十年前我選擇用散文形式，寫下兩年多來對於這個高度現代化、乾淨整潔、講求績效的社會觀察，原因是住了兩年多，不難發現只有在政府達不到的「高度」，也就是藝術層次，才有辦法偷渡對於新加坡社會現狀或政府管治的批判。不過我用華文書寫並在臺灣出版，只見雨點不見漣漪，引不起行政官僚的注目。同年，漫畫家劉敬賢用英文出版的《陳福財的新加坡史》就沒那麼幸運，被政府沒收了創作獎助金，當時在社群媒體上引起不小的波瀾。而過了十年，在強人殞逝，疫情來了又走的新加坡，有了什麼改變？

《我所認識的新加坡：一位在地記者的參與及觀察》是身為網路平臺「新敘述」(*New Naratif*)總編輯的作者，在後李光耀時代寫下的新加坡觀察。在記者身分之外，她也是運動人士。書中描述的內容多是她親身經歷或貼身採訪的第一手資料。包含受到箝制的歷史書寫、畸形的選舉文化、種族和性別少數的困境，還有非政府組織組成困境和突破策略等。她廣引政治社會理論，利用檔案、口述資料和參與觀察，描述了一個深度廣度俱足，國家轉型中的各種掙扎。她說：「這本書並無意澄清或宣示什麼才是『真正的』新加坡。我也無意標舉二元對立的『真實』或『虛假』國家狀態。」若然，這本書想要揭示的是什麼？

的確，很難用「真／假」的標籤去定義在新加坡所接觸到的訊息，從新聞內容到歷史敘事，國家用盡各種手段去創造一個無法讓人分辨真偽的創作及閱聽環境。只能確定的是，不符合國家話語的創作，除了會被祭出懲罰，或遭到輿論詆毀，也毫無機會能自證真實性。赫胥黎在一九三二年出版的《美麗新世界》，描述了一個由先進科技與控制主宰的未來，在將近一世紀後的新加坡，竟有著讓人坐立難安的預言感。小說講述了一個建立在資訊受到精密操控的社會，這些控制手段在描述新加坡的書中都已司空見慣。

但《我所認識的新加坡》則透過一則則證言，解釋了公民的人格受到壓迫、消費主義至上、人們成為系統之奴的社會中，放棄尋求改變的心理根源。

而《我所認識的新加坡》中文譯本的出版，對出版地點臺灣的讀者，又有什麼樣的意義？或許在臺灣近年來陸續舉辦的「粉紅點」活動，可以窺見一二。LGBTQ族群權益的倡議行動，從每年同志、殘酷兒遊行的舉辦，都讓臺灣成為亞洲各國爭相仿效的國家。但由新加坡擴散到東亞各地的「粉紅點」，除了在星國自己的版本，參加的人數卻總是稀稀落落。事實上，新加坡鼓勵國際企業和慈善組織投資，卻禁止贊助國人參與政治；冷藏行動與光譜行動逐漸跌出人們的集體記憶；所有相關的公民社會運動都因為缺乏養分和連結性而必須不斷歸零，就連最「無害」的氣候行動都會受到政府的百般刁難。粉紅點在島國唯一言論自由空間——芳林公園——的舉辦，於是成為「不自由的實用主義」（illiberal pragmatism）框架之下的產物。在社會中依然充斥著歧視與排擠的狀況下，參加者必須冒著出櫃風險的焦慮氣氛之下，粉紅點運動必須包裝與異性戀價值站在同一陣線，鼓吹家庭價值。也因此，在LGBTQ運動彩虹光譜上的異議，便在唯一可見的粉紅色中消失，也受到排擠，甚至也出現了許多外資公司透過活動為自己的企業形象「洗粉紅」（pink wash）的傳言。

但不可諱言，新加坡的確正在改變。沒想到政治自由、媒體自由依然窄縮的新加坡，卻開始吸引原本駐點於香港的新聞業進駐。在地緣政治瞬息萬變的東／東南亞，這樣的流動意味著什麼呢？書中所提到刑法三七七A條的廢止，可視為這個極端保守社會中，一道難能可見的曙光。這個改變無疑是後李時代的島國重新尋求自身認同以及國際定位的展現之一。只不過，法律的修訂立竿見影，卻可能也只是最能避繁就簡的任務。相反的，歷史敘事該如何書寫？專業的歷史工作者為何在聽證會上仍會遭受律政部的公開羞辱？研究新加坡本地歷史的學者如何能夠在自身大學中獲得合理長聘？這依然是無解的問題。而或許更重要的，是閱聽人如何養成清明的洞察力，認識到攤於眼前的故事卷軸，其實是經過有心人的篩選、重製，再經過刻意編排的刻意策展。要能夠洞若觀火，必得經過一番艱巨的啟蒙過程。

韓俐穎給了這本書一個相當低調的書名。然而對於新加坡而言，要能夠獲致「我所認識」這樣的表達，其實需要一番工夫。要如何形成獨到的觀察，卻不會感受與社會隔絕？要如何不成為心理學家佛洛姆所言，容易被國家操控、不瞭解自己的「自動機公民」（automaton citizen），而不只是認得他自己該「成為」的人，讓「合成的笑容取代真實笑聲，沉悶的絕望取代真正的痛苦」？需要更多果敢的表達，和留下的見證。

臺灣版序

無論你在何方

二〇二四年五月一個星期五的夜晚，我們臺北之旅的一個月行程接近尾聲，我和先生從臺北車站附近的旅館走到立法院周遭的街道。我們非常關注國民黨與臺灣民眾黨如何強行推動一項爭議性的法案；身為大半生在威權環境中工作的記者，來到一個民主國家度假，一場自由進行的政治示威抗議讓人再興奮不過。離開臺灣之前，我們一定要再次造訪。

現場已經聚集了數千人，有些坐在人行道，有些坐在馬路上，有些在宣傳車之間遊走，聆聽不同人士的演講。資深運動者辛苦打理乏味無趣的後勤工作；熱情的高中生嚮往十年前自己還太年輕無緣參加的太陽花學運；上班族工作一整天之後結伴前來關心最新進度。我看到手牽手的情侶，帶著小娃娃的家庭，跟著夫妻前來的活潑狗兒成了示威者的寵兒。許多人揮舞著自製的海報與事先印製的標語。口號聲、音樂聲與笑聲此起彼落，當然也少不了謎因與雙關語。政治人物踐踏正當程序讓人感到憤怒、挫折，但整體的氣氛相當放鬆。我看到的警察大多忙著指揮交通，保護民眾不被汽車與摩托車撞到。

如果政治人物能循規蹈矩、民主程序能運作順暢、民眾不需要上街抗議，當然都是好事一樁；然而我發現像臺北街頭這樣的大規模行動，有一種不可思議、撼動人心的力量，顯示了在必要的時候，眾人會攜手同心，表明立場。我知道對於議題各個方面的細節，大家必然會有許多歧見；但是這樣的集會展現了共同的希望與願景——大家期待生活的社會，期盼看到的國家。

在新加坡，人們對於自己期盼看到的國家也有共同的夢想，並且竭盡所能朝著這個目標努力。臺灣運動者與組織者使用的許多策略與方法，新加坡同儕不是望之興嘆，就是嚴重受限。示威抗議實質上遭到禁絕，因為《公共秩序法》（*Public Order Act*）會懲罰任何未經警方許可、「涉及宣傳理念」的公開集會或遊行——就連一個人進行也不容許。示威抗議想要通過警方這一關，必須在十四個工作天之前上政府網站申請。運動者知道要取得許可難上加難，這意謂我們只能將活動局限在演說者角落（Speakers' Corner）——

全新加坡唯一能夠舉行未經警方許可集會或示威的一座小公園；或者尋找其他方式來組織線上或線下的行動。其他選項也處處都是挑戰：劇場演出必須獲得資訊、通訊及媒體發展管理局（Infocomm Media Development Authority）核准，公開展覽也必須申請許可，外籍人士未經批准不得在公眾活動上發言。新加坡對於種族與宗教議題有各種法規，不僅用來對付種族歧視者，也用來壓制聲討種族歧視的少數族群。這樣還不足夠，人民行動黨政府以懲治藐視法庭及「假新聞」為由，透過立法擴張權力；執政黨高階成員則是以代價高昂的誹謗訴訟來打擊批評者與政治對手。我與臺灣公民社會的朋友討論時，他們大感驚訝：新加坡運動者如果想在凡事須經政府核准的狹隘空間做一點事，過程會有如行經地雷遍布的戰場。但是我們仍然利用自身的資源盡力而為，試圖開闢未來可以運作的空間。

這樣的工作相當困難，風險居高不下，有時也相當寂寞。運動者的故事——尤其是不遵守政府規定的「壞運動者」——在新加坡被邊緣化，主流媒體受官方掌控、因此被人民行動黨（People’s Action Party）的敘事宰制，很少出現非官方許可的聲音與觀點。我和同儕有時會感覺，我們所身處的國家與這個政府向世界投射出來的新加坡，是兩個相互平行的次元。我們看到政府不希望人民看到的事情，發出政府不希望人民聽到的聲音，經歷其他新加坡人可能永遠不會經歷的遭遇——例如警方調查、檢察官起訴、法院訴訟、抹黑汙蔑。正如同在野黨國會議員會組成影子內閣、提出影子報告，呈現政府立場之外的選項；新加坡公民社會掌握的真相，也一樣給新加坡亮麗的公關形象帶來必要的平衡。

我寫作本書是為了點亮燈光，讓各種不同的敘事能夠走出陰影，獲取它們應有的地位，呈現更為細緻、複雜的新加坡面貌。我無法自居為新加坡全體公民社會的代言人——如果我這麼做，請不要相信我；但是我可以分享我如何體驗、觀察、思考自己的國家，一個既讓我怒火中燒、也讓我同等著迷的地方。

我嘗試讓局外人也可以理解本書內容，但寫作時念茲在茲的還是我的新加坡同胞。我們有好多事情必須告訴彼此，好多事情必須為後世留下紀錄，但是能夠這麼做的平臺與管道十分有限——儘管有社群媒體與其善變的演算法。我對這本書最大的期待，就是要讓不接受權力體制敘事的新加坡人知道自己並不孤單，同時也對不受制於人民行動黨規則的公共論述有所貢獻。如今，隨著《我所認識的新加坡》中文版問世，我也開始思考這本書對於新加坡之外的人有何價值。

我經常被指責對自己的國家「說壞話」，被視為一種背叛，但是我不以為然，從來不相信只因為我是新加坡人，就有職責為自己的國家洗白。新加坡的缺陷或許丟人現眼，但面對與批判這些缺陷絕非「背叛」國家。我們身為國民，擔負責任的對象是其他國民，不是國家權力或者宰制性的政治敘事。我之所以書寫新加坡的缺陷，是因為我們能夠、也必須做得更好。為了做得更好，我們首先應該瞭解、並且能夠討論國家的問題。當我的作品跨越國界，那是在向外接觸，希望能夠建立覺察、營造團結，連結其他地方打造更美好世界的努力。

今日的情勢相當艱難：有太多國家的民主品質每況愈下，日益惡化的貧富不均造成分裂與壓力，氣候危機威脅全體人類。在這個彷彿世界陷入火海的時代，人們很容易灰心沮喪，覺得無法做出正向的改變。我非常熟悉這種憤怒與悲傷，但正因如此，我也知道共鳴與連結的力量。在這世上，我會遭遇可怕的事，也會看到許多人竭盡全力嘗試解決問題，或者至少改善狀況。他們的熱情與決心、同情與關懷、勇氣與堅持為我帶來激勵與動力。當我們看到彼此在崗位上全力以赴，我們會一起變得更加勇敢、堅強。如果你明白自己其實並不孤單，就不會覺得事情沒有希望。

美國黑人女性主義者、民權運動領袖芬妮・露・哈默（Fannie Lou Hamer）曾經宣示：「沒有人能夠真正自由，除非每一個人都獲得自由。」這番話深得我心，儘管我有時候心情跌落谷底，因為自己顯然無力讓每一個人都獲得自由。在這樣的時刻我會提醒自己，公正的世界不可能由一個人打造，窮盡一生之力也不可能。那會是一場持續開展的使命，我們必須日復一日付諸實行，每一個世代都在前一個世代的基礎上繼續努力。那也是一場超越國界的使命，因為我們關愛與照顧彼此、眾生、地球的能耐，要比任何政治人物與國家政府的權力更為古老、強大，本身就是自成一格的力量。

無論你在何方，你也擁有這股力量。

序論

認識一個國家的權利

「我不認識韓女士描述的國家。」

二〇一八年新加坡駐美國大使米爾普里（Ashok Kumar Mirpuri）投書《紐約時報》，反駁我先前發表在該報的一篇文章，[1]上述那句話是他的結論。我的文章描述新加坡與時任美國總統川普如何在死刑議題上一搭一唱，並且有志一同將「假新聞」的相關論述化為武器。[2]

米爾普里大使寫道：「韓俐穎的文章將新加坡描繪為一個威權主義的樂園，對政府的批評會遭到扼殺，毒品走私者則一律絞刑處死。」他聲稱我的說法背離事實，在新加坡「我們熱烈辯論各項議題，線上與線下都是如此」。

大使做了諸多反駁，其中以結論最讓我印象深刻。我猜想，新加坡政府既然如此保護自身的國際形象，大使自然必須配合發表這樣的言論。然而大使閣下也有可能是真心誠意，也許正如他所述，他認識的新加坡與我截然不同。

你我所見略同嗎？

每逢一年一度的新加坡國慶日，我們都會高歌「一個國家、齊心的人民、一個新加坡」，然而過去十三年來（繼續增加中）我愈是深入探索、研究、報導與寫作新加坡，我愈能夠發現——而且持續發現——新加坡是多面的：富人的新加坡、窮人的新加坡、公民的新加坡、客工（移工）的新加坡、華人的新加坡、少數種族的新加坡、掌權者的新加坡、異議者的新加坡。這些新加坡層層相疊，營造出各種經驗的集合與子集合，既相互交會又彼此分歧。

儘管人生與政治從來不是一清二楚，但人們往往習慣於二元思考，標舉競爭性的自由民主作為「自由」的模範，將威權主義想像為高壓極權的警察國家。新加坡讓這樣的二元想像陷入錯亂。新加坡兼具兩種體制的要素，而我們對這個國家的感受究竟是自由民主抑或窒息威權，則因為身處的位置而有很大差異。

且讓我首先說明自己的出身背景。我是一個新加坡人、一個獨立記者、一個運動者。正因如此，我處於一個非比尋常的位置。我不是新加坡主流媒體的記者，因此不必面對為統治菁英守門的總編輯；我也不是為國際媒體工作的外國記者，因此不必倚賴政府當局定期更新工作簽證。我擁有新加坡公民權，政府不能將我驅逐出境，至少不能直接驅逐。我的新聞工作與寫作讓我有機會訪問身分地位形形色色的人，並且退後一步從更廣闊的視野來思考政治、民主與社會。身為一位運動者，我深度投入公民社會的運作——特別是死刑、刑事懲罰、公民權利與政治權利等議題；我也參與一群為數不多的新加坡人，一起進行組織、倡議與風險承擔工作。我聽取運動者與新聞工作者的怨言、閒聊與思考，這兩個群體的新加坡經驗與街頭巷尾的尋常百姓大不相同。

從我在二〇一〇年投身新加坡公民社會以來，曾經報導過三屆國會大選，並且見證了多樁死刑案件歷程，其中一些死囚重獲生機，但絕大多數難逃一死。我曾經報導過多起示威抗議——或者說是新加坡標準的示威抗議，在警察局外面守候以追蹤當局對運動者「罪行」的調查；從藐視法庭到政府所謂的「非法集會」，這些「罪行」無所不包。我曾經三次被警方依《公共秩序法》進行調查偵訊：第一次受到嚴厲警告，第二次他們放我一馬，第三次調查偵訊的結果我直至二〇二三年六月都還在等候。新加坡總檢察署（Attorney-General's Chambers）曾經透過新加坡警察部隊對我發出警告，原因是我五個月前的一則臉書（Facebook）貼文涉嫌藐視法庭。我上法院挑戰這項警告，結果敗訴，最後必須支付總檢察署八千新加坡元的訴訟費用。

我過去在媒體專題報導或評論、非政府組織（NGO）報告、我主編的通訊《我們公民》（*We, The Citizens*）撰寫過的案件中，一部分是關於政府如何調查或起訴運動者。例如范國瀚（Jolovan Wham），他招惹警方的「犯行」再尋常不過：拿著一張畫有笑臉的紙板拍照、舉行的論壇有一名外籍人士透過Skype參與——這件事讓他入獄。另一樁案件是西南巴萊（Seelan Palay）入獄，原因是他進行了一場表演，表演內容是他拿著一面鏡子走向國會大廈，在建築物外面靜默佇立。此外還有警方對運動者張素蘭（Teo Soh Lung）與鄞義林（Roy Ngerng）的住家進行搜索，理由是兩人在選舉投票日前一天（當局禁止競選活動）發布臉書貼文，因此違反「冷靜日」規定。我也報導過移工議題與勞工權利遭到壓制，最近的案例就是二〇二〇至二〇二一年新冠肺炎（COVID-19）大流行期間，數千名男性移工被隔離在空氣不流通的宿舍裡長達數個月。[3]

換言之，我見識過許多新加坡政府公關活動避而不提的事情。對於發生這些事情的新加坡，權力體制的成員聲稱他們「不認識」。

政治自由與定義新加坡的權利

「認識」一個國家代表什麼意思？誰的認識順理成章？誰的認識不具正當性？誰的經驗能夠界定新加坡是什麼或者不是什麼？

我們對於新加坡的觀察或認識受到自身背景與立場的影響。對某些人而言，這個城邦的體系頗具吸引力；對另外一些人而言，它猶如一場壓力沉重的夢魘。許多人處於中間地帶，一方面很享受現代城市帶來的舒適生活，一方面要擔心自己跟不上激烈的競爭，必須設法適應一個憎恨失敗、懲罰異議的社會。

對於一個新來乍到、隨意為之的觀察者，新加坡——先進的科技、閃耀的天際線、教育程度良好的人民、隨處能連上網路——看起來並不像是一個威權主義國家。與其他國家（包括一些近在咫尺的鄰國）不同，新加坡的運動者不必擔心身體上的攻擊、綁架或暗殺。有些新聞工作者雖然惹惱政府當局，但並不會遭到專斷為之的逮捕或監禁。新加坡人不會因為個人政治觀點及政治活動而人間蒸發，不會發生流亡異議人士在異國橫死的事情。我們在網路上的討論往往各執己見、措辭強烈、運用嘻笑怒罵的迷因（memes）。

然而街頭沒有屍體或者監獄沒有記者，並不等於自由或民主。作為一個國家，新加坡將一種恐懼的文化正常化，《二〇一八年路透新聞學研究所數位新聞報告》（*2018 Reuters Institute Digital News Report*）發現，六三%的新加坡受訪者表示「擔心在網路上公開表達個人政治觀點會被政府當局找麻煩」。[4]新加坡人長期以來都將政治視為「高風險」或者「危險」。當新加坡人說各種空間——從學校教室與工作場所，到公務員體系與新加坡政府法定機構（statutory boards），任何一個根據體制人脈與地位來決定個人社會資本的網絡——是去政治化的（depoliticised），意思是說：只有一種非常狹隘的政治意見會被容許公開表達。新加坡人可以公開談論政治，但前提是觀點要與統治菁英看齊對正，因為這些觀點很容易被接受為「常識」。人們如果與宰制性的敘事唱反調，就會被貼上「搞政治」或者「激進」的標籤。人們知道表明真實想法不是明智之舉，從學校、職場到家中餐桌上都是如此。

獨立之前的新加坡，政治舞臺相當熱鬧；今日的新加坡，公民社會規模偏小、發育不良，其成長與成熟數十年來受到阻礙。從一九五〇年代到一九八〇年代的逮捕與拘禁行動，讓一千多人未經審判就身陷囹圄，讓運動者與志工失去工作，讓公民社會的運作走走停停。[5]時至今日，新加坡的公民社會不僅倚仗數十年來的工作與進展，也必須在理論層面與實務層面重新學習，這都是因為早年的壓迫造成重大損失。

拜層層疊疊的法規與限制之賜，這樣的工作持續受到阻礙。依據新加坡《公共秩序法》，單一個人就可以構成非法集會或者遊行。全新加坡只有一個地方不必警方事先批准就可以抗議示威，絕不是李顯龍（Lee Hsien Loong）總理接受美國有線電視新聞網（CNN）特派員克莉絲汀・艾曼普（Christiane Amanpour）專訪時形容的「一個廣大的發言場域」。[6]不管是在什麼地方，運動者想要獲得許可進行「與理念相關的」活動往往非常困難，甚至不得其門而入。運動者還必須提防其他種種法規：藐視法庭、「假新聞」、外國勢力干預。更別提那些檯面下的「黑名單」或「灰名單」（greylisting）做法，如何讓運動者的生活與生計處處碰壁。[7]

在此同時，新聞記者也面臨類似的困境。在地主流媒體——紙媒、網路、電視與廣播——受制於必須申請執照的法規，讓政府間接掌控高層人事任命，並且深陷於自我審查的企業文化。[8]二〇二一年，新加坡報業控股（Singapore Press Holdings）將旗下掌控國內所有報紙的媒體事業獨立出來，成立「新報業媒體」（SPH Media），這家非營利性質、接受政府資金的公司，由一名前任內閣部長出任董事會主席。[9]獨立媒體生存困難，接受外國資金（即便是正當的新聞獎助金）若不是遭到禁止，就是會帶來風險，可能因此被貼上「外國代理人」的標籤。在地的富裕階層不太願意支持獨立媒體，擔心自己會觸犯執政黨。[10]部落客與獨立記者則必須面對以打擊「假新聞」為名的命令、調查與訴訟。[11]

結果就是國家看似自由，但每個人心裡都在盤算：我的言論或者行為會不會太接近實質或想像的紅線？這種警覺已經完全內化，讓某些新加坡人一方面堅稱自由並未受限，一方面拒絕碰觸特定議題；另外一些人則是為求心安，盡量迴避「政治」或者任何「政治性」事務。如果你向來對界線敬而遠之，自然就不必擔心自己逾越界線。

現在讓我們依據這樣的背景脈絡，重新思考如何認識與定義新加坡。在新加坡的權力運作動態之下，某些敘事與訊息會被發揚光大，其他則被遮遮掩掩、排斥摒棄、審查或自我審查，無法出現在公共論述之中。公民社會的成員不斷聽到：運動者是錯的、是欠公平的、是心懷偏見的，我們「別有居心」，因此證詞與工作都不具可信度。少數族群與邊緣團體的生活經驗被嗤之以鼻，與此同時，執政黨人民行動黨的政府要員則將關於種族正義與LGBTQ+權益的熱烈討論定性為「西方輸入」。[12]

在這樣的環境之中，新加坡的「真實情況」就等於人民行動黨領導的權力體制的觀點。

報導新加坡的挑戰

新加坡是蕞爾小國，但充斥著矛盾、分歧與怪異特質。許多事情發生在檯面下、紀錄之外與灰色地帶，很難完整呈現或翔實敘述。如此一來，書寫新加坡也變得既富挑戰性又令人著迷。

在地媒體與國際媒體經常鼓吹揄揚我的國家是如何成功：從教育、都市規畫、經濟發展到社會發展，新加坡都被視為典範。這種讚揚雖然往往不無道理，但也經常誇大其詞，或者抽離了背景脈絡。新加坡的某些層面，無論是關於政府政策及其施行、或是關於社會與文化，必須更近距離實地觀察，才會清晰可見。

一個例子發生在二〇一八年，全球矚目的美國總統川普與北韓領導人金正恩在新加坡舉行「川金會」之前，許多外國記者飛來本地，參與這場媒體大拜拜。一如前述，CNN明星特派員艾曼普當時專訪李顯龍總理，快結束時，她提及新加坡「嚴峻的內部規範」以及欠缺政治多元性：「你認為新加坡將何去何從？你能夠預見一個更有彈性的未來嗎？你會推動更大程度的開放嗎？」[13]

李顯龍祭出一如預期的辯護，指稱新加坡人民在一次又一次的選舉中選擇他的政黨，因此如果新加坡「嚴峻」、如果新加坡欠缺政治多元性，那也是順應人民的期望。

我還記得自己觀看這場專訪的片段、閱讀逐字稿的時候，很希望艾曼普能夠進一步追問李顯龍。人民行動黨領導人每當被質疑宰制一切、箝制公民權利與政治權利、壓抑政治環境的時候，總是會拿選舉當擋箭牌。然而選舉的存在並不是民主社會的唯一指標；就算當成唯一指標，新加坡選舉的公平性仍有許多問題可以質疑。儘管如此，人民行動黨領導人受訪時還是輕描淡寫就可以過關，原因在於外國媒體欠缺追根究底所需的背景知識、節目時間與決心。對於二十四小時運作的國際新聞輪播，新加坡只是眾多地方、眾多故事其中之一，而且很少會是最重要的地方與故事。

在地媒體奉行政治服從，國際媒體關注程度不足，新加坡以及在這裡生活的人民因此欠缺多元化、多層次的面貌呈現。

留下紀錄

本書的敘述與分析的事件都發生在二〇二三年六月之前，取材自我的個人經驗與觀察，以及我與其他公民社會成員的訪談以及對話，其中有不少人是我的摯友、戰友與同事。許多人在本書以真名現身，但相較於我過去十年有幸認識、合作與學習的人，他們只是一小部分。為了行文的清晰簡潔，我在本書中省略了許多人的姓名；還有一些人我無法指名道姓，因為擔心會對他們造成衝擊；這樣的擔心在新加坡儘管隱而不顯，卻是相當普遍。

與我日常進行的新聞報導、專題寫作與評論相比較，寫作本書讓我得以採取更為個人、更具省思性的做法，融入不一樣的觀察與思考。在接下來的幾章之中，我檢視自己逐漸消除有關新加坡的迷思與既定假設的經驗，呈現自己抗衡政治宣傳與宰制性敘事、試圖獲取資訊卻遭到阻擋的掙扎歷程。我探討與新加坡歷史關鍵面向脫鉤所造成的影響，主張轉型正義不可或缺。我區分公民社會與公民抵抗（civil resistance），描述兩者在新加坡背景脈絡中的樣貌。我寫下自身被媒體與其他公共平臺誣蔑與攻擊的案例，形同揭開自己的傷疤，只為了記錄當一個人淪為眾矢之的會有什麼感覺。我們經常談論霸凌、騷擾與壓迫在政治與權利層面的影響，但相對較少觸及個人、心理與情緒的衝擊。我對於其他人充當壓迫與威權主義的共犯表達不滿，對於自己有時也淪入同一境地感到羞恥。我持續思考權力與結構，以及它們如何被用來宰制、消音與異化，讓某些敘事在其他敘事的沉重壓力之下消失。

寫作這本書並非易事。除了冒牌者症候群導致我遲遲無法動筆，動筆後寫寫停停；整個寫作過程也一再延誤，原因正是我必須對抗試圖宰制與掌控的權力結構。有幾個時期我必須大費工夫應付警方的調查行動，或者因為飽受挺執政黨的網路酸民騷擾而情緒枯竭，因此只能暫時擱置寫作計畫，甚至無法觀看我存在筆記型電腦裡的手稿。這本書原來預計二〇二二年出版，那年新加坡恢復執行因為新冠疫情而暫停執行兩年的死刑，從三月到十二月之間，政府以絞刑處決了十一名毒品罪犯。當時我暫停書籍寫作，化身為全職的廢除死刑運動者，全力支援死囚家屬，撰寫時效性迫切的死刑案件報導。接下來是無可避免的心力交瘁，於是寫作又停擺了幾個月。

這本書並無意澄清或宣示什麼才是「真正的」新加坡。我也無意標舉二元對立的「真實」或「虛假」國家狀態。我想要藉由本書指出的是，定義一個國家——聲稱自己認識的新加坡才是真正的新加坡——是一種權力的運作。掌權者決定了什麼樣的敘述與認識才是「真實」，什麼樣的敘述與認識只不過是「修正主義」、偏見或謬誤。

藉由寫作這本書，我介紹也批判了新加坡的一個面向：它既是這座島嶼政治、文化與人民的複雜景觀，也是統治菁英選擇呈現的樣貌。我透過案例顯示，公民社會的新加坡經驗與政府說法正面衝突，我們的觀照填補了許多空隙，提供了非常必要的背景脈絡，對於完整理解新加坡不可或缺，也足以避免在某些情況下造成可悲而痛苦的誤解。

在寫作本書時，我並不是一個中立或者超脫的觀察者。我是一個新加坡人，對於家鄉發生的事有強烈的感受，未來會發生的事也與我息息相關。對於打造新加坡的未來，我曾經積極參與，也將繼續這麼做。對於我見證過的經歷、遇見過的人物、聽聞過的故事，我的觀感與理解都深受我的個人背景與政治觀點的影響，這些因素又會反過來影響我的遭遇和工作。

對我個人而言，寫作本書相當重要，因為我相信分享經驗會賦予力量，作者與讀者同樣受惠。二〇二〇年大選期間，由於新冠疫情肆虐，一大部分競選活動都在網路上進行，當時我對年輕世代選民的行動感到驚豔，他們是如此渴望政治參與、渴望掌握對新加坡未來的發言權。他們不僅積極加入現有的公民社會組織或者政黨，同時也動員起來為資源分享與合作而建立新的組織、團體與空間。

當時我已經開始寫作這本書，眼前的情景讓我理解有愈來愈多的新加坡人願意在不同的程度上質問宰制性的「冷酷事實」，並且尋求、建立與占有屬於我們自己的空間。我希望分享過去十三年來的見聞與工作，能對我們的集體學習與賦權有所貢獻。

我必須指出我受惠於前人的工作，例如《倡議的藝術》（*Art of Advocacy*）與《一九八七：新加坡馬克思主義陰謀三十年後》（*1987: Singapore's Marxist Conspiracy 30 Years On*）。[14]學者與評論家如拉賈（Jothie Rajah）、蔡可欣（Lynette Chua）、施仁喬（Cherian George）、劉浩典（Donald Low）、巴爾（Michael Barr）與瓦達科斯（Sudhir Vadaketh）都以各自的研究與分析豐富了新加坡的公共論述，他們的作品讓我受益良多，而且有幾位還是我的朋友。我並不期待自己超越這些專家對於新加坡司法體系、經濟政策、歷史或政治的分析；當你讀完這本書，你或許不會相信我的話，但我確實無意進行自知並無勝算的戰鬥。我腳踏實地參與各種社會運動，一直在戰場上衝鋒陷陣（有時是身不由已），從這樣的角色來呈現新加坡的政治與社會，這才是我期待的貢獻方式。

我之所以寫作這本書還有另一個原因：我是紀錄工作的忠實信徒，相信將事情書寫留存下來非常重要，不僅是為了當代的運動，也作為日後的參考，假以時日還會成為歷史文獻。對我而言尤其重要的是，一如我先前的論述：在一個掌權者不斷壓制某些聲音與故事的地方，記憶與訴說故事都是意義重大的反抗方式。

「我不認識韓女士描述的國家。」新加坡駐美國大使如是說。本書的內容或許可以界定為「另類」敘事或者新加坡「另一方」的說法。然而這些故事並不是任何事情的「另類」，它們就是新加坡的故事，有權利得到和其他故事同等的認可。這本書就是要伸張這項權利。

注釋

1 *The New York Times*, 26 April 2018, Ashok Kumar Mirpuri, "A False Portrait of Singapore," accessed 17 January 2022, https://www.nytimes.com/2018/04/26/opinion/a-false-portrait-of-singapore.html

2 *The New York Times*, 28 March 2018, Kirsten Han, "What Trump Is Learning From Singapore — And Vice Versa," accessed 17 January 2022, https://www.nytimes.com/2018/03/28/opinion/trump-singapore.html

3 如果讀者有興趣更深入瞭解這些案件，可參閱下列文章：

Hong Kong Free Press, 11 April 2021, Candice Chau, "Interview: Singapore's smiley-face activist Jolovan Wham says he just wanted to make a point," https://hongkongfp.com/2021/04/11/interview-singapores-smiley-face-activist-jolovan-wham-says-he-just-wanted-to-make-a-point/

Asia Times, 19 May 2018, Kirsten Han, "No solo protests allowed in Singapore," https://asiatimes.com/2018/05/no-solo-protests-allowed-in-singapore/

ABC News, 27 June 2016, Kirsten Han, "Singaporean police accused of abusing their powers," https://www.abc.net.au/news/2016-06-27/singapore-police-accused-of-abusing-powers/7543676

We The Citizens, 24 April 2020, Kirsten Han, "WTC Long Read: A Perfect Storm for an Outbreak," https://www.wethecitizens.net/wtc-long-read-a-perfect-storm-for/

4 *Reuters Institute*, 2018, "Digital News Report 2018," accessed 21 May 2023, https://www.digitalnewsreport.org/wp-content/uploads/2018/06/digital-news-report-2018.pdf

5 *Remembering 1987 'Marxist Conspiracy'*, "Political detainees in Singapore, 1950–2015," accessed 22 January 2022, https://remembering1987.files.wordpress.com/2015/08/political-detainees-in-singapore-10082015.pdf

6 *Prime Minister's Office Singapore*, 11 June 2018, "CNN Interview with PM Lee Hsien Loong," accessed 17 January 2022, https://www.pmo.gov.sg/Newsroom/cnn-interview-pm-lee-hsien-loong

7 *Academia.SG*, 19 March 2021, "Yes please, let' s talk about 'cancel culture' ," accessed 1 February 2022, https://www.academia.sg/academic-views/cancel-culture/

8 Cherian George, *Freedom From the Press: Journalism and State Power in Singapore* (Singapore: NUS Press, 2012).

9 *The Straits Times*, 6 May 2021, Grace Ho, "SPH to restructure media business into not-for-profit entity to support quality journalism," accessed 25 January 2023, https://www.straitstimes.com/singapore/sph-to-restructure-media-business-into-not-for-profit-entity

10 *Freedom Film Festival*, 2019, Calum Stuart, "An Online Citizen," accessed 22 January 2022, https://vimeo.com/368827287

11 根據無國界記者組織（Reporters Without Borders）二〇二三年新聞自由指數評比，新加坡在全球一百八十個國家與地區之中排名第一百二十九。參見：https://rsf.org/en/country/singapore

12 *CNA*, 1 February 2021, "Gender identity issues 'bitterly contested sources of division' ; Singapore 'should not import these culture wars' : Lawrence Wong," accessed on 11 April 2023, https://www.channelnewsasia.com/

singapore/moe-gender-identity-issues-gender-dysphoria-culture-wars-296366

13 *Prime Minister's Office Singapore*, 11 June 2018, "CNN Interview with PM Lee Hsien Loong," accessed 17 January 2022, https://www.pmo.gov.sg/Newsroom/cnn-interview-pm-lee-hsien-loong

14 Eds. Constance Singam and Margaret Thomas, *The Art of Advocacy in Singapore* (Singapore: Ethos Books, 2017); Eds. Chng Suan Tze, Low Yit Leng and Teo Soh Lung, *1987: Singapore's Marxist Conspiracy 30 Years On* (Singapore: Function 8 Ltd, 2017).

第一章

消除成見的過程

二〇一〇年八月二十四日，我站在新加坡總統府（Istana）外面的大馬路上，看著一位年輕男性死囚的家屬當場跪了下來，現場安全人員露出困擾的表情。

楊偉光（Yong Vui Kong）生於一九八八年一月二十三日，馬來西亞沙巴（Sabah）第二大城山打根（Sandakan）。他在家裡七個孩子中排行第六，其他手足說他是母親最疼愛的么兒。二〇〇七年六月十二日，年僅十九歲的他在新加坡遭到逮捕，後來被指控販運四十七・二七公克的海洛因。新加坡法律規定販運毒品犯要被處決，楊偉光因此遭判死刑。

楊偉光看似死劫難逃，所幸人權律師拉維（M Ravi）適時介入。二〇〇九年十二月二日，楊偉光要被絞死之前兩天，拉維及時爭取到暫緩執行。十二月八日，新加坡上訴法院接受楊偉光先前放棄上訴是出於對法律的誤解的說法，因此同意恢復他的上訴程序。

約莫就在此時，我投入這樁案件，當時還只是一個對什麼事情都眼界大開的菜鳥。我追蹤楊偉光案、參與搶救運動，相關見聞與經歷動搖了我既有的信仰與信念，迫使我以新的眼光檢視自己的人生與自己的國家。

掀開面紗

我在二〇一〇年初回到新加坡，之前三年負笈紐西蘭讀大學。人在國外的時候，我就知道獨立公民新聞網站《網絡公民》（*The Online Citizen*），但我從來不曾認為自己會參與政治、甚或關心政治。我是一個得天獨厚、容易相信的新加坡人，對新加坡主流媒體關於國家和政府的論述照單全收，只看表面文章。旅居紐西蘭時期，我偶爾會遇到人們批評新加坡並非民主國家，這時我會生氣並糾正對方，強調新加坡擁有媲美其他國家的選舉。算我運氣好，從來不曾被進一步追問。如果有人要我詳細說明新加坡的選舉，我會被難倒。我從小到大居住的選區長期以來都是一面倒，我根本不記得任何一位家人投過票。二〇一一年之前，我對選舉唯一的觀感就如報紙新聞標題，只知道它每隔幾年就會在後港（Hougang）舉行一次。

人們往往以為我之所以會在二〇一〇年加入《網絡公民》，是因為我已經逐漸成為一位運動者。這種想法完全背離事實，我加入《網絡公民》不是因為我想批判政府，而是因為我在政治上無知到並不清楚這個組織被視為「反政府」。

當時我剛從大學畢業，正在找尋工作機會。我有幾項不錯的條件：新拿到的影片製作技術認證，還有用不完的時間。除了透過電子郵件寄送履歷，我每天做的事就只有吃微波過的巧克力熔岩蛋糕，其他家人不是去上學就是去工作。我在百無聊賴中發現，自己對巧克力的熱愛有其限度。某天一位在《網絡公民》當志工的朋友告訴我，中午時間他們需要有人到萊佛士坊（Raffles Place）幫忙拍攝街頭採訪，採訪主題是「強制死刑」議題。當時我心想有何不可？完全沒料到一項隨手接下的志工工作，會對我的人生帶來什麼樣的衝擊。

我的運氣不錯，加入《網絡公民》成為志工沒過多久，我也尋得一份正職工作，到一家小型獨立製片公司「聯安影業」（Lianain Films）擔任製作助理。當時聯安正在拍攝一部關於楊偉光與搶救運動的紀錄片，我一頭栽進去，很快就蒐集了海量的法規條文、報紙文章、NGO聲明與法庭文件，有如上了一門關於新加坡死刑的實務速成課程。對於這個重大議題，過去的我從未投入多少時間。

環顧我從小到大身邊的人，大部分對死刑議題沒有什麼鮮明的觀點。我十四、五歲的時候曾經嚇壞一位來自法國的老師，因為我告訴他我根本懶得思考死刑議題。當時我只覺得這議題與我毫不相干，很樂意相信政府會處理好一切事情。也許是業力運作，如今我的運動工作有一大部分要全力以赴說服人們：每一個人都應該要思考自己對於死刑的立場。

我在成長時期對於死刑議題的唯一記憶，是有一天我就讀的中學舉行朝會時，幾名警官造訪學校，播放一部講述毒品如何摧毀人們生活的影片——敘事節奏明快，從好奇嘗試一口到勒戒中心的軟墊病房，影片中人物冒汗顫抖，飽受戒斷症狀折磨。主持活動的警官提到新加坡會對毒品販運者處以死刑，然而並沒有進一步說明。這個活動透露了新加坡的「掃毒戰爭」背後那套簡單的「邏輯」：

毒品＝毀掉的人生＝壞事

毒品販運者＝毒品＝毀掉的人生＝壞事

死刑＝少幾個毒品販運者＝少一點毒品＝少一點毀掉的人生＝好事

因此：死刑＝好事

對一個青少年而言，這樣的邏輯已經足夠；畢竟政府一再向我保證會拿出最好的政策與方案，來解決相關問題、改善人民生活。當時的我窮於應付繁重的作業、考試、專題計畫與課外活動，以及即將舉行的劍橋普通水準會考（O-Levels）；相較之下，死刑議題既抽象又遙遠。我不認識曾經坐牢的人，更別說是死刑犯，而且我很有信心這樣的狀況不會改變。

進入《網絡公民》、聯安影業工作的經驗推翻了我先前的既定認知。我過去支持死刑是因為相信新加坡司法體系萬無一失，只會將罪大惡極的毒品販運者判處死刑。冤枉處決或者弱勢者深陷司法體系，這樣的事件只會發生在運作失能、貪腐猖獗的地方，不會發生在效能卓越、法治健全的新加坡。

第一次閱讀《濫用毒品法》（*Misuse of Drugs Act*）的時候，我瞭解到新加坡的死刑體制並不是萬無一失。過去我並不清楚強制死刑的規定，在二〇一〇年的時候，只要因為販運一定重量以上的毒品——例如十五公克海洛因、五百公克大麻——而被定罪，法官唯一的量刑就是死刑。[1]這令我感到困擾，任何可能減輕量刑的因素都被排除，法官也沒有基於個案情節做出適當量刑的裁量權。人的行為與選擇會受到各種因素影響，我們如何能夠完全不加考慮就做出死刑判決？新加坡的強制死刑體制後來在二〇一二年修正，法官在很有限的情況下，可以用無期徒刑與／或鞭刑來取代死刑。

此外還有假定條文（presumption clauses）的問題，任何人如果被查獲攜帶特定重量以上的毒品——例如二公克海洛因、十五公克大麻——都會被視為毒品販運者，除非他們能提出反證。另一個類似的狀況是，任何一個被查獲持有禁藥的人，都被認定為知道這些禁藥的性質，除非他們能提出反證。[2]這些假定條文從根本違反了「無罪推定」的司法原則。

探究先前的案例讓我相當困擾，例如奈及利亞年輕足球員托契（Iwuchukwu Amara Tochi），二〇〇七年他在新加坡遭絞刑處決時年僅二十一歲。審理的法官同意「沒有直接證據」顯示托契知道別人要他攜帶的膠囊內含海洛因，但表示托契應該懷疑和檢查卻沒有這麼做，因此認定他「刻意視而不見」（wilfully blind），將他判處死刑。後來上訴法院維持原判，托契遭到處決。[3]

像托契與楊偉光這樣的案例讓我心神不寧。我原本以為被判死刑被處決的人都是冷血、狡詐的毒梟，然而仔細探究之後，我發現許多故事說的是弱勢族群的年輕男性、在毒癮中掙扎的人、出身困難生活背景的人、在驚恐中設法搶救人命的死刑犯親友。

這不是我過去認識的新加坡。

改變視角

我在泡泡中長大成人，只不過當時並不知情。青少年時期，我被灌輸各種新加坡的光明面——我們政府的決策睿智且高瞻遠矚；我們做任何事都嚴格依循法治；街友泛濫之類的社會問題困擾許多國家，我們卻不必擔心，因為我們的政治領導人精明幹練；優越的中產階級背景讓我對新加坡信心十足，而且不會看到不符合這些說法的情況。我的弟弟和我交替住在兩幢五個房間的建屋發展局（HBD）組屋（flat），分別與爸媽和外公外婆同住。我們的生活所需應有盡有，從補習班與音樂課到玩具與旅遊，要求總是能得到滿足。我們備受關愛。在我長大成人的過程中，新加坡是個生活便利舒適的地方，尤其是我們每逢假日都會出國度假，因此更為愜意。我們的生活無比順遂，後來我才領悟原因：我的雙語中產階級核心家庭，正是新加坡設計國家政策時要達成的「理想」。

結果就是有許多真實情況我根本無從想像，對於社會與政治議題的思考方式也受到影響。我與「貧窮」的接觸只限於老人家的鄉愁回憶，他們可能在年輕時嘗過貧窮滋味，但後來受惠於社會流動，將苦日子遠遠拋在腦後。另一類接觸是偶一為之的「社區參與計畫」（Community Involvement Programme）學校旅行，為住在單房公寓的阿公阿嬤送餐。對於那些生活保障遠不如我的人，我並不理解他們的掙扎與兩難處境。我還記得自己曾經強烈質疑，為什麼有些窮人寧可失業，也不願意到建築工地工作——就算工資少得可憐，總還是一筆聊勝於無的收入，對吧？我因此認定窮人都很懶惰，受苦受難都是咎由自取，政府的確不能縱容這種怠惰行徑。

二〇一〇年開始與《網絡公民》的資深志工合作、接觸那些露宿公園的家庭之後，我為自己舊日的觀點感到可恥。我被迫面對現實：對於新加坡的街友情況，我的教育歷程不但讓我認知不足，而且造成錯誤認知。

有一件事我記得特別清楚，在一間沒有什麼擺設的小小出租公寓，我與麗雅娜・達米拉（Liyana Dhamirah）對坐在地板上。麗雅娜只比我大一、二歲，但已經是兩個孩子的母親，第三個孩子也即將降臨。她原本住在三巴旺公園（Sembawang Park）的一頂帳篷裡，挺著七個月的肚子飽受日曬雨淋，後來千辛萬苦、一再求助社福機構，才為家人找到一間出租公寓棲身。

麗雅娜後來將自己的經驗記錄下來，寫成《無家可歸：一位母親在巨富新加坡不為人知的掙扎故事》（*Homeless: The Untold Story of a Mother's Struggle in Crazy Rich Singapore*）一書，活生生證明了我小時候關於「懶惰的窮人」的既定認知——時至今日恐怕許多新加坡人仍有同感——是一大錯誤。麗雅娜是我見過最勤奮的勞工之一，但她必須奮力對抗一連串偏見與障礙，先是讓她陷入困難處境，然後阻撓她尋求政府支援與財務協助。她所屬選區的國會議員會舉行「會見人民」（Meet-the-People）活動，但她試了七、八次才與這名議員說上話，陳述她與家人無家可歸的窘境。從許多層面來看，她最終脫離貧窮既是她個人對於財務困難的克服，也是一場對抗高壓殘酷體系的勝利。

像楊偉光、麗雅娜以及其家人這樣的人，並不是為了提供「機會教育」給像我這樣的中產階級而存在。我非常幸運能夠與他們交會，得以進入他們的生活，獲取學校之外的寶貴教育。後來，我對公民社會的參與就是一連串的消除成見與重新學習，不斷嘗試擺脫負面心態、挑戰深植人心的假定、質疑我長期以來視為常識的事物。

「你不應該將它與政治扯上關係。」

大家常說，新加坡擁有全世界第一流的教育體系。新加坡學生在國際評比上經常名列前茅。其他國家將我們當成應該效法的模範，為自家的學校研究並採用我們的課程。舉例來說，我們的數學教學名滿天下，美國的學校甚至將「新加坡數學」（Singapore Math）當成一種教學方法。[4]

因此人們或許會認為新加坡的年輕世代會做好準備，全心全力探索這個世界；化身為心態積極、資訊豐富的公民，參與社會和政治。但是就我個人的學生經驗而言，新加坡的教育體系雖然能促使我兢兢業業努力、在標準化測驗中拿到好成績，卻並不重視我作為一個公民的權利與責任，尤其不重視培養、表達政治意見的關鍵能力。

我和積極參與公民社會的朋友交流顯示，這樣的學生經驗並不獨特。二〇二〇年一月，我在新冠疫情大爆發之前最後一次出國，到臺北與鄞義林碰面。

鄞義林絕不是臺灣唯一的新加坡人，但他的遷居臺灣之路卻獨一無二。二〇一四年，他被新加坡總理李顯龍告上法院，罪名是他的一篇部落格文章涉嫌誹謗。文章內容討論新加坡強制性的年金儲蓄計畫「中央公積金」（Central Provident Fund）的管理問題，並涉及李顯龍擔任董事會主席的主權財富基金「新加坡政府投資公司」（GIC）。纏訟一年後法院裁定李顯龍勝訴，鄞義林必須賠償十五萬新加坡元。他花了大約五年時間才賠償完畢，先是按月給付，後來在二〇二一年募款募得十四萬四千新加坡元。如果新加坡人沒有慷慨解囊，他必須賠到二〇三三年。[5]鄞義林案件的影響更波及到法院之外，他原本在公立醫院工作，李顯龍的控告很快就讓他丟掉工作，院方指稱他的行為「不符合我們對員工期望的價值與標準」。[6]他尋找新工作處處碰壁，二〇一五年大選競選國會議員也失利，於是決定遷居臺灣。

我們來到臺北車站一家熱鬧嘈雜的莫凡彼（Mövenpick）冰淇淋店，我將話題轉向他的學校生活。就讀初級學院（junior college，譯注：新加坡的大學預備教育課程，修業二年）的時候，鄞義林就對社會議題很感興趣，自行對地理學與經濟學等主題進行研究，然而他還記得他會心想：「我不應該將它與政治扯上關係。」

「我不認為有人灌輸我這種想法。」他說道：「但是在我心底，我知道我不應該將它與政治扯上關係。」

完成學校教育之後，鄞義林愈是與不同教育背景的人交談，愈是發現自己內在的匱乏。舉例而言，一位臺灣的朋友回憶上莎士比亞課的時候，大家會深入討論古代的不平等、君權與政治等議題，「當我得知莎士比亞可以從那個觀點來探討……很有啟發性，也讓我開始質疑自己所受教育的品質，因為太局限、太空洞了。」

我想起自己的中學課程，同樣不會去分析權力、壓迫或者政治。就連歷史或社會研究課程——包含俄羅斯革命、兩次世界大戰、印度與中國領土糾紛之類的重大事件——也是如此，我們探討的方式盡量不碰觸權力動態或政治利益。我記得曾經以為北愛爾蘭問題（Troubles）只是單純的宗教衝突，渾然不知政治與民族主義的核心角色；我們討論斯里蘭卡的僧伽羅人（Sinhalese）與坦米爾人（Tamils）的衝突時只著重種族和諧觀點，因此認定新加坡的種族與宗教和諧難能可貴，不曾深入探討殖民主義、結構性歧視、公民權與身分認同政治問題的影響。議題往往被化約為個人或社群的責任，對系統性與體制性因素則是輕描淡寫。

每個新加坡人的學校教育經驗可能各有不同。我聽過朋友滿懷喜悅與感恩的回憶，肯定教育工作者擴大他們的視野，鼓勵他們進行批判性的思考與表達。我當然無意指稱我的老師能力不足或表現不及格，其實大部分老師在大多時候都想好好幫助學生。然而在新加坡的教育體系中，就算是最優秀的老師也無法掩飾一項事實：新加坡社會不鼓勵大家批評政府或者政府政策。學校的「去政治化」無關個別教師的能力或選擇，而是一個結構性的議題，在許多學校的多個課堂之中運作。

二〇一八年我為「新敘述」（*New Naratif*）共同主持一個播客節目，討論新加坡的客工（移工）權利議題；「新敘述」是我在前一年與朋友共同創辦的東南亞平臺。節目中邀請兩位來賓黛比・福代斯（Debbie Fordyce）與卓君美（Stephanie Chok）；前者是NGO「客工亦重」（Transient Workers Count Too）領導人，後者是另一個NGO「情義之家」（Humanitarian Organisation for Migration Economics）的專案經理。我們的話題涵蓋多項與客工相關的議題，也觸及NGO與新加坡學生互動的經驗，卓君美分享了一個讓人難忘的故事：

> 我們（移工權益組織）經常受邀到學校進行演講，但是我想我們必須面對現實：在討論許多議題時都必須為學生去政治化。我們最近有一場活動，參加者有許多是正在做專題的初級學院學生，而且都想探討家務移工被凌虐的問題。
>
> 我們首先讓學生知道，受害者不只是你在報紙上看到的那些被毆打成傷的移工。凌虐的概念必須涵蓋其他剝削性的做法，不能只局限於身體的暴力。其次，我和學生討論各項我們平常會談的議題，各種體系性的問題。活動的重點之一是提出解決方法，

學生想要開發應用程式，或者設計手冊來宣導雇主寬厚待人，讓他們知道家務移工也是人。

> 我愈來愈不耐煩，不斷重複今天我們在播客上談的事情。終於，一個學生開口說道：「但是我們不能。」
>
> 我說：「什麼？你說『不能』是什麼意思？你明白我剛才解釋的事情嗎？」
>
> 「我明白。但我們接到的指令是提出解決方法，不是質疑政策，也不是挑戰政府。」
>
> ……因此學校的要求就是，我們可以探討一個社會問題或一項社會政策，但是只能以一種去政治化的方式進行。[7]

這個故事並不是特例。新加坡的教育工作者經常以行動來表明，社會運動不受歡迎，甚至會造成破壞。二〇一八年，聖若瑟書院（St. Joseph's Institution）舉辦一場TEDxYouth活動，邀請一位大學校際同志聯盟（Inter-University LGBT Network）成員發表演講，但後來取消邀請。該校副校長雷納德·陳（Leonard Tan）的一段談話錄音後來在網路上披露：「社會運動，任何形式的社會運動都將造成社會分裂，」他告誡學生，「這與校方的立場背道而馳。我們是社群的建造者，我們不應該分裂社群。」[8]

這種立場不僅是要略過政治爭議或者政治問題，更是要積極教導新加坡年輕世代避免參與政治。志工活動與社區工作有助於培養「全方位的」年輕世代公民，因此值得推動；批判結構性議題或者參與社會運動以促成改變——都被定性為「批評政府」——則遭到勸阻。

另一方面，由於某些特定類型的政治與特定類型的敘事、觀點及論述被排除在課堂之外，因此剩下的就是統治菁英偏好的宰制性敘事。這類敘事被常態化為「常識」、「真相」或「正常」思維；人們被規勸不要加以質疑，也就是不要「批評政府」，因此讓它得到更多支持。我們對教育的去政治化並不是清除課程中的政治內容，我們的去政治化目標是年輕新加坡人的思維方式，要讓他們無法以批判性的觀點來面對這個世界。

壓制校園裡的政治論述會讓我們付出可觀的代價，儘管未必會顯現在標準化測驗成績或者國際評比排名之中。當我們剝奪了對於政治與權力的覺察，阻撓學生質疑政策或批評政府，我們將無法讓他們做好準備、投入社會，全方位行使與發揮自己的權利與能力。學校教導學生做好分內工作、寫作文章、做出漂亮簡報，但是他們沒有技能可以對每一位公民都可以參與的民主程序有所貢獻；學校也不鼓勵他們以批判性、具有充分資訊的方式參與國家政治。

新加坡社會有一種想法，認為年輕人還沒有成熟到能夠進行政治討論，因此必須與政治保持距離；或許正因如此，戲劇表演如果帶有「諷刺性的社會政治意涵」就會被政府認定為表現「成年人主題」，套用觀眾年齡分級限制。[9]禁止或勸阻學生進行政治參與，長期下來會讓學生長大成人之後，對於政治事務的討論不是欠缺資訊、就是忐忑不安。這種情形也會對新加坡選民造成重大影響，導致他們對於政治體系與切身相關的政策，難以進行有意義的爭辯與討論。

二〇一八年新加坡國會成立「網路蓄意假消息特選委員會」（Select Committee on Deliberate Online Falsehoods），針對如何處理網路上的錯誤資訊（misinformation）與造假資訊（disinformation）徵詢公眾意見。我立即把握這個機會，與朋友合作帶領一個大學生的民主教室，因為我相信身為數位原住民世代的新加坡年輕人，必須參與這個特選委員會的運作，或者至少應該關注這個議題的全國性討論。

我過去帶領的民主教室，學員必須主動參與；然而這一回不同，相關活動與一門大學輔導課程結合。他們的老師認為，讓學生參與討論新加坡的時事是很好的經驗。和我對話的學生都相當坦誠、彬彬有禮，然而對於對話的目的感到懷疑，甚至困惑。「我們為什麼要談這件事？」是他們最初的反應之一。「你為什麼要問我們的意見？政府認為應該怎麼做，就會怎麼做。」

活動的其他部分並不順利，學生欠缺足夠的背景知識，也不習慣對體系與程序進行批判性思考，因此無法對關鍵論點做更深層的處理。舉例而言：我問他們，如果政府通過一項法律，給自己很大的權力來監管與審查網路的內容，然後為了自身政治利益而濫用權力，該怎麼辦？

「可是新加坡政府從來不會濫用權力。」學生如此回答。

我啞口無言，「你們聽說過『光譜行動』（Operation Spectrum）嗎？」我指的是一九八七年新加坡政府逮捕二十多名運動者與志工，不加審判就長期拘留。政府後來聲稱有正當理由，指控嫌犯涉及「馬克思主義陰謀」，但是拿不出確切證據。[10]

對於我的提問，學生眼神一片空白，「那是什麼？」

對話困難重重。過程中一名學生甚至表示，中國的防火長城（Great Firewall）概念很正確，因為一旦封鎖外國網站與社群媒體平臺，就可以阻絕來自外國的「假新聞」，讓政府全心全力對付本國境內的「假新聞」。我感謝學生非常努力參與活動，但是很難跟他們討論政府濫權與侵害公民自由的顧慮，因為他們對於從過去到現在的問題都一無所知，因此也沒有能力來設想可能受到的傷害。

我們的課堂出了什麼問題？

這個問題源遠流長，「去政治化」的學生長大後成為新一代「去政治化」的老師，他們受的訓練讓他們以特定方式帶領課程，無法全面理解各種立場的觀點。

我認識呂伊婷（Lee Yi Ting）是在二〇一八年，當時她在性工作者權益組織「X計畫」（Project X）。進入公民社會工作之前，呂伊婷曾在國立教育學院受訓，並且任教於一家初級學院。後來她和我合作，為國際學校帶領一年數期的性教育工作坊。

我對她的教育工作者經歷很有興趣，問她是否願意接受採訪，從老師的角度談談新加坡的教育體系。這場訪談進行了一個多小時，我透過一通加密電話聽呂伊婷描述回憶，對著筆電拚命打字。當年她還是學生的時候，在這個體系中並不快樂，但十八歲那年還是決定接受師資培訓，為的是減輕大學學費負擔，獲得畢業後的就業機會與財務保障。事後回顧，她悔不當初。

「我還是學生的時候，這個體系沒有辦法讓我肯定自己在其中的表現。後來我當了老師，許多同樣的問題再度出現。」她告訴我：「剛進入國家教育學院的時候，我非常震驚，非常痛苦，出現抑鬱症狀，原因是整個體系非常死板僵化、把學員當成小孩。」

雖說進入國家教育學院是為了當老師，但呂伊婷覺得學校對待學員有如對待兒童。有一回她沒有完成作業，班導師直接打電話給她母親。同時就像在中學一樣，學員劃分小圈圈、必須遵守圈內人的規範。背離主流的觀點沒有什麼表達空間，「學校的重點做法是壓制異議，不能符合規範的人會遭到排斥，有什麼意見也會被嗤之以鼻。」

一樁事件讓呂伊婷耿耿於懷。有一回在班級討論中，她提起政府曾經壓迫藝術家。一九九四年，表演藝術工作者吳承祖（Josef Ng）演出《鞭刑老大哥》（*Brother Cane*），過程中背對觀眾剃除陰毛，以抗議政府逮捕與對待一群同性戀男性的方式。另一位藝術家譚沙龍（Shannon Tham）則是在表演中嘔吐，抗議煽情聳動的媒體報導。[11]

後來吳承祖被當局以公然猥褻罪名起訴，他認罪並被處以一千新加坡元罰金。[12] 這些表演藝術家遭到政府譴責，自身與所屬團體從此被禁止演出，也無法申請獎助。[13] 時任新聞及藝術部部長楊榮文（George Yeo）描述國家藝術理事會對藝術家的裁決「是一個非常合適的位置來樹立新的越界標記（out of bounds marker）」。[14] 事實上，政府並不只是懲罰吳承祖與譚沙龍的團體：《鞭刑老大哥》事件過後，國家藝術理事會不再資助表演藝術與論壇劇場（forum theatre），直到二〇〇四年才解除禁令。[15]

呂伊婷提及相關事件時的課程是要教授英文理解與寫作（General Paper, GP）——這門A水準考試（A-Level）科目據稱可以「培養學生思考、處理問題與溝通的技能」。[16]但是其他學員對她的論點反應欠佳。

「其他人的態度是『我不認為這種事情發生過』。」她回憶。一位當過歌手的學員堅稱申請表演許可是很容易的事，暗示只有走偏鋒、招惹政府的人才會遇上麻煩。這位學員的意思很清楚：政府並不會壓迫藝術家，如果發生糾紛，藝術家只能怪自己不遵循規則；沒有必要討論這些規則是如何制定、有無道理。呂伊婷相當困擾與不滿，對於政府治理如何影響藝術，其他學員根本不想探討不同的觀點，甚至不承認這樣的觀點存在。但這些學員日後會成為教師，職責是引導青少年成為具備批判、分析能力的思考者，憑藉才智與好奇心參與社會。

呂伊婷還發現，國家教育學院的教師與學員「整體而言並不具備批判性，也不願意進行批判。」今日的新加坡學生也仍有這種心態，很多學生對社會政治議題與時事一無所知，而且安之若素，就像以前的我；然而也有一些學生注意到，老師限制了他們的視野，而不是加以擴展。

新冠疫情初期，二〇二〇年四月政府推出「阻斷措施」（circuit breaker）進行封鎖之前，我在一家地下商場的漢堡王餐廳見到黃潔明（Wong J-min）與阮日明（Nguyen Nhat

Minh)。阮日明即將服完兵役，之後要上大學。黃潔明使用第三人稱多數代名詞「他們」（they/them，譯注：非二元性別者），即將從初級學院畢業，準備參加A水準考試。兩人是新加坡最早一批氣候罷課者（climate strikers）。二〇二〇年三月十三日，黃潔明蹺課離校，在一位朋友陪同下前往埃克森美孚（ExxonMobil）新加坡分公司。他們拍照留念，高舉標語牌「地球比獲利重要」、「罷課救氣候」、「埃克森美孚殺害小貓小狗」；最後一個是臨時起意的玩笑話。他們在社群媒體上分享照片，轉往鄰近的咖啡廳研究氣候危機問題，然後回家。

一個星期之後，阮日明前往大巴窯（Toa Payoh）的一條街道拍照，照片中的他舉起一塊紙板，上面寫著「新加坡比石油更好@fridays4futuresg」，標籤連結他與黃潔明建立的Instagram專頁，代表新加坡響應瑞典氣候運動者葛瑞塔．通貝里（Greta Thunberg）發起的全球氣候罷課行動。

阮日明與黃潔明的目標是要喚起大家關注BP、埃克森美孚與殼牌（Shell）等石油業鉅子在新加坡的龐大勢力，以及它們如何對日益迫切的氣候危機火上澆油。兩位年輕人告訴我，他們覺得新加坡政府在這方面做得不夠，從裕廊島（Jurong Island）石化業專區的蓬勃發展就可以看出。抗議行動過後，警方依《公共秩序法》逮捕兩人，指控他們未申請許可就進行公眾集會。兩人接受長達數個小時的偵訊，手機與紙板都被沒收。最後警方對兩人發出「嚴厲警告」，要求不得再犯。當時黃潔明正就讀新加坡一家頂尖的初級學院，老師對他們的行為很不贊同。「警方打電話給學校談氣候罷課的事，我的GP老師兼班導師找我私下談話，意思大概是：『我已經告誡過你不要惹是生非！』」黃潔明回憶，「後來他又說：『政府已經有一些行動了，這總比以前無所作為來得好！』我跟他說：『我真不敢相信你是我的GP老師。』」

阮日明讀的是另一家初級學院，但同樣不鼓勵學生參與社會運動。他說：「我不認為我的學校存在任何一種體制性機制會推廣社會倡議。」他認為原因在於新加坡教育的要求——將新加坡推上國際排名前端的嚴格與認真特質，也讓新加坡年輕世代沒有時間與精力去探索其他活動，尤其是那些無法直接、立即幫助個人獲得實質成就的活動。「在新加坡，如果你沒有時時刻刻認真讀書……你就可能危及自身的前途。」阮日明說道。高壓力與高要求的教育體系，加上當局充滿懷疑與敵意的態度——如同阮日明與黃潔明的經驗，讓新加坡學生沒有什麼理由偏離眾人必經之道，冒險參與公民社會或者社會運動。

對分數與成績的高度重視——被讚譽為務實與理性——也適用於教師，他們除了要讓學生的考試表現優異，還必須好好「管理」學生。呂伊婷告訴我，培訓教師的評定標準包括「課堂管理」。這項標準可以簡化為學生上課時是否循規蹈矩，並不重視學生對課程的參與程度。呂伊婷認為：「重點在於維持一定標準的課堂紀律、貫徹各項規定，不尊重學生的自尊或自主性。」

「管理」對上互動

對學生自主性漠不關心強化了一種觀念：人——特別是那些在社會、職場、課堂階層地位偏低的人——需要的是接受他人管理，而不是更為平等的互動。一如呂伊婷的經驗，這種觀念從課堂開始，擴散到整個社會，撐起新加坡人承受的家長作風與技術官僚式的治理模式。

長期將人降格為需要管理的單位，會產生一個問題：我們也會將人看成需要管理的單位，而不是活生生、具創造力的個體，擁有自己的欲望、理念與表達方式。如此一來，我們可能因此低估每個人獨立思考、獨立行動的能力。

黃潔明與阮日明都有這樣的經驗，就發生在他們接受警方調查的時候。他們從警方提出的問題察覺到，對方並不認為他們的行動是出於個人意志。「警察認為我是被別人灌輸想法。」黃潔明說道。

當局似乎有「嫌犯」名單：從人權運動者范國瀚——他先前被警方以非法集會等罪名起訴時，也被貼上「桀驁不馴」的標籤——到阮日明都有可能，後者只比黃潔明大幾歲。[17]黃潔明回憶他們翻著白眼告訴警方：「老兄，這行動是我策劃的。」

「警察只想推到其他人身上。」阮日明插話說道，他也被質問是不是有人指使他舉抗議紙板拍照。

聽阮日明說話就知道，他清楚思考過自己從事的運動和自己的動機，以及與更廣泛甚至全球性的脈絡是否合拍。新加坡當局試圖找出一個子虛烏有的成年人主謀，令他嗤之以鼻，但他也指出這種心態並不是新加坡獨有，「其他國家也會出現這樣的反應。各國政府想要一個解釋：為什麼學生會突然間做這些事，突然間開始（看似）和大人唱反調……他們拒絕相信這是因為學生突然間有了領悟，知道自己必須採取氣候行動。他們寧可相信『這不是來自我們的年輕人』，但我要說：這是的。」

通貝里是美國《時代》（*TIME*）雜誌歷來最年輕的一位年度風雲人物，她領導一項全球運動、挑戰國際社會領導人。二〇一九年她在美國紐約聯合國氣候行動高峰會上發表一篇熱情洋溢的「你們怎麼敢」（How dare you）演說，得到媒體廣泛報導，還被製作成網路迷因。[18]為了抗議搭飛機旅行造成的碳足跡，通貝里從英國的普利茅斯（Plymouth）搭船橫渡大西洋，到紐約出席峰會；後來她又搭乘一艘雙體船前往里斯本，參加二〇一九年聯合國氣候變遷會議。[19]

二〇一九年當時通貝里年僅十六歲，可謂成就斐然，卻也引來不少批評者；這位青少年認真的社會運動，激起許多成年人不成比例的怒氣。除了指控她「發送道德訊號」（virtue signalling），還有不少人以高高在上的心態，從年齡與性別來輕視與蔑視她的聲音。俄羅斯總統普丁（Vladimir Putin）在二〇一九年談到通貝里時說她是「和善誠懇的女孩」，但是搞不清楚複雜的議題，而且被人操縱。[20]同一年，巴西時任總統波索納洛（Jair Bolsonaro）形容她「乳臭未乾」。[21]英國專欄作家托比．揚（Toby Young）在《旁觀者》（*The Spectator*）發表一篇批判氣候罷課運動的專欄，篇名就叫「罷課的孩子只想著不要上學」，結論不屑一顧：

> 如果這些孩子真的要以莫須有的罪名來指責老一輩人，我希望他們利用週末時間進行，能夠順便撿撿垃圾更好，這樣才真的能夠改善環境。如今有這麼多學生被通貝里

粗糙的宣傳吸引，充分證明了投票年齡應該提高到二十一歲，而不是降低到十六歲。[22]

新加坡也經常出現類似的論調，除了氣候議題，還包括一系列年輕人感興趣的主題。從黃潔明與阮日明的經驗可以看到，青少年與青年會不斷被耳提面命：自己唯一的責任就是埋頭苦讀，重大議題交給政府就可以了。當年輕世代堅持要發出自己的聲音，成年人就會宣稱他們受到「西方影響」，接觸太多美國媒體。

這種現象也延伸到政府對社會議題的定位。舉例而言，二〇二〇年七月，時任新加坡教育部部長王乙康（Ong Ye Kung）承認，年輕世代處理種族與宗教議題的方式，與老一輩有所不同。他特別強調背景脈絡的重要性：「我們不斷受到美國社群媒體、美國流行文化的影響，但我們不是美國人，我們擁有完全不同的歷史。」他還建議老師要跟學生好好說明這一點。[23]

這種說法表面上正確無誤，卻沒有體認到許多年輕人的意見並不是生吞活剝美國人的論述，而是已經考量新加坡的背景脈絡，以及我們自身的種族主義問題。[24]儘管學生顯示他們擁有能力、也非常願意處理複雜的政治問題，但他們仍然要面對官方的照本宣科，課程設計也將課堂對話局限在膚淺與個人化的案例，包括善待不同族裔同學的宣導。政府所謂的「背景脈絡」，重點似乎不在於聆聽新加坡年輕人的心聲，而在於將某些意見定性為「外國輸入」，可靠性不如政府定義的新加坡背景脈絡。

長期阻止學生從政治層面來理解、探索與練習自己的公民身分，將對社會造成長期影響。隨著世世代代「去政治化」的學生畢業後進入成年人的世界，我們的社會也愈來愈關注個人的選擇與缺失，例如怪罪窮人做出「糟糕的選擇」，認為應對氣候危機只需每個人多做資源回收、改用金屬吸管。結構與體系的因素幾乎永遠不會成為焦點，於是而有這樣的狀況：載運移工的卡車發生死傷慘重的交通事故，外籍勞工中心（Migrant Workers Centre）——由新加坡全國職工總會（National Trades Union Congress）與新加坡全國雇主聯合會（Singapore National Employers' Federation）聯合經營——的對策是舉辦針對移工行為的活動（教導他們交通規則、搭乘卡車應注意事項），而不是要求政府改變政策，例如規定雇主必須使用較為安全、受到規範的運輸方式。[25]公民社會雖然發起行動，譴責使用卡車載運工人這種不人道且不安全的做法，但進展相當有限。

新加坡為什麼要堅持這套教育體系，導致我們無法扮演完整的公民角色、解決國家面臨的問題？這套體系讓掌權者與統治菁英相當受用，因此沒有什麼誘因要推動根本的變革。當學校傳授的訊息只不過是複製掌權者與統治菁英的世界觀，他們不太可能認為自己有所欠缺。說服學生相信社會運動是「製造分裂」的無益之舉，可以勸阻他們從事社會運動、挑戰既有規則。對議題做區塊化處理，將注意力從結構性的不公不義轉移開來，會導致人們把精力放在相互監管，而不是檢討與批判政策。對於種族與宗教問題進行不痛不癢的討論，讓民眾看似擁有發言權，但討論不會觸及問題的根源。

政治學家羅丹（Garry Rodan）曾經寫道，人民行動黨試圖「限制新加坡統治階級利益受到挑戰的可能性」，提供的參與管道「被轉向一種不具競爭性、技術官僚形態的政治觀念」。[26]這種做法也代表一種策略：讓新加坡有民主參與及全國性政治論述的外在形式，然而不具實質內涵。

要體系改革，不要見招拆招

新加坡二〇二〇年大選在新冠疫情中登場，當時局部封鎖剛剛解除，我預期這場大選會與以往不同。政府禁止大規模集會，首投族將無法感受政治造勢活動的氛圍與興奮。根據法律，這類活動只能在競選期間舉行，會催生出一股與平常新加坡極為不同的公民能量。

但我沒有料到的是，Z世代新加坡人的運動蓬勃開展，其中有些人甚至還沒到投票年齡。在推特（Twitter，譯注：已改名為「X」）與Instagram上有許多關於政黨、政綱與候選人的討論。人們會敦促朋友探究政黨的立場與政見。後來我將各政黨的政綱整理成一份Google試算表，原本以為只有最關心政治的朋友才會有興趣，結果卻被廣泛分享。接下來的幾天裡，我在Instagram、推特與臉書貼文中被標注，許多人透過自己的網絡推廣我的連結。

隨著投票日愈來愈近，我也在Instagram上收到愈來愈多由首投族發出的訊息。有些人單純只是詢問背景資訊，有些人提的問題顯示他們對自己的選擇深思熟慮、對公民責任嚴肅看待。舉個例子，有人寫到自己的兩難：選區雖然有反對黨候選人，但是論調帶有仇外與種族主義色彩，而且特別仇視印度裔，反對新加坡與印度簽署的《全面經濟合作協定》（*Comprehensive Economic Cooperation Agreements*）。年輕選民一方面想要表明不滿人民行動黨扼殺新加坡人的公民權利與政治權利、剝削移工等邊緣社群，一方面又不想以選票來為反對黨的仇外論調背書。投票給反對黨可能會鼓勵他們繼續宣揚種族主義，營造出另一個壓迫體系。

對我而言，這樣的訊息是一種鼓勵，讓我知道儘管我們的教育體系在政治教育層面辜負了老師與年輕世代，但他們並沒有辜負自己。許多人都能深刻體會自己作為選民的責任，並且仔細思考自己做出的選擇。許多人也都清楚自身的教育歷程存在缺口，不僅設法自行填補，而且與同儕分享相關資源，因此得到更多的選擇與機會。我在學校念書的時候，關於新加坡的新聞與評論只有《海峽時報》（*The Straits Times*）可以閱讀；相較之下，今天的年輕人很容易就能夠從網路取得更具批判性的出版品，從本地到國外都有。新加坡學者也發起「Academia.sg」等倡議計畫，超越學術論壇與期刊的局限，分享各自的研究與專業，提供精闢的評論與分析。社會學家張優遠（Teo You Yenn）寫了《不平等的樣貌：新加坡繁榮神話背後，社會底層的悲歌》（*This Is What Inequality Looks Like*），亞非言（Alfian Sa'at）、佐來密（Faris Joraimi）與蔡秀敏（Sai Siew Min）合編論文集《棄絕萊佛士：建構獨立歷史》（*Raffles Renounced: Towards a Merdeka History*），這些著作挑戰了關於財富、階級、殖民主義與國家本質的傳統觀念。公民社會團體積極發表各種聲明、文章、資訊圖表與影片，目標鎖定一般大眾與教育領域。民眾只要有心尋找，一定會有所收穫。

還有其他幾個原因會帶來希望。我成長過程經歷的新加坡並不是今日的新加坡。二〇二〇年大選期間，我主編的通訊有一期請一位十八歲的年輕人客座執筆，討論降低投票年齡的議題。（譯注：新加坡投票年齡為二十一歲）[27]這位作者回憶二〇一一年自己九歲時的那場大選，當屆大選與往年不同，幾乎每個選區都有競爭，而且反對黨有史以來首度贏得集選區（Group Representation Constituency）席次。（譯注：新加坡國會選舉分為「單選區」與「集選區」，後者由同一政黨多名候選人組成團隊，其中至少一人為少數族裔，集體當選或集體落選。）作者也記得二〇一五年大選熱鬧興奮的氛圍，當屆的每一個席次都有競爭。

讀這篇通訊讓我深刻體認到，這位在二〇一〇年代還是孩子的作者，成長時期經歷的政治環境與我大不相同。我的家人從來不跟孩子談新加坡政治，我的老師或者學校的朋友也是如此。對童年時期的我而言，選舉船過水無痕。我的家鄉屬於西海岸集選區，我對一九九七年大選──當時我和這名通訊作者在二〇一一年大選時同齡──了無記憶；二〇〇一年大選登場時我也才十三歲，選舉結果一面倒；二〇〇六年大選也是如此，當時我十八歲，在國外生活。然而對那篇通訊的作者而言，早期經歷且影響深遠的大選是二〇一一年那場，當時是新加坡自獨立建國以來最具競爭性的一場大選。

我們對周遭事物的所見所聞形塑我們的期望、餵養我們的想像。二〇一一年時我二十一歲，以新手的姿態體驗政治討論；當時大家都說拜社群媒體之賜，公開表態支持反對黨變得稀鬆平常。我和身邊許多年紀較長的新加坡人都有一種感覺：那年我們跨越了一道門檻。但是對於一個二〇一一年時才九歲、二〇二〇年為我客座撰寫通訊的年輕人，那道門檻只是基準線。

我個人的政治覺醒來自無心插柳，過程中跌跌撞撞，在嘗試與錯誤中摸索前進，藉由新事證來挑戰舊理念，鞭策自己重新思考習以為常的迷思。我很欣慰現在有更多的資源與合作方式來提供協助，讓新加坡的青少年與青年踏上個人的發現之旅。我很希望自己看到的變化——基準線與期望，勇氣與做法——能夠全面建立與強化公民社會的工作。在此同時，我們仍然迫切需要推動體系性的教育改革，而且不僅如此，我將在下一章指出，除了學校課堂之外，新加坡還有其他的空間深陷於資訊的不對稱。

注釋

1 *Singapore Statues Online*, "Misuse of Drugs Act 1973," Second Schedule, https://sso.agc.gov.sg/Act/MDA1973?ProvIds=Sc2-#Sc2-

2 *Singapore Statues Online*, "Misuse of Drugs Act 1973," Part 3, https://sso.agc.gov.sg/Act/MDA1973?ProvIds=P13-

#pr17-

3 *We, The Citizens*, 26 Jan 2022, Kirsten Han, "Thread: Iwuchukwu Amara Tochi, hanged in Singapore on 26 January 2007," https://www.wethecitizens.net/thread-iwuchukwu-amara-tochi/

4 *Singapore Math Inc*, "What is Singapore Math?" accessed 22 January 2022, https://www.singaporemath.com/pages/what-is-singapore-math

5 *The Straits Times*, 14 Mar 2016, "Blogger Roy Ngerng to pay $150,000 in damages to PM Lee in instalments," accessed 22 January 2022, https://www.straitstimes.com/singapore/courts-crime/blogger-roy-ngerng-to-pay-150000-in-damages-to-pm-lee-in-instalments-lawyer

6 *TODAYonline*, 10 June 2014, "Tan Tock Seng Hospital dismisses blogger Roy Ngerng," accessed 22 January 2022, https://www.todayonline.com/singapore/tan-tock-seng-hospital-dismisses-blogger-roy-ngerng

7 *New Naratif*, 5 November 2017, "Political Agenda: Singapore' s Invisible Population," accessed on 22 January 2022, https://newnaratif.com/podcast/political-agenda-singapores-invisible-population/

8 *Asia Times*, 28 July 2018, Kirsten Han, "A rally cry mounts for LGBT rights in Singapore," accessed on 22 January 2022, https://asiatimes.com/2018/07/a-rally-cry-mounts-for-lgbt-rights-in-singapore/

9 *TODAYonline*, 10 December 2014, "Dim Sum Dollies: Nothing cut from History of Singapore" accessed 22 January 2022, https://www.todayonline.com/entertainment/arts/dim-sum-dollies-nothing-cut-history-singapore

10 Eds. Chng Suan Tze, Low Yit Leng and Teo Soh Lung, *1987: Singapore's Marxist Conspiracy 30 Years On* (Singapore: Function 8 Ltd, 2017).

11 *South China Morning Post*, 6 January 1994, Ian Stewart, "Singapore arts council attacks vomiting act," accessed on 17 January 2022, https://www.scmp.com/article/58171/singapore-arts-council-attacks-vomiting-act

12 *The Straits Times*, 18 May 1994, "Actor fined $1,000 for committing an obscene act."

13 William Ray Langenbach, 20 August 2003, "Performing the Singapore State 1998–1995," Western Sydney University Thesis Collection, https://researchdirect.westernsydney.edu.au/islandora/object/uws:576

14 *The Straits Times*, 16 March 1994, "Where one should draw the line in art."

15 William Ray Langenbach, "Performing the Singapore State 1998–1995" ; Clarissa Oon, "The National Arts Council," ed. Terence Chong, *The State and the Arts in Singapore: Policies and Institutions* (Singapore: World Scientific, 2018), p. 189.

16 Ministry of Education, "A-Level curriculum and subject syllabuses," accessed on 17 January 2022, https://www.moe.gov.sg/post-secondary/a-level-curriculum-and-subject-syllabuses

17 Singapore Police Force, 28 November 2017, "Man to be charged in court for multiple offences of organising a public assembly without a police permit," accessed on 17 January 2022, https://www.police.gov.sg/media-room/news/20171128_arrest_man_to_be_charged_in_court_for_multiple_offences_cid

18 *Nikkei Asia Review*, 25 September 2019, "'How dare you' : Transcript of Greta Thunberg' s UN climate speech," accessed on 17 January 2022, https://asia.nikkei.com/Spotlight/Environment/How-dare-you-Transcript-of-Greta-Thunberg-s-UN-climate-speech; Know Your Meme, "How dare you?" accessed on 17 January 2022, https://knowyourmeme.com/memes/how-dare-you

19 *The Guardian*, 14 August 2019, Jonathan Watts, "Greta Thunberg sets sail for New York on zero-carbon yacht," accessed on 17 January 2022, https://www.theguardian.com/environment/2019/aug/14/greta-thunberg-sets-sail-plymouth-climate-us-trump; *The Guardian*, 3 December 2019, "Greta Thunberg arrives in Lisbon after three-week voyage from US," accessed on 17 January 2022, https://www.theguardian.com/environment/2019/dec/03/greta-thunberg-arrives-in-lisbon-cop25-after-three-week-voyage-from-us

20 *Associated Press*, 3 October 2019, "Putin implies teen climate activist is being manipulated," accessed on 22 January 2022, https://apnews.com/article/6ea9262e7ea24efab5acf6ee877945fe

21 *The Guardian*, 10 December 2019, Tom Phillips, "Greta Thunberg labelled a 'brat' by Brazil' s far-right leader Jair Bolsonaro," accessed on 22 January 2022, https://www.theguardian.com/environment/2019/dec/10/greta-thunberg-jair-bolsonaro-brazil-indigenous-amazon

22 *The Spectator*, 16 February 2019, Toby Young, "All these striking kids want is a day off school," accessed on 22 January 2022, https://www.spectator.co.uk/article/all-these-striking-kids-want-is-a-day-off-school

23 , 16 July 2020, Jolene Ang, "School conversations on race and religion should continue to evolve, says Education Minister Ong Ye Kung," accessed on 17 January 2022, https://www.straitstimes.com/singapore/education/school-conversations-on-race-and-religion-should-continue-to-evolve-says

24 *Academia.sg*, 18 June 2021, Chong Ja Ian, "Recognising the roots of racism in Singapore," accessed on 29 May 2023, https://www.academia.sg/academic-views/recognising-the-roots-of-racism-in-singapore/

25 Stephanie Chok, 2013, "Labour Justice and Political Responsibility: An Ethics-Centred Approach to Temporary Low-Paid Labour Migration in Singapore," Murdoch University Research Repository, accessed on 22 January 2022, https://researchrepository.murdoch.edu.au/id/eprint/22465/

26 Garry Rodan, *Participation Without Democracy: Containing Conflict in Southeast Asia* (Cornell University Press, 2018).

27 *We, The Citizens*, 8 July 2020, Koh Su Thor, "GE2020: 'I yearn to be heard politically' ," accessed on 22 January 2022, https://www.wethecitizens.net/ge2020-i-yearn-to-be-heard-politically/

第二章

我們不知道的事

「這個問題有什麼意義?」

二〇二〇年一月六日,貿易和工業部部長陳振聲(Chan Chun Sing)在國會回答反對黨領袖畢丹星(Pritam Singh)質詢時如此回應。[1]當時畢丹星要求陳振聲針對新增就業人數,依據公民身分進一步詳細說明:有多少就業者是新加坡公民?多少是新加坡永久居民(Permanent Resident,譯注:「永久居民」是供外國籍人士申請的移民身分,擁有大部分公民的權利與義務,但無投票權與被選舉權)?

陳振聲先是表示可以提供這些數據,但接下來顧左右而言他,聲稱新加坡在人民就業與薪資方面表現優異,然後警告畢丹星不要造成或凸顯新加坡公民與永久居民之間的分歧。

「重要的不是資料，而是這個問題的意義，」陳振聲說道：「我要提醒國會，最重要的競爭不在新加坡公民與永久居民之間，而在於如何組成一個包含公民與永久居民的『新加坡國家隊』(Team Singapore)，甚至納入外籍勞動人口來補強競爭力，為新加坡帶來最佳機會。新增就業人數有多少流向新加坡公民？足夠將失業率壓低在會讓許多國家無法置信的水平。我們就是這麼做到的。」

一直到當天國會休會，相關數據還是沒有著落。

陳振聲除了推托敷衍之外，他的回答也揭示了新加坡一個更為根本的問題：資訊不對稱，我們因此無法看到國家的真實狀況、無法基於真實狀況進行互動。

一長串「已知的未知」

「知識就是力量」這句諺語人盡皆知。因此為通往知識的道路把關守門，也成為權力的大規模運作方式，而且新加坡人民行動黨歷屆政府將把關工作鍛造成一門藝術。海量的資料由政府看守及管理。Data.gov.sg之類的珍貴資源可以讓人下載各種資料集

（dataset），例如登革熱疫情每週病例數，或者行動數據流量的水平。然而一般民眾通常只能取得政府願意公之於世的資料。某些事物之所以會被我們發現，是因為政府希望我們發現，而且這些事物的架構與呈現方式都任由政府選擇。新加坡沒有真正的「開放治理」與「開放資料」，也沒有資訊自由權可言。

與新加坡任何一位新聞記者——沒錯，甚至包括主流媒體的記者——談過就會知道，他們都有過類似高血壓發作的經驗，誘發因素是試圖獲取政府並不樂意提供的資料。我曾經出席一場為一位外國外交官餞行的聚會，他派駐新加坡的日子進入尾聲。致感謝詞的時候，他列舉了他欣賞新加坡的幾個特點，包括我們的公園連道（park connectors）、都市綠地等等；他還特別提到「新加坡政府指南」（Singapore Government Directory）這項線上服務，讓使用者查詢政府部會與機構公務員的聯絡資料。外交官讚美這個網站的便利性，「而且最棒的一點就是，」他開心地補上一句，「他們真的會回應！」

宴會上的記者低調地咯咯笑著，搖搖頭。我們也使用新加坡政府指南，但未必能得到政府回應。

身為新聞記者，那種感覺就像試圖從石頭榨出血來。研究人員、學者、NGO工作者與運動者也會有同感，他們經常撞上政府的資訊壁壘。準備撰寫這一章的時候，我在臉書發文詢問上述幾個類型的朋友：如果新加坡通過「資訊自由法」（Freedom of Information Act），規定政府必須公布民眾要求的資料，他們會想獲取什麼樣的資料？

朋友的回應十分踴躍，涵蓋新加坡生活、治理與政治的各個方面：關於未經審判便長期拘禁的歷史檔案、關於移民申請（例如種族或國籍如何影響申請簽證的成功機率）更明確的資料與統計數據、更多的警察與監獄資料、更詳細的預算資料與政黨資產紀錄、公職人員財產資訊、從古蹟遺址公布到選區範圍覆核委員會（Electoral Boundaries Review Committee）審議等各種議題的會議紀錄、更詳細的移工勞動力數據……。

從這份並不完整的清單，我得到兩個結論：一、我的一些朋友是十足十的書呆子；二、新加坡有一份綿綿不絕的「已知的未知」（known unknowns）清單，其中許多事項對人們生活有重大影響。當我與運動者對話時，常會聽到他們說「我們認為X可能有問題，但是無法確認」、「關於Y沒有任何已公開的資料，因此我們難以確定」、「有人告訴我們Z的事，但是我們無法徹底查證」之類的話。我對於自己在新加坡死刑體制與監獄體系領域的工作，也會說一樣的話。

政府掌控資訊管道的權力不時會引發公眾的怨言，陳振聲選擇教訓反對黨而非分享資料時就是如此。這個案例與其他類似案例都讓人民行動黨受到指責，以高高在上的態度對待政治反對者與公眾。然而我們還沒有從集體層面體認到，這種不透明與掌控會對身為人民的我們造成傷害。

問題的核心就在於，受傷害的不僅是我們對政策議題的理解，也包括我們對自身與社會的理解。想要認清自己的真實樣貌，我們首先必須擁有看見的能力。

誰能夠取得我們的故事？

我在學校念書的時候很喜歡歷史這門課，認真的老師會使出渾身解數，讓課本中的教材活靈活現。我感興趣的是俄羅斯革命與第二次世界大戰，相較之下，新加坡歷史顯得單調無聊：課堂上一再重複萊佛士登陸、戰爭與暴動、我們的多元種族社會如何成功等等老生常談。當時我並不知道自己錯失了什麼，也不瞭解新加坡的歷史有其複雜性與爭議性。

我的青少年時期印象並非偶然，而是由上而下掌控「新加坡故事」的結果。羅家成（Loh Kah Seng）與廖繼權（Liew Kai Khiun）主編的《新加坡歷史的製造者與保存者》（*The*

Makers and Keepers of Singapore History）一書凸顯了取得資源——例如新加坡國家檔案館的文件——受到的限制如何影響新加坡歷史的創造、複製與研究。[2]羅家成在〈於大門相遇〉這一章寫道：「把關工作嚴重影響了歷史如何被研究與被呈現。」[3]「新加坡的歷史研究是在這樣的環境中進行：製造者、把關者與保存者握有控制性的影響力，來決定什麼樣的歷史、哪些人的歷史會被寫下。」

對於官方文件的解密，不同國家有不同政策。舉例來說，英國政府從二〇一三年開始將二十年歷史（之前是三十年）的機密文件解密，換言之，二十年前製作的政府文件都會送進英國國家檔案館，除非有充分原因必須封存，否則一律開放公眾閱覽。[4]

新加坡另有一套做法，查閱新加坡國家檔案館收藏的文件有時很費工夫。根據《國家文物局法》（*National Heritage Board Act*），任何人都可以查閱對公眾公開的檔案館資料，但是必須受限於「提供公開檔案的機構、官員或個人設定的條件或限制」。[5]

歷史學家黃堅立（Huang Jianli）形容，新加坡承諾要遵循國際社會向公眾開放檔案資料的標準，但法令卻讓承諾淪為「隨意揑塑的橡膠」。黃堅立負責撰寫前述書籍的〈牆、門、鎖：論學生政治運動的研究資源〉一章，他寫道：

> 任何對於研究者申請閱覽檔案資料的許可，都有可能附加一連串猶如噩夢的條件，例如研究者要引述任何「敏感資訊」都必須另外申請許可，政府機構保留修改研究者著作的權利。因此，在新加坡國家檔案館的後方矗立著一道由人民行動黨政府控制的資訊長城，唯有未來透過資訊自由法的立法——類似美國的做法——才有可能推倒這座長城。[6]

換句話說，就算一位學者越過重重障礙、取得資料，他發現的資訊仍然有可能無法對一般民眾公布，或者仍有可能受制於政府干預。

檔案館之外，其他的記憶與資訊場所也受到類似的政府控制和干預。一個案例就是新加坡內部安全局文資中心（Internal Security Department Heritage Centre），內部安全局是國內情報機構，隸屬於新加坡內政部，繼承其前身「特別行動處」（Special Branch）的權力，能夠以國家安全為名不經審判就長期拘禁人民。歷史上，這項權力曾用於拘禁反殖民運動組織者、政治反對運動成員、公民社會運動者，兩個著名案例是一九六三年的「冷藏行動」（Operation Coldstore）與一九八七年的「光譜行動」。就冷藏行動以及同一時期其他的拘禁案例而言，獨立歷史學家曾經援引英國國家檔案館公布的文件以及幾位前政治犯的證詞，指稱相關逮捕行動目的不是要對付實質的共產黨威脅，而是要打壓人民行動黨領導人李光耀（Lee Kuan Yew）的競爭者。[7]光譜行動的被拘禁者後來也出面駁斥政府指控，披露個人經驗。新加坡人也許會將內部安全局視為一個神祕但重要的組織，保護國家免於安全威脅；但新加坡公民社會受過集體創傷，對他們而言，內部安全局是一個監控、恐嚇與壓迫運動者的祕密警察單位。

內部安全局文資中心在二〇〇二年開幕，既然名為「文資中心」，代表有意與公眾互動、發揮教育意義。然而這個機構並沒有真的對公眾開放：「文資中心位於管制地區，民眾無法直接進入參觀。中心與政府機構、學校以及民間組織等正規團體合作，來處理訪客參觀的要求。」[8]這種進出管制不會讓人非常驚訝，因為我們後來得知中心「原本的構想是要作為內部安全局人員的訓練場所」。[9]我想我們不妨設定，在內部安全局文資中心高牆圍繞之下，歷史只是一件工具，用來強化人民行動黨陳述的觀點，批判冷藏行動或者光譜行動的觀點則無跡可尋。

內部安全局有它偏好的故事，從國內情報機構的工作來呈現新加坡歷史的一個面向；儘管它必須提出遠比指控冷藏行動與光譜行動被拘禁者更多的事證。但問題在於，其他的故事和敘事總是被掩蔽和抹殺，無法觸及新加坡人。文資中心的開幕並沒有跟著解密重要檔案文件——特別行動處或內部安全局關於冷藏行動與光譜行動的工作。中心之外的新加坡人無法獲取這些拘禁行動的檔案，因此也無法進行獨立的研究。能否獲取資料決定於政府的評估，至於評估的標準也只有政府知道。歷史學家與前任官委議員（Nominated Member of Parliament）陳大榮（Tan Tai Yong）二〇一八年投書《海峽時報》，指出這種差別待遇的問題：

> 如果一個政府機構希望公開自家的檔案資料，它的做法就不應該有差別待遇。給予「特許管道」會衍生幾個問題：你要給予誰？以何種理由？對於慎思明辨但違背官方觀點的學者，應該拒絕給予嗎？……就原則而言，已經解密的公開資料應該開放讓各方使用，不能由檔案管理者來決定自家資料只能服務特定目的，或者只能用於支持特定詮釋或論點。[10]

守護敘事

對於偏離官方敘事的藝術作品給予懲罰或者斷絕經費，新加坡政府留下了一長串紀錄。二〇一四年，當局拒絕對陳彬彬（Tan Pin Pin）的紀錄片《星國戀》（*To Singapore, With Love*）給予分級，意謂這部作品無法在國內上映或發行。陳彬彬在片中訪談多位政治流亡者，觸及深層的個人議題，例如他們的身分認同感、如何連結可能永遠隔絕的祖國。但是時任通訊及新聞部部長雅國（Yaacob Ibrahim）聲稱片中含有「扭曲虛假的內容」，一旦公開放映將會「危害國家安全」。[11]

翌年，國家藝術理事會取消對劉敬賢（Sonny Liew）《漫畫之王陳福財的新加坡史》（*The Art of Charlie Chan Hock Chye*）的八千新加坡元獎助金；這部圖像小說透過一位虛構藝術家的眼睛與作品，來檢視新加坡的歷史與發展。理事會的理由是「本書重述的新加坡歷史可能會危害政府及其公共體制的權威或正當性，因此違背理事會獎助規定」。[12]二〇一七年，國家藝術理事會審查程異作品《緊急狀態》（*State of Emergency*）的初稿，決定取消獎助。這部小說的主題是一個與新加坡以及馬來西亞左派運動關係密切的家庭。時任文化、社區及青年部部長傅海燕（Grace Fu）指稱作品內容「偏離了作者原先的提案」。[13]

歸根究底，我們的體系會將「修正主義」或者不符合人民行動黨「新加坡故事」的歷史敘事邊緣化，而且不僅是在學術界，在學校課程、主流媒體、藝術與文學等領域都是如此。在這個體系中，檔案與資訊受到管控，宰制性政黨可以根據自身利益來放大或掩蔽特定的觀點；鼓吹各種迷思與故事，來將宰制性政黨與其創建者，以及創建者打造的（實質上或比喻上的）架構正當化。

如此一來導致我們對自家歷史缺乏充分資訊，有時甚至被灌輸錯誤資訊。我們也像是被催眠一樣，接受一種過度簡化、直線進行的思考習慣。當一個政黨提出的故事六十多年來都被定於一尊，這就顯示我們已經將這種霸權常態化，認定所有問題都只有一個答案——只有一部歷史、一種解釋、一個觀點。我們學習如何主張這個「標準答案」是無可爭辯的現實，面對任何偏離標準的嘗試不是嗤之以鼻，就是認定為心懷不軌。這麼做的同時，我們也掏空了自己，因為我們失去了處理複雜、矛盾與衝突事物的能力。我們不再將變異與不安視為學習、成長、也許還能發現新真相的機會，而是當成麻煩的障礙，必須予以鏟除，以便我們繼續在「齊心的人民、一個國家、一個新加坡」的歌聲中前進。

局限視野

我個人在新加坡推動廢除死刑的經驗，感覺往往很像用頭撞擊磚牆。困難不僅在於挑戰政府反毒政策的支柱，也在於我幾乎無法取得死刑執行的相關資訊。美國的典獄長、牧師和獄方人員都可以而且也願意公開談論自己與死囚互動、見證死刑執行過程的經驗；但新加坡的獄方人員與死刑執行者受制於《官方保密法》（*Official Secrets Act*）而噤聲，運動者也無法見到死囚或者進行訪談，因為只允許死囚會見家屬。關於死囚生活與死刑執行過程的第一手紀錄少之又少。我們希望監控死刑體制及其運作，以便更有效地推動廢除死刑、彰顯那些危在旦夕的生命；但我們經常得上天下地蒐集資訊，接下來的查證工作更是有如噩夢。死刑預定執行時間不會事先公告；如果死囚的案件不曾引發公眾或媒體關注，當局和主流媒體有時甚至等到執行過後還是一聲不吭。死刑執行的件數一年公布一次，埋藏在獄政年度報告之中。而且若是只看數據，也根本無助於理解新加坡是如何運用死刑。

多年之前，我致函新加坡監獄署，詢問當時有多少死囚正等待處決，結果署方表示相關資訊屬於機密。這毫無道理可言，刑事案件通常是公開審判，判決與量刑都是公告周知，這些資訊怎麼可能會是「機密」？

公開取得資訊的管道窒礙難行，導致運動者必須挖掘經年累月的法院判決資料，追蹤個別案件的判決、上訴、刑事聲請與司法審查，才能夠釐清哪些人被判處死刑、相關判決在上訴後是維持原判還是遭到駁回。這些工作非常消耗時間與資源，而且得出的結果未必正確，因為運動者可能搞錯案情，不是每一樁案件都能查閱書面判決。此外，蒐集新加坡法庭書面判決最完備的資料庫「LawNet」要收取訂閱費，經費困窘的NGO或志工運動者負擔不起，必須設法找到願意合作或參與的既有訂戶——例如執業律師或者法學院學生。各項條件都必須水到渠成，相當不容易。我參與的組織「變革正義公社」（Transformative Justice Collective）一直要到二〇二二年，才有辦法由志工建立一個死刑案件資料庫，讓我們可以匯集最有效的做法，來救援等待處決的死囚，後來擬出一份包括五十位死囚的名單。我們如此大費周章根本是走冤枉路，因為當局握有相關資訊，然而它們拒絕分享也不必說明理由。

二〇一六年，我與死囚賈布林（Kho Jabing）的家人一起進行搶救運動；他是馬來西亞砂拉越人（Sarawakian），即將遭到絞刑處決。我們接到消息，那個星期五除了他之外，還有另一位死囚要被處決。消息來自賈布林本人，他得知後轉告自己的姊妹祖瑪依

（Jumai），讓她傳出去。我是第一次聽說這件事，只剩幾天時間。我們與死囚家屬合作的時候，偶爾就會發生這種狀況。真正的挑戰在於如何查證收到的消息。這樣的資訊有可能是道聽途說、以訛傳訛，或是消息提供者誇大其辭、加油添醋。還有一些情況則是訊息內容並不完整，難以根據公開資料來核實。舉個例子，據稱將被處決的死囚在訊息中可能只有綽號，無法與法律文件上的真實姓名比對。（譯注：賈布林在二〇一六年五月二十日遭到處決）

我並不奢望從監獄方面得到任何訊息，但祖瑪依手中有一封獄方的信函，最底下列出一名官員的聯絡資訊，他負責死囚與死刑執行相關業務。我心想反正不會有什麼損失，於是打電話過去。

接電話的人聽到是我打來，不太開心，「我不能在電話中跟你談這種事。」她說。

「這不是問題，我現在人就在樟宜監獄對面，可以馬上過去，你當面告訴我。」

「我們不能跟你透露這項訊息。」她拒絕再說什麼。我後來嘗試另一種做法：不但寫信到監獄，也致函新加坡總統府，要求公布更多死刑執行的相關訊息，特別是即將執行的案例。我的想法是，既然總統有權決定是否特赦（前提是要符合內閣建議），那麼總統府一定知道最近已執行與即將執行的死刑。

總統府如此回覆：「我們並沒有相關資訊，已經將您的要求轉交給內政部。」

我進一步嘗試，但是得不到答案。內政部與新加坡監獄署都保持沉默。和之前與之後的許許多多案例一樣，我被一堵石牆擋住去路。當運動者、學者、研究者、記者與反對派政治人物無法拿到資料——無論是已經過整理或者我們要自行蒐集的資料，我們的記錄、分析與評估工作會大受影響。這也就表示在某些領域之中，不僅是運動者會碰壁，任何一個關心國家運作的人都會受到限制，難以完整理解國家目前的狀況。

宣揚敘事，限制競爭

一般人要獲取資訊困難重重，而執政的人民行動黨則持續全面掌控資訊與傳播管道，可以隨心所欲對人民宣揚它想要傳播的訊息，根據自家目的與目標來量身打造訊息內容。

在說明這個現象的時候，我總是會想到中央肅毒局（Central Narcotics Bureau）的反毒品活動。在原則上，我不反對以教育做法來宣導使用毒品（drug，編按：以下視情況譯為「毒品」或「藥物」）的風險，但中央肅毒局的訊息運作已經到了道德恐慌與歇斯底里的地步。本書無意全面分析該機構的反毒訊息內容，但是在這裡可以提供一個案例。

《末日》（*Last Days*）是中央肅毒局製作的一部短片，風格類似英國影集《黑鏡》（*Black Mirror*），二〇一九年十月在該局的YouTube頻道發布。[14]內容是未來的新加坡政府政策大轉彎，決定將毒品使用合法化。我們在片中看到電視新聞主播宣揚這項進展是「對個人權利的深刻尊重」，也看到情況很快就急轉直下。影片開始不到一分鐘，某間商場的走道，一名看起來鬼鬼祟祟、不懷好意的少數族裔男子走向一名華裔男孩，用刀刺傷他，搶走他的平板電腦。男子拿平板電腦去典當，換取金錢購買毒品。當鋪老闆瞪了男子一眼，擦去電腦上的血跡，沒有多問什麼。

男孩父親發現孩子倒在血泊中，昏迷不醒。他驚慌失措，打電話叫救護車，但求助無門，沒有人能夠幫忙。他抱著血流不止的孩子奔向醫院，在此同時，那名藥物使用者前往一家娛樂性藥物機構「常青中心」，一路上只見其他藥物使用者倒在樓梯間、形容憔悴、面無表情、有如僵屍，還有黑市小販在賣用藥工具。

被刺成重傷的男孩與藥物使用者似乎有不同待遇。後者拿到一袋靜脈注射的橙色液體——某種成分不詳的藥物，舒服地躺在一張乾淨的床上，一間專供使用藥物的房間。然而男孩的父親絕望吶喊，哭求幫助，因為醫院正因「大量病患湧入」而瀕臨癱瘓。醫院的走廊裡，父親趴在兒子身上哭泣；在此同時，藥物使用者正享受著自己選擇的毒品。

影片結尾打出一行文字：「世界各國正逐步推動除罪化與合法化，這是你想要生活在其中的世界嗎？」

我第一次看《末日》的時候簡直不敢置信，這部影片按下你能想像到的每一個道德恐慌按鈕：帶著種族歧視將藥物使用者呈現為少數族裔，對孩子的暴力攻擊，醫療資源的耗竭，犯罪與非法交易的猖獗。對於這樣的社會，看過這部影片的人想當然耳會感到緊張。但是它真的準確呈現了藥物「除罪化」與「合法化」嗎？

藥物政策改革的倡議者並不是欠缺思考的享樂主義者，樂見孩童遭到刺殺、許多人染上藥癮。終結「反毒戰爭」並不意謂將有迫切需求的醫療資源轉移給想要過癮的藥物使用者。幾個受敬重的國際組織如全球藥物政策委員會（Global Commission on Drug Policy）、國際藥物政策聯合會（International Drug Policy Consortium）、國際減害聯盟（Harm Reduction International）都曾發布研究、報告與立場聲明，主張藥物政策應該轉向人群與人口的減害。全球藥物政策委員會二〇一六年的報告《推動藥物政策改革：除罪化的新途徑》（*Advancing Drug Policy Reform: A New Approach to Decriminalisation*）提出論點反對懲罰性做法，並且提供其他選項，例如以減害與治療的投資來搭配妥善施行的除罪化。[15]

葡萄牙等國推行藥物除罪化或合法化之後，並沒有像《末日》一片描述的那樣淪為犯罪猖獗的反烏托邦（dystopia）。

減害工作與權力體制的毒品敘事背道而馳，因此我們在新加坡不會聽聞這方面的研究與倡議。數十年來，新加坡政府大力推行「零容忍」做法，對毒品販運者處以死刑則是政策的基石。政府宣稱嚴峻的措施諸如死刑、徒刑、官方戒毒所（Drug Rehabilitation Centre）的懲罰性做法，能夠嚇阻眾人涉足毒品交易，從使用者到供應者都是如此。依據這種邏輯，死刑、鞭刑與無期徒刑都能夠拯救與保護家庭。

作為一個十多年經驗的毒品死刑體制觀察者，我至今並沒有看到「死刑能夠有效嚇阻毒品犯罪」的充分證據。政府有時候會發布統計數據，聲稱實施死刑之後與某類毒品相關的逮捕或查獲數量都有所下降，或者二〇一三年推出的「合作證明」（Certificate of Cooperation）做法[16]協助當局逮捕更多罪犯。然而我們看不到其他相關資料，因此無法獨立檢視與查證這些政府數據。舉例來說，與某類毒品相關的逮捕或查獲數量之所以下降，原因可能不是嚴刑峻法，而是供應鏈被打斷、該類毒品因為使用者習性改變而不再風行等因素。

想要精確掌握藥物使用的趨勢有時候極為困難，因為其中涉及許多因素與變數。二〇二一年聯合國人權理事會、國際減害聯盟與其他幾個組織共同簽署一份聲明：

> 迄今為止，聲稱死刑可以嚇阻毒品犯罪或毒品使用的常見說法，並沒有堅實的科學證據。這些說法未經證實，卻以不證自明的，或者是基於聲稱死刑具有嚇阻作用的公眾輿論；後者非常普遍但不能作為證據。
>
> 而且正好相反，現有數據（關於世界各國毒品販運的情況）充分顯示，將實施死刑當成毒品管制的工具，並無助於減少毒品販運犯罪。[17]

二〇二二年三月，我採訪了阿布杜·卡哈爾·本·奧斯曼（Abdul Kahar bin Othman）的兄弟，卡哈爾因為毒品走私罪名，再過不到一週就要在樟宜監獄接受絞刑。他的兄弟告訴我，他們童年生活貧困，一無所有，卡哈爾從十幾歲開始用藥，入獄期間並沒有得到適當的幫助，出獄後也沒有受到後續追蹤，沒有讓他重返社會的支持措施。監獄中不是每一個人都可以進入勒戒計畫，獄方將犯人分成幾個類型，將資源集中在他們認定能夠帶來最佳「回報」的犯人。[18]身為一名多次陷身法網的長期藥物使用者，卡哈爾的兄弟告訴我，他並沒有被列為勒戒計畫的優先對象。等到新加坡政府在二〇二二年三月三十日終結他的生命時，卡哈爾在獄中渡過的人生比自由身還長。

這些故事無法登上新加坡的主流媒體，沒有任何一家大型在地新聞機構報導卡哈爾的絞刑處決。一直要等到二〇二二年四月三日，四百多位新加坡民眾齊聚芳林公園（Hong Lim Park）示威抗議，《海峽時報》才提及這起死刑執行。[19]

在新加坡觸及最廣的媒體平臺，多元觀點不得其門而入，結果就是宰制性的觀點無所不在、所向披靡。人民的感覺會是執政黨怎麼做都對，事實則是較弱勢的團體四處碰壁、寸步難行，幾乎無法提出強而有力的相反論點。公眾沒有機會思考不同的意見，衡量各種論點，然後自行做出決定。我們只能看到事情的現狀，就好像那是唯一的選項，我們必須接受，不得質疑。

充分利用對抗「假新聞」的戰爭

新加坡資訊與發聲的不對稱近年日益惡化。如今政府不但掌控資訊獲取管道與在地主流媒體，而且有權力強迫別人自我「更正」，並將網路媒體妖魔化。政府的做法首先是利用「假新聞」（fake news），一個因為美國前總統川普而風行的用語。

作為一種政治工具，高喊「假新聞」無往不利。渴望關注、迷戀媒體的川普用它來批評任何忤逆他的新聞報導。他在總統任內反覆利用「假新聞」來駁斥指控與批評，同時建立一套論述，聲稱自己被媒體迫害、虧待。如此一來為他的忠誠支持者營造出一種氛圍，對媒體滿懷戒心與敵意。川普支持者對他的言論照單全收，深信不疑，儘管有高品質的報導證明他的言論沒有根據、刻意誤導，甚至根本就是扯謊。來到二〇二二年，我們還是會看到心懷不軌的政治人物與川普支持者堅稱，川普在二〇二〇年美國總統大選的勝利被對手「偷走」，儘管這種說法完全違反相關調查與報導。

對於學者、記者與專家，「假新聞」這個詞彙帶來的傷害有時更大於幫助。它會催生出陰謀論，聲稱心懷不軌的媒體與鬼鬼祟祟的惡人串通，貶抑媒體而非利用它來對抗既定的標準。一位飽受挫折的記者告訴我：「新聞不可能是假的；如果是假的，那就不是新聞。」這並不是說媒體從不犯錯，或者從不刊出偏差、扭曲或虛假的報導。有些並非新聞的內容確實會披上新聞的外衣，但是將這些內容貼上「假新聞」的標籤無濟於事，無助於我們瞭解自己遭遇的問題。

歐盟執行委員會（European Commission）高階專家小組在二〇一八年發布的報告明確指出：

「假新聞」這個詞彙並不適合用來指涉「造假資訊」（disinformation）的複雜問題，後者的內容其實並非完全虛假，而是將捏造的資訊與事實混為一談；其實質做法也不只是製作可以亂真的「新聞」，而是還包括某種形式的機器人帳號（automated accounts），用於偽草根運動（astroturfing）、假追蹤者網絡、偽造或竄改過的影片、定向廣告（targeted advertising）、組織化的網路煽動（trolling）、視覺迷因等等。造假資訊往往還包括一系列的數位行為，重視如何傳播訊息更甚於製造訊息，涵蓋貼文、評論、分享、推文、轉推等等。

其次，「假新聞」這個詞彙不僅不適當，而且往往造成誤導，被某些政治人物及其支持者挪用，來駁斥自己不喜歡的報導。「假新聞」因此成為一種武器，讓掌權者得以干擾資訊的流通、攻擊與傷害獨立新聞媒體。研究顯示，民眾對「假新聞」這個詞彙經常是廣泛看待，連結到黨派政治辯論與劣質的新聞工作，而不是危害更大、定義明確的造假資訊。[20]

這份報告主張使用「造假資訊」——定義為「虛假、不準確或誤導性的資訊，其設計、呈現與散播是為了刻意造成公眾傷害或牟取利益」——來描述它關注的領域。造假資訊之外，我們還可能遇上其他類型的虛假資訊：錯誤資訊（misinformation）——誤導或虛假的訊息，但製造或分享的動機並非欺騙；宣傳——為特定理念或觀點而呈現的資訊；嘲諷或諧擬（parody）——無意造成傷害的虛假資訊（但仍有可能被誤以為真）等等。[21]

每一個類型都需要不同的處理方式，來因應相關的問題——前提是它們會形成問題。有些類型——例如嘲諷或諧擬——其實不太需要處理。舉例而言，媒體識讀（media literacy）教育工作鼓勵人們在社群媒體上發表一項說法或謠言之前，先做好查證工作，如此將有助於減少錯誤資訊，並且避免將嘲諷當成真實報導。然而如果問題是由敵意行為者運作的網路機器人、偽草根運動、造假資訊行動，人們可能需要不同的工具。

在新加坡，相關的討論泯除了這些分別。人民行動黨政府將造假資訊與錯誤資訊的問題導引至別的地方——二〇一六年俄羅斯干預美國總統選舉、緬甸的穆斯林與羅興亞人（Rohingya）因為種族歧視造假訊息的散播而遭到暴力攻擊（臉書在二〇一八年承認[22]），並且聲稱新加坡必須盡快採取行動，來保護自家不受傷害。二〇一七年，律政部與內政部部長尚穆根（K. Shanmugam）引述一份調查，顯示絕大多數新加坡人支持立法「確保假新聞得以移除與更正」，他因此宣稱新加坡「理所當然」必須進行修法以處理這個問題。[23]

然而對於相關問題在新加坡的確實形態，這些論調並沒有深入檢視。新加坡與美國的情況不同，至今沒有證據顯示我們的選舉被敵意的外國勢力鎖定。人民行動黨之外的其他政黨就算有意為之，也沒有資源可以發起大規模的造假資訊運動。人民行動黨政府提出假新聞議題——過去一再提起，未來還會再提——的時候，舉了幾個國家當作案例，但我們並不確定新加坡有類似的情況。

儘管如此，二〇一八年一月，通訊及新聞部與律政部聯合發表一份綠皮書，標題是《網路蓄意假消息：挑戰與影響》（*Deliberate Online Falsehoods: Challenges and Implications*）。[24]文中引述英國、法國與美國的造假資訊行動與外國干預案例，為接下來的公眾諮詢做準備：新加坡面對「網路假消息」——人民行動黨政府精挑細選的用語——要如何回應？後來國會全票通過設立「網路蓄意假消息特選委員會」來蒐集回饋、進行調查、建議政府採行適當步驟。這樣的特選委員會在現今的新加坡並不常見，政府在起草新法律之前，很少進行公開、正式的公眾諮詢。「網路蓄意假消息特選委員會」並沒有明確宣示要推動新的立法工作，儘管尚穆根在先前的談話中已經表示會朝這個方向走。特選委員會的職權是——

審視與報告：

(a)利用數位科技在網路上蓄意散播假消息的現象。

(b)散播假消息的動機與理由，參與這類行為的個人與實體的類型，包括國內與國外。

(c)散播網路假消息對新加坡社會造成的後果，包括對於體制與民主程序的影響。

(d)如何防範與對抗網路假消息，包括：

(i)採取回應做法的原則。

(ii)包括立法在內，必須採取的具體措施。[25]

這種公開性很不尋常，但過程中還是有很多不透明的地方。我們不太清楚特選委員會的成員是如何遴選；委員會由國會召集，這意謂它相對於行政當局（也就是內閣）的角色是提供建議、進行監督，因此讓內閣部長列席委員會是很奇特的做法，豈不成了「自己推薦自己」？令人遺憾的是，提名委員會（Committee of Selection）——國會負責任命各特選委員會成員的常設委員會——只拿出一份名單，沒有其他任何資訊。此外，我們也找不到任何可以公開取得的會議紀錄，因此難以瞭解特選委員會成員提名的辯論程序，以及最後出線的成員如何被認定為最能夠勝任。[26]

資訊自由立法工作迄今沒有著落，因此我們無法要求相關當局釋出更詳細的會議紀錄，來進一步理解特選委員會成員的任命過程。從二〇一八年的情勢來看，公民社會與公眾都不免懷疑，特選委員會的公眾諮詢到底是真心誠意，還是所謂的「皮影戲」（wayang）——藉由裝模作樣來獲取名不副實的正當性。尚穆根部長祭出「理所當然」的說法，政府挑選特定的個人與團體進行閉門諮詢；從這些狀況來看，人們不得不懷疑政府儘管擺出諮詢的門面，但恐怕不會是從一開始就沒有預設立場。

《防止網路假訊息和網路操縱法》的到來

新加坡公民社會與獨立媒體並不確定特選委員會的諮詢是否真心誠意，但儘管如此，我們還是鼓勵大家對特選委員會表明立場。能夠讓自己對於立法的顧慮列入公開紀錄，我們不想錯過這個相當難得的機會。我們也不希望落政府口實，讓他們聲稱公眾諮詢乏人問津，未來不必辦理。

我們舉辦「民主教室」活動，鼓勵人們討論錯誤資訊、造假資訊、應對方法、如何在干預和言論自由之間求取平衡。我們希望大家既然已經花時間討論相關議題、清楚陳述自身觀點，因此回家之後會寫成意見書，提交給網路蓄意假消息特選委員會。

特選委員會最後收到一百七十份意見書，創下歷來同一形態委員會的新高紀錄，而且還與六十五個個人與組織進行超過五十個小時的公開會談。[27]從形式來看，這場公眾諮詢的過程公開、全面，運動者與倡議者會期望日後的重大政策決策與立法都能比照辦理。然而從實質來看，諮詢過程並無法帶來充分的信心，尤其是在運動者、獨立媒體從業者、批評人民行動黨政府的學者參與會談的時候。（詳見下文）

諮詢過程結束之後，特選委員會在二〇一八年九月發布報告，提出的建議包括制定新法律。律政部與通訊及新聞部——兩部的部長都是特選委員會成員——快速採納這項建議。報告中聲稱所有決議都是一致通過，但是外界找不到任何閉門審議會議的資料。

二〇一九年四月一日愚人節當天，新加坡國會開始討論《防止網路假訊息和網路操縱法案》（*Protection from Online Falsehoods and Manipulation Bill*），一個月之後表決通過。

我們很熟悉公民自由與權利在新加坡如何受到侵害，但就連我們也對這項新法律大感憂心。《防止網路假訊息和網路操縱法》涵蓋面極廣，加大了政府部長的裁量權。舉例而言，對「假訊息」的定義就只是「虛假或誤導」的事實陳述，這是一種語焉不詳的套套邏輯（tautology）。部長只要認定自己是從公共利益出發，就可以對「假訊息」採取行動。新法律對於「公共利益」的定義比新加坡憲法還要寬泛，從「符合新加坡與其他國家的友好關係的利益」、確保「公共安寧」到預防「公眾對於政府、國家機構、法定委員會所行使的任何職責或功能的信心受損」，可謂包山包海。[28]新法律適用於任何被至少一名新加坡終端使用者看到的內容，不僅管制社群媒體貼文，也管制WhatsApp、Telegram等封閉式即時通訊傳播的內容。

對於權力的限制與制衡，新法沒有多少著墨。政府部長或者選舉前指定的其他官員可以下達命令要求發布「更正」、移除內容、封鎖內容。這些命令是行政命令，因此不必經過法院。根據《防止網路假訊息和網路操縱法》，這些命令具有強制性，個人違反者最重將被科以二萬新加坡元罰金與十二個月徒刑，公司或組織的罰金最高五十萬新加坡元。想要逃過刑罰，你必須先要求相關的部長收回成命，如果遭到拒絕，再向高等法院上訴。而且就算你走到那一步，想要高等法院暫時擱置命令，必須符合下列三種狀況至少其中一項：第一種是內容並未在新加坡傳播，這種狀況可能性很低，因為政府部長顯然已經看到內容，所以符合「至少一名新加坡終端使用者看到」的條件；第二種狀況是內容為真，或者屬於意見表達；第三種狀況是受罰者在技術上不可能遵從命令。

相較於其他法律，《防止網路假訊息和網路操縱法》遭遇到的反對來自更多領域。

不僅是公民社會憂心忡忡，學術界以及——可能是政府最在意的——大型科技公司如臉書、Google與推特也會擔心。於是政府做出回應，發起為期一個月的公關活動，壓軸好戲是尚穆根與喜劇演員莊米雪（Michelle Chong）同臺，讓後者藉由她口無遮攔的「阿蓮」角色來宣導《防止網路假訊息和網路操縱法》（她在專訪開場時說道：「哇，你的新法律名稱好長啊！」），要公眾安心接受。[29]《防止網路假訊息和網路操縱法》在國會過關早已成定局，人民行動黨的席次優勢綽綽有餘。後來表決法案時只有九位工人黨（Workers' Party）議員投下反對票，三名官委議員選擇棄權。

《防止網路假訊息和網路操縱法》在二〇一九年生效施行，處理一系列的問題訊息，有些是明顯的錯誤虛假——例如新冠疫情初期，有人宣稱新加坡地鐵一處車站因為出現病毒而封閉，純屬子虛烏有；也有不那麼合理的目標——例如對於國營投資公司淡馬錫控股（Temasek Holdings）時任首席執行長、李顯龍總理夫人何晶（Ho Ching）年薪的猜測。讓許多新加坡人失望的是，對於後一訊息的「更正」並未伴隨著何晶實際年薪的揭露。當局的更正命令也沒有指向最早披露此一訊息的臺灣電視臺（譯注：東森新聞臺）；儘管《防止網路假訊息和網路操縱法》的管轄範圍及於海外，更正命令只要求跟進報導的新加坡平臺配合。《防止網路假訊息和網路操縱法》也被用來對付關於新冠疫苗的假訊息，只是似乎並無法驅散反疫苗團體的疑慮。俄羅斯總統普丁二〇二二年入侵烏克蘭之後，親俄羅斯的論點——包括聲稱烏克蘭是新納粹國家，擁有美國資助研發的生物武器，都是毫無根據的陰謀論——開始散播，然而《防止網路假訊息和網路操縱法》卻按兵不動，李顯龍總理談到這些訊息的散播時只提醒新加坡民眾要「質疑這類訊息的源頭與意圖，與朋友分享之前先想清楚有無必要」。[30]

儘管人民行動黨政府堅稱《防止網路假訊息和網路操縱法》不會讓政府成為「真相的最後仲裁者」，但事實卻是政府從一開始就想方設法扮演這個角色。《防止網路假訊息和網路操縱法》生效施行之後，對運動者、NGO工作者、研究人員與新聞記者形成心理負擔，大家都非常清楚只要當局祭出新法，自己很容易就會誤蹈法網。新法讓新加坡的自我審查文化更加牢不可破，而且恐怕每況愈下。

更有甚者，《防止網路假訊息和網路操縱法》讓遊戲規則更倒向政府。一般人民如果受到訊息影響，想要求更正，必須依據《防止騷擾法》(*Protection from Harassment Act*)訴諸法院，但《防止網路假訊息和網路操縱法》讓政府——也唯有政府——能夠繞過法院，「更正」或下令封鎖他們認定的「虛假或誤導」內容。因此人民行動黨政府大權在握，可以隨意挑選執法對象；新法還有一項條款，讓部長能「豁免任何個人或某一類人民不受本法影響」。

《防止網路假訊息和網路操縱法》認定新加坡政府在人民行動黨掌控之下，絕對不會撒謊或者發布誤導的資訊；其他任何個人或團體都靠不住，但人民行動黨政府是值得信賴的公共論述守護者，有權決定哪些「假訊息」必須糾出並更正。新加坡民眾應該安心信賴政府掌舵，不需訴諸有實際作用、獨立運作的制衡或監督機制。對於政府、政治人物與掌權者有這樣的認定，是相當危險的事。

《防止網路假訊息和網路操縱法》實施了

從二〇一八年《綠皮書》發布、網路蓄意假消息特選委員會成立開始，我全心投入「假新聞」論述與立法議題的研究與寫作。後來，我也首度親身體驗《防止網路假訊息和網路操縱法》的威力，事件源起是馬來西亞人權組織「捍衛自由律師團」（Lawyers for Liberty）幾項事關重大的聲明。

二〇二〇年一月十六日，捍衛自由律師團在網站發布聲明，表示他們與一位新加坡監獄署前任官員談過，此人曾經在絞刑執行室任職。對於絞刑執行過程一旦出差錯，獄方人員該如何處理，聲明中有詳細而殘酷的描述。簡言之，根據捍衛自由律師團及其消息來源：如果絞刑繩索在執行過程中斷裂，獄方人員必須狠踹死囚的頸部，硬生生將其踹斷。

我長期與死囚家屬一起工作，並且積極蒐集死刑機制運作的資訊，這樣的一份聲明令我驚恐。關於新加坡目前是如何執行死刑，資訊向來少之又少；我們只知道是採長距墜落絞刑（long-drop hanging），如此而已。

我認識捍衛自由律師團的成員，但第一次讀到他們的聲明時，無法立即獨立查證相關說法，但也認為他們不太可能空穴來風、無中生有。刻意且明知故犯散播關於新加坡的謊言，只會為自己招惹麻煩。新加坡當局一手掌控死刑犯與死刑執行的資訊，照理說應該很容易就能駁斥捍衛自由律師團，讓後者一無所獲、名聲掃地。一個地位卓著的公民社會組織有什麼理由要如此自毀形象？當我決定在社群媒體上分享這則聲明時，我已經認定有足夠的理由引發關切，必須公告周知。

我在臉書上分享捍衛自由律師團的貼文，一開始只引用連結與一段相關指控的摘錄。不到一個小時後，我編輯貼文，加上一段文字：

（驚魂甫定後的修訂）新聞聲明稿中令人極度不安的指控。新加坡死刑運用狀況的資料，很難從監獄署或內政部獲得，但這是一個重大議題，必須予以處理。關於新加坡執行死刑的過程，應該要有更大的公開性與透明性。[31]

我認為新加坡人必須看到捍衛自由律師團的說法，必須提出一些問題。如果這些說法為真，將涉及嚴重的侵害人權與殘酷行為。以新加坡的媒體氛圍而言，我不冀望本地新聞機構要求當局回應，連會不會報導都大有疑問。同一天，我向新加坡監獄署發出問題，要求他們隔天回覆，但是沒有下文。

一個星期之後，當局的回應來了，祭出《防止網路假訊息和網路操縱法》。內政部譴責捍衛自由律師團做出「虛假不實的指控」，「我們竭盡所能確保新加坡所有的死刑執行都嚴格遵循法律。」[32]內政部還補充說明：

所有死刑執行的過程都有監獄署署長與一位醫師在場。法律還規定驗屍官（具法院司法人員身分）必須在死刑執行後二十四小時之內進行驗屍，確保死刑執行依循正當且適當的程序。從紀錄來看，執行死刑使用的繩索從未斷裂，獄方人員也從未接受任何被指控的「使用粗暴執行死刑方式的特別訓練」。捍衛自由律師團聲明中描述的任何行為，都會受到徹底的調查與處理。

內政部進一步表示：「令人遺憾的是，新加坡有某些人士與團體散布捍衛自由律師團的最新指控。」並且點名《網絡公民》、雅虎新加坡（Yahoo! Singapore）與我。

我在一月二十二日早上收到《防止網路假訊息和網路操縱法》命令，當天我人在馬來西亞出差，醒來時一拿起手機就看到那封電子郵件。電子郵件的PDF附加檔告知我，內政部部長尚穆根基於公共利益對我發出更正指示（Correction Direction），要求我澄清臉書貼文的「主題陳述」虛假不實。

電子郵件寫道：「依據本法第十一條，內政部要求你於二〇二〇年一月二十三日上午八時之前，在該則臉書貼文前面加注下列的『更正啟事』。」電子郵件的署名者是傑森・陳（Jason Tan），他是防止網路假訊息和網路操縱法辦公室的指示、法遵與調查（Directions, Compliance, and Investigations）主任。這封電子郵件說明我必須刊登的「更正啟事」，其中要放上政府網站「Factually」的連結。

郵件還說：「如果不遵循這項指示而且無適當理由，將視同違反本法第十五條。」

我坐在旅館床上，沒戴眼鏡，瞇著眼睛看著手機螢幕。我沒有預期到自己會因此被《防止網路假訊息和網路操縱法》盯上，但我一點也不驚訝。我只記得自己心想：啊，來了。

先前我雖然發起行動反對《防止網路假訊息和網路操縱法》，但是只大略想過如果自己收到命令要如何應對。我想像若真的收到，原因應該會是我的報導；果真如此，我想我會對當局的命令提出抗辯。視情況而定，我有可能最後會拒絕接受命令，尤其是在自己事實上並未違反、卻要被迫承認違反新聞專業或新聞倫理的情況下。

結果真實情況是另一回事，我被《防止網路假訊息和網路操縱法》盯上，但當局命令鎖定的目標是別人寫的東西。

新加坡政府指控捍衛自由律師團對新加坡死刑體制的說法純屬捏造，如果我想要將自己的問題送到高等法院，只有幾條路可走：證明我分享捍衛自由律師團聲明的臉書貼文不曾在新加坡散播（此路不通，因為雖然我分享這份聲明的時候人在臺灣，但新加坡的讀者一定看得到）；或者在技術上無法遵從命令（同樣此路不通）；又或者設法證明聲明內容真實。後者基本上是要我幫捍衛自由律師團證實他們的說法，然而我沒有立場這麼做。

我還有另一項困擾，就是當局對我提出的問題與後續問題置若罔聞。《網絡公民》也提出問題。如果政府習慣於忽視媒體提出的問題、查證資訊與尋求回應的努力，動輒用《防止網路假訊息和網路操縱法》發出命令，那麼公共論述與新聞自由又有何意義？我的臉書網頁事小，但《網絡公民》之類的網路媒體有可能因此關閉——如果它在六個月之內至少收到三次《防止網路假訊息和網路操縱法》命令，就可能會被宣告為「揭露網路位置」(declared online locations，譯注：這類網站必須加注「假訊息」相關警語，而且經營者不得藉網站獲利；網絡公民的網站、臉書與推特都在二〇二三年七月被宣告為「揭露網路位置」) 並因此斷絕經費。[33]

最後，我決定遵從更正指示，但是依照自己的方式：我貼出更正啟事，加上引號，附加一則更長的聲明，強調我雖然在法律上被要求這麼做，但是我反對當局使用《防止網路假訊息和網路操縱法》。我寫道：「我擔心這種做法會影響記者、運動者與一般民眾追查相關指控的能力；對於每日發布的新聞業尤其事關重大，這個行業步調快速、時限緊迫，資訊隨著事態發展不斷湧現。」[34]

透過這樁事件，我們只得到稀少的資訊：當局全盤否認監獄中存在捍衛自由律師團那份聲明詳細描述的粗暴行為，聲稱從未發生過繩索在絞刑執行時斷裂的狀況。但這並不代表絞刑執行不曾發生其他問題，我們對是否有過相關案例一無所知。對於各項指控，沒有一個獨立的機構能夠進行調查與報導，只有官方說法。想要監督、理解新加坡各個體系的運作，我們還有許多工作要做。

推動資訊自由

人民行動黨政府控制資訊的管道，如今更賦予自身權力來管制與「更正」公共空間的話語。我們應該如何因應這種不平衡現象？如果我們想要進行有意義的改革，從新聞自由議題到公務員與公家機構的心態，許多事情都需要改變。

推動「資訊自由法」立法是重要的第一步，確立人民向公家機關尋求資訊的權利，特別是尚未進入公眾領域（public domain）的資訊。當然，有些資訊有充分理由不能公開，例如真正涉及國家安全的資訊；但是資訊自由法會要求政府說明為什麼某些資訊不能對民眾公開，而不是不做解釋就拒絕公開。這套法律的原則在於，民眾有權利在明確、合理的限制之下，瞭解政府內部運作的情況，公家機構則有義務接受民眾的究責。

多年以來在新加坡，許多領域的人士都曾倡議資訊自由法的立法工作，有的是直接在政綱或演講中宣示，有的是在其他議題的辯論中間接透露。我深入發掘國會檔案之後發現，對於資訊自由法的推動早在我出生之前就開始了：一九八三年反對黨政治人物惹耶勒南（J. B. Jeyaretnam）曾經做過倡議，背景是他強烈反對《法定機構與國營企業（機密保護）法案》（*Statutory Bodies and Government Companies (Protection of Secrecy) Bill*）。[35] 惹耶勒南在第二年再度提起資訊自由法。[36] 三位官委議員奈爾（Chandra Mohan K. Nair）、麥錫（Braema Mathi）與蕭錦鴻（Siew Kum Hong）也曾先後倡議相關立法工作，或者至少提出為歷史文件解密或增進公開性的法案。[37] 工人黨的畢丹星曾經不只一次在國會倡議資訊自由法，[38] 並且納入工人黨的政綱之中。[39] 人民行動黨進步派議員黃國光（Louis Ng）也指出許多國家都有這項法律與程序，新加坡應該參照它們的經驗。[40]

這些嘗試後來都無疾而終，顯示人民行動黨一直拒絕讓新加坡享有資訊自由的權利。典型的反對說辭包括：許多資料已經可以取得，缺少資訊自由法並不影響新加坡治理透明度在國際上的排名。二〇一一年，內政部與國家發展部高級政務部長李智陞（Desmond Lee）在回應畢丹星的時候辯稱，推動這項立法工作可能會損害新加坡人民與政府的關係：

議長先生，這類立法工作是基於對政府的不信任，是基於政府與人民的對立關係；認定政府總是遮遮掩掩，甚至對自家人民隱瞞事實。難道我們希望政府與人民出現這種關係嗎？難道我們希望在這種關係的結構下繼續發展？我樂見的政府與人民關係是相互團結，進行開放、坦白、誠實的對話。我期待政府隨時保持透明、可被問責、保持回應。就算有人散播謊言，我不認為我們需要民眾或記者找上某個部會，依據法令強迫政府揭露資訊。我希望政府公布的資訊是用來澄清片面事實與謊言。41

二〇一八年我到網路蓄意假消息特選委員會作證，有機會近距離觀察人民行動黨政府反對資訊自由法到什麼程度。我在書面意見中指出，我們不需要新法律來對付錯誤資訊與造假資訊，而應該追求更大的開放性與透明性，藉此來建立公眾的信任感。我提出幾項建議，其中就包括資訊自由法立法：

新加坡需要的是更大的透明性與開放性。我們應該有一套資訊自由法，讓新加坡人能夠向政府要求資料，能夠自己進行事實查核、資訊分析。這套法律也有助於新聞記者提升報導品質，運用更全面的資料；讓非政府組織做出更優質的研究，促成資訊更充分的公眾討論，涵蓋移工權利、貧窮、貧富不均、人權、歷史遺產、環境保育等重要議題。[42]

我也表明願意親自出席特選委員會的公開聽證會，而且驚訝地發現這項提議得到接納。二〇一七年三月二十七日，我來到國會出席一場公開聽證會，同行者還有《網絡公民》總編輯許淵臣（Terry Xu）與人權組織「尊嚴」（Maruah）的嚴世棟（Ngiam Shih-Tung），《網絡公民》前編輯李貴豪（Howard Lee）則從澳洲伯斯（Perth）以視訊方式參與，他正在攻讀博士學位，研究主題是新加坡的媒體環境。當時我們已做好心理準備，特選委員會的人民行動黨籍成員可能會操控討論方向，支持訂定新法律來對付「假新聞」，但是對資訊自由議題完全相應不理。

然而人民行動黨國會議員、特選委員會成員唐振輝（Edwin Tong）強力批判資訊自由法的概念，聲稱公務員如果知道討論紀錄日後可能會在民眾要求之下曝光，因此難以進行坦誠的對話，如此一來將妨礙政府決策，而且還會影響國家安全利益。唐振輝也指出民眾如果提出一些枝微末節的資訊要求，只會浪費政府的時間與資源；資訊自由法的真正受惠者不會是一般民眾，而是較有可能做出要求的企業與新聞記者。唐振輝為了支撐自己的論點，對我提及二〇一一年英國《衛報》（*The Guardian*）一篇談資訊自由法的文章，引述其中三段：

「《資訊自由法》，看似無害的名稱，我看著自己寫下這幾個字眼，感覺彷彿在猛烈搖頭，直到頭顱落地。你這個白癡，你這個天真、愚蠢、不負責任的笨蛋。這種愚蠢無法言喻，再生動的言辭都不足以表達，如今仍令我全身顫抖。」

布萊爾（Tony Blair）的回憶錄如此描述在他心目中，自己首相任內數一數二的敗筆：通過能夠揭露政府狀況的法案，為人民賦權。

「這是一種危險的做法。」布萊爾寫道，因為政府必須能夠在祕密過程中對議題進行辯論與決策。[43]

唐振輝根據這幾段文字表示：「（有時候）你無法事先知情，當你進行一場討論或者撰寫一份文件的時候，你並不知道相關資訊日後會不會公布。你們同意嗎？我想這就是布萊爾的意思，無法祕密進行討論，你沒有信心繼續工作，就像他說的『對議題進行辯論與決策』。」[44]

偌大會議室的前方，唐振輝從他高高在上的座位俯視著我。我看著右方螢幕，上面顯示他引述的文章段落。我可以感受到坐我左邊的許淵臣以及後方民眾旁聽席的朋友們——因為想表達支持而且也感到好奇所以出席——在座位上局促不安。這場聽證會時間之長，已經遠遠超過我的預期。我希望自己做任何回應時都小心謹慎，態度嚴肅，保持警覺，避免被誤導為讚同自己其實並不支持的觀點。因此我強迫自己仔細聆聽會議上的每一句話，這樣的過程非常累人；我心想，一場公眾諮詢竟然變成法庭上的交叉詰問。

我將注意力拉回到唐振輝的論點與《衛報》那篇文章，心裡覺得奇怪，布萊爾雖然曾經是世界領袖，但如今人盡皆知他根據虛假理由投入伊拉克戰爭，為何會成為評斷資訊自由法利弊得失的權威？我堅持立場，強調開放性與透明性都是重要原則，資訊自由法有助於強化公眾信賴，我們不應該只因為這種資訊獲取機制會讓企業與記者特別受惠，就迴避立法工作。

這場關於資訊自由的辯論比我預期的更有實質內容，儘管如此，它並沒有帶來任何有用的結論。我們對於議題相關事務毫無共識可言；會議結束後，我對於人民行動黨如何反對資訊自由，有了更深一層的認識。一直到第二天，我查閱唐振輝引述的那篇《衛報》文章，才發現前一天的對話根本是刻意誤導、居心不良。

那篇文章的開頭的確提及布萊爾對英國《資訊自由法》的批評，但是接下來引述二〇一〇年倫敦大學學院（University College London）學者的一份報告，指出英國的《資訊自由法》「並沒有像布萊爾所說，傷害公務員給予坦誠意見的能力，也沒有影響政府的檔案記錄工作」。[45]《衛報》文章承認英國的《資訊自由法》並沒有達成所有的立法目標，但是唐振輝在特選委員會聽證會上企圖表達的論點，這篇文章已經做出回應，明確駁斥他的立場。但是唐振輝在聽證會上並沒有引述相關文字，也沒有列入紀錄，甚至沒有讓我看到。

那場聽證會已經是許多年前的往事，但我仍然不明白唐振輝為什麼覺得他需要那麼做，來說明自己的論點。儘管如此，這次經驗充分顯示了問題所在。我在聽證會上無法取得那篇文章的完整資訊，因此根本沒有機會認清自己陷入一場刻意誤導的辯論。結果就是，我和唐振輝的對話變成漫無目的，也沒有解決任何問題，因為我們並不是以平等、開放的方式互動。這樣一場聽證會只是浪費少數人的時間，如果將同樣的情境投射到整個新加坡社會呢？

「這不是一個『遙不可及』的建議」

嘗試說服人民行動黨推動資訊自由法立法，我並不是最後一人。二〇二〇年二月，一群學生對通訊及新聞部提交一份政策意見書。[46]他們建議反轉資訊自由法的責任歸屬：不再是人民試圖說服政府提供他們要求的資料，而是政府必須解釋為何特定資料不能揭露。

「新加坡資訊自由」（Freedom of Information Singapore）是一個非正式的小型學生組織，致力於推動治理的透明性。當時我是透過他們的一位成員、法學院學生艾瑞芬·夏阿（Ariffin Sha）得知他們，艾瑞芬和我則是在《網絡公民》認識。「新加坡資訊自由」和我後來都參與撰寫一份公民社會的影子報告，提交聯合國人權理事會，作為新加坡第三期「普遍定期審查」（Universal Periodic Review）。[47]除此之外，我認識的「新加坡資訊自由」成員並不多，但我在寫作本章的時候立刻想到他們。許多公民社會的運動者與組織都曾抱怨資訊難以取得，甚至想要採取一些行動，但是沒有任何一個團體全心全力倡議資訊自由法立法，「新加坡資訊自由」的特別之處在這裡。

我接洽「新加坡資訊自由」要求採訪的時候，距離他們提交政策意見書已經過了幾個月，成員已經轉而到進行其他責任與義務。我和一位原本不認識的成員李健豪（Ryan Lee）聯絡上，在二〇二〇年七月的一個午後用Skype通話，當天他還要工作，所以通話速戰速決。

李健豪很快就指出，「新加坡資訊自由」的建議很基本，但也會產生很大的影響力：「我認為我們的建議是一個非常簡單的程序反轉，但同時也足以大幅提升透明度。因為就算政府不想公布資料，至少我們可以將理由記錄下來，然後進行一番討論，像是這些理由是否恰當？」

「新加坡資訊自由」的目標相當平實：他們想要留下紀錄，新加坡社會對資訊自由的議題很有興趣，而且並不限於公民社會那些「老面孔」。李健豪表示學生也「心知肚明」，處理政府資料——或者欠缺政府資料——的問題有時候相當困難；《防止網路假訊息和網路操縱法》的通過也刺激他們開始思考如何對抗錯誤資訊。

「我認為資訊自由的議題對我們來說顯而易見，因為許多地方似乎都有某種形式的資訊自由，就算不是實質作為，也會有相關立法。」李健豪說道：「因此我們認為這應該是很容易達成的目標……是最簡單、最具體的事情，新加坡可以採取行動，而非『遙不可及』，這不是一個『遙不可及』的建議。」

必須承認的是，人民行動黨關於資訊自由法的顧慮有一些確實合理。民眾有可能只是為了好玩，提出各種光怪陸離的資訊要求，從而增加公務員的工作負擔，耗用其他工作的資源。但是李健豪指出，這些問題都有應對之道：舉例而言，工人黨建議對資訊要求收取行政費用，如此一來可以篩除許多——甚至大部分——浪費政府時間的人。

歸根究底，最重要的是這些討論背後涉及的原則，以及我們的優先考量。「的確，每一項法律都會有某種權衡考量，」李健豪表示：「就這個案例而言，政府以擔心『枝微末節的資訊要求』為由來反對資訊自由，就等於表明他們重視官僚效能更甚於治理透明，這是非常明確的權衡考量，只是政府不願意出面講清楚說明白。」

「新加坡資訊自由」後來一直沒有收到政府的回應。這些學生如今都已畢業，繼續深造或者進入職場，組織也停止活動。人民行動黨在這個問題上堅持立場，又撐過一場用意良善的公民行動。

被抹殺、被阻撓的觀點

欠缺資訊自由機制讓新加坡人無法好好認識自己的家園，熟悉它的每一個角落與層面，儘管有些地方可能藏汙納垢。這種欠缺除了束縛公民社會的研究與倡議作為，限縮各個組織能夠提出的解決方案，它還會導致我們無法全然體認眼前的困境，無法發揮自身的能動性並選擇可行的道路，無法對握有政治權力者究責。一而再、再而三，我看到資料與資訊取得管道的欠缺，如何讓獨立的審查與監督寸步難行，讓掌權者得以提出各種說法、宣揚自家的論述、依照自家的規則行事。

從專業立場來看，這種權力的失衡不僅令人感到挫折，如此扭曲的關係還會衝擊民眾的心理，影響我們如何認知自身在社會的位置。我們生活在這樣一個體系之中，連瞭解切身相關政策、體系與做法的能力都受到其他人的權力節制；我們的權力遭到剝奪，方式有時明顯、有時微妙。我們被耳提面命，不要參與那些控制我們的政策與體系；一段時間之後，我們相信自己無能為力、束手縛腳。當問題出現，或者遇到我們認為不公平的事情，這種被灌輸的無力感會告訴我們：對抗沒有意義，因為統治菁英發號施令，我們無法挑戰他們。我們滿懷挫折、垂頭喪氣、筋疲力竭、灰心氣餒。這種心態會造成更嚴重的情緒、心智與心理傷害。

有一些跡象顯示，對於國家政治，新加坡人已經厭倦被當成無所作為的旁觀者。二〇二〇年國會大選，工人黨候選人林志蔚（Jamus Lim）呼籲選民投票給他的政黨，不要再給人民行動黨一張「空白支票」，在新的國會任期中為所欲為。[48]林志蔚的呼籲引發共鳴，新加坡人也許不會以自由鬥士、民主運動者自居，但是理解有必要對執政黨究責、加以制衡；透過選舉將反對黨政治人物送進國會，正是一種做法。反對黨議員能夠提出問題、要求說明，這種運作要優於任憑人民行動黨從頭到尾掌控局面。「空白支票」的比喻在選戰中受到注目，工人黨締造歷來最佳表現，拿到十席國會議席。

然而如果真的要讓人民行動黨拿不到空白支票，光是在國會九十三席中選出十席反對黨議員並不足夠。我們已經看到，工人黨在國會的勢力還不足以讓陳振聲尊重畢丹星。

在新加坡，有太多的黑盒子收藏了太多的祕密。真的要認同這塊土地，我們必須看到更多更多真相。獨立與外部監督者欠缺資訊自由立法與管道，也等於是送給人民行動黨及其政府一張空白支票。資料與獲取必須是一種權利，而不是由政府扣住或給予的特權；沒有這種權利，代表自家選區的反對黨國會議員無法充分掌握新加坡的狀況，表現將因此大打折扣。選民期望執政黨受到制衡，但欠缺資訊自由機制形同潑選民冷水，抑制我們完全掌握切身關鍵議題的能力，也局限我們以民主方式參與國家決策過程的能力。

「這個問題有什麼意義？」

問題本身就是意義所在。

注釋

1 *Parliament of Singapore*; Vol 94, Sitting No 115; 6 January 2020, https://sprs.parl.gov.sg/search/#/fullreport?sittingdate=06-01-2020

2 Eds. Loh Kah Seng and Liew Kai Khiun, *The Makers and Keepers of Singapore History* (Singapore: Ethos Books, 2017).

3 Loh Kah Seng, "Encounters at the Gates," *The Makers and Keepers of Singapore History*, pp. 3–27.

4 *The National Archives*, "20-year rule," https://www.nationalarchives.gov.uk/about/our-role/transparency/20-year-rule/

5 *Singapore Statues Online*, "National Heritage Board Act," https://sso.agc.gov.sg/Act-Rev/196A/Published?DocDate=19940315&ProvIds=P1IV-#pr22-

6 Huang Jianli, "Walls, Gates And Locks: Reflections On Sources For Research On Student Political Activism," *The Makers and Keepers of Singapore History*, pp. 28–47.

7 Thum Pingtjin, 2013, "'The Fundamental Issue is Anti-colonialism, Not Merger': Singapore's "Progressive Left", Operation Coldstore, and the Creation of Malaysia," *Asia Research Institute, National University of Singapore*, https://ari.nus.edu.sg/publications/wps-211-the-fundamental-issue-is-anti-colonialism-not-merger-singapores-progressive-left-operation-coldstore-and-the-creation-of-malaysia/

8 *Ministry of Home Affairs*, ISD, "Keeping Threats At Bay," https://www.mha.gov.sg/isd/keeping-threats-at-bay, accessed 9 April 2023. 二〇二一年六月我致函該中心，希望安排參觀，結果被告知該中心「位於管制地區，進出都有限制；參觀事宜主要透過人民協會（People's Association）、學校與政府機構等正規團體安排」。後來新冠疫情爆發，中心順勢關閉。

9 Ibid.

10 *The Straits Times*, 13 April 2015, Lim Yan Liang, "Revisiting Operation Coldstore," accessed 22 January 2022, https://www.straitstimes.com/opinion/revisiting-operation-coldstore

11 *The Straits Times*, 7 October 2014, Nur Asyiqin Mohamad Salleh, "Parliament: "To Singapore with Love" has 'distorted and untruthful' accounts of past history: Yaacob," accessed 22 January 2022, https://www.straitstimes.com/singapore/parliament-to-singapore-with-love-has-distorted-and-untruthful-accounts-of-past-history

12 *TODAYonline*, 3 June 2015, Mayo Martin, "Graphic novel 'undermines govt' s authority," accessed 23 January 2023, https://www.todayonline.com/singapore/graphic-novel-undermines-govts-authority

13 *TODAYonline*, 1 August 2017, Reena Devi, "Singapore author' s book grant withdrawn due to content changes," accessed 23 January 2023, https://www.todayonline.com/entertainment/jeremy-tiangs-book-grant-withdrawn-due-content-changes

14 *CNB.DrugFreeSG/Central Narcotics Bureau*, 25 Oct 2019, "Last Days," [Video], YouTube, accessed on 23 January 2022, https://www.youtube.com/watch?v=3tMcX3jh5I4

15 *Global Commission on Drug Policy*, 2016, "Advancing Drug Policy Reform: A New Approach to Decriminalization," accessed 22 January 2022, https://www.globalcommissionondrugs.org/reports/advancing-drug-policy-reform

16 *CNB*, "Amendments to the Misuse of Drugs Act," https://www.cnb.gov.sg/NewsAndEvents/News/Index/amendments-to-the-misuse-of-drugs-act. 二〇一二年新加坡國會通過《濫用毒品法》修正條文，引進「合作證明」規定，賦予檢察官權力認定毒品販運案被告對當局提供「實質可觀的協助」來打擊毒品販運。被告如果能夠拿到「合作證明」，而且被法院判定為只是毒品的運送者，法官可以不必判處死刑，而是判處無期徒刑外加鞭刑。

17 *UNHRC*, February 2021, "Joint written statement* submitted by International Harm Reduction Association (IHRA), IDPC Consortium, Intercambios Asociación Civil, Penal Reform International, non-governmental organizations in special consultative status, accessed 22 January 2022, https://www.hri.global/files/2021/02/23/UN_HRC46_Submission_Death_penalty_drugs_and_deterrence.pdf

18 Ganapathy Narayanan, 2016, "Race, reintegration, and social capital in Singapore," *International Journal of*

Comparative and Applied Criminal Justice, 40, https://www.tandfonline.com/doi/full/10.1080/01924036.2015.1054113?scroll=top&needAccess=true&role=tab

19 *The Straits Times*, 3 April 2022, "Death penalty protest at Speakers' Corner as it reopens 2 years after Covid-19 closure," accessed 23 January 2023, https://www.straitstimes.com/singapore/death-penalty-protest-at-speakers-corner-as-it-reopens-2-years-after-covid-19-closure

20 *European Commission*, 12 March 2018, "Final Report of the High Level Expert Group on Fake News and Online Disinformation," accessed 22 January 2022, https://digital-strategy.ec.europa.eu/en/library/final-report-high-level-expert-group-fake-news-and-online-disinformation

21 *The Conversation*, 21 April 2021, "Misinformation, disinformation and hoaxes: What' s the difference?" accessed 22 January 2022, https://theconversation.com/misinformation-disinformation-and-hoaxes-whats-the-difference-158491

22 *BBC*, 6 Nov 2018, "Facebook admits it was used to 'incite offline violence' in Myanmar," accessed 22 January 2022, https://www.bbc.com/news/world-asia-46105934

23 *TODAYonline*, 19 June 2017, Kelly Ng, "Laws tackling fake news to be introduced next year: Shanmugam," accessed 22 January 2022, https://www.todayonline.com/singapore/new-laws-tackle-fake-news-be-introduced-next-year-shanmugam

24 *Ministry of Communications and Information and Ministry of Law*, 2018, "Deliberate Online Falsehoods: Challenges and Implications," accessed 22 January 2022, https://www.nas.gov.sg/archivesonline/government_records/record-details/6797717d-f25b-11e7-bafc-001a4a5ba61b

25 *Parliament of Singapore*, 2018, "Select Committee on Deliberate Online Falsehoods - Causes, Consequences and Countermeasures," https://www.parliament.gov.sg/sconlinefalsehoods

26 *Parliament of Singapore*, 2018, "Second Report of the Committee of Selection," https://sprs.parl.gov.sg/selectcommittee/selectcommittee/download?id=413&type=report

27 *Parliament of Singapore*, 2018, "Report of the Select Committee on Deliberate Online Falsehoods - Causes, Consequences and Countermeasures," https://sprs.parl.gov.sg/selectcommittee/selectcommittee/download?id=1&type=subReport

28 *Singapore Statutes Online*, 28 June 2019, "Protection from Online Falsehoods and Manipulation Act 2019," https://sso.agc.gov.sg/Act/POFMA2019?TransactionDate=20191001235959

29 *The Michelle Chong Channel*, 5 May 2019, "Ah Lian VLOG #19: Premium Lian Meets Minister K Shanmugam," [Video], YouTube, accessed on 22 January 2022, https://www.youtube.com/watch?v=xYH-6oZEiJw

30 *TODAYOnline*, 21 August 2022, Low Youjin, "NDR 2022: PM Lee urges vigilance on social media messages to guard against hostile foreign influence operations," https://www.todayonline.com/singapore/ndr2022-pm-lee-social-media-hostile-foreign-influence-1974106

31 Kirsten Han, 16 January 2020, "CORRECTION NOTICE: This Facebook post contains false statements of fact made by Lawyers for Liberty," [Text], Facebook, https://www.facebook.com/kixes/posts/505029596683

32 *Ministry of Home Affairs*, 22 January 2020, "Baseless Allegations of Unlawful Methods of Judicial Execution & Issuance of Correction Directions Under the Protection from Online Falsehoods and Manipulation Act" , accessed 22 January 2022, https://www.mha.gov.sg/mediaroom/press-releases/baseless-allegations-of-unlawful-methods-of-judicial-execution-issuance-of-correction-directions-under-the-protection-from-online-falsehoods-and-manipulation-act/

33 本書寫作期間，《網絡公民》尚未被列為「揭露網路位置」，但它的新加坡網站仍然被迫關閉，理由是未能完整揭露資金來源。總編輯許淵臣已經遷居臺灣，以流亡者身分繼續經營網站。

34 Kirsten Han, "CORRECTION NOTICE: This Facebook post…" Facebook.

35 *Parliament of Singapore*, 20 December 1983, "Statutory Bodies and Government Companies (Protection of Secrecy Bill)," Vol 43, Sitting No 3. http://sprs.parl.gov.sg/search/#/topichtmlfilename=021_19831220_S0003_T0013

36 *Parliament of Singapore*, 13 March 1984, "Budget, Prime Minister' s Office," Vol 43, Sitting No 7. http://sprs.parl.

gov.sg/search/#/topichtmlfilename=006_19840313_S0002_T0004

37 *Parliament of Singapore*, 2 October 2002, "Stayers and Quitters (Motion)," Vol 75, Sitting No 9. http://sprs.parl.gov.sg/search/#/topichtmlfilename=004_20021002_S0002_T0003

Parliament of Singapore, 14 August 2003, "Public Information Processes," Vol 76, Sitting No 16. http://sprs.parl.gov.sg/search/#/topichtmlfilename=021_20030814_S0005_T0012

Parliament of Singapore, 29 February 2008, "Head Q – Ministry of Information, Communications and the Arts," Vol 84, Sitting No 8. http://sprs.parl.gov.sg/search/#/topichtmlfilename=004_20080229_S0003_T0005

38 *Parliament of Singapore*, 20 October 2011, "Debate on President' s Address," Vol 88, Sitting No 5. http://sprs.parl.gov.sg/search/#/topichtmlfilename=019_20111020_S0010_T0001

Parliament of Singapore, 26 February 2019, "Debate on Annual Budget Statement," Vol 94, Sitting 93. http://sprs.parl.gov.sg/search/#/sprs3topic?reportid=budget-1099

39 The Workers' Party Manifesto 2020. https://d3bnzwrhehvhbjiwmja.s3-ap-southeast-1.amazonaws.com/The+Workers+Party+Manifesto+2020.pdf

40 *Parliament of Singapore*, 8 May 2019, "Protection from Online Falsehoods and Manipulation Bill," Vol 94, Sitting No 105. http://sprs.parl.gov.sg/search/#/sprs3topic?reportid=bill-367

41 *Parliament of Singapore*, 20 October 2011, "Debate on President' s Address."

42 Kirsten Han, 28 February 2018, "Submission to the Select Committee on Deliberate Online Falsehoods," https://www.parliament.gov.sg/docs/default-source/sconlinefalsehoods/written-representation-48.pdf

43 *The Guardian*, 20 September 2011, Ian Cobain, "Mixed results since Blair' s 'dangerous' Freedom of Information Act launched," https://www.theguardian.com/politics/2011/sep/20/mixed-results-blairs-dangerous-act

44 *Gov.sg*, 28 March 2018, "Freedom of expression and journalistic standards," [Video], YouTube, accessed on 22 January 2022, https://www.youtube.com/watch?v=iKhGuElhmFM

45 *The Guardian*, Ian Cobain, "Mixed results since Blair' s 'dangerous' Freedom of Information Act launched."

46 *Freedom of Information Singapore*. 1 February 2020. “Policy Proposal for Freedom of Information Bill,” https://foisg.wordpress.com/proposal-2/

47 *Association of Women for Action and Research*, 15 October 2020, “Civil society groups submit Universal Periodic Review joint report ahead of 2021 session, urging the strengthening of civil, social, cultural and economic rights,” https://www.aware.org.sg/2020/10/civil-society-groups-submit-universal-periodic-review-joint-report-2021-session/

48 *The Straits Times*, 2 July 2020, Rei Kurohi, “Singapore GE2020: WP wants to deny PAP a blank cheque, says Jamus Lim,” accessed 22 January 2022, https://www.straitstimes.com/politics/voters-being-asked-for-blank-cheque-says-wp

第三章

記憶造就了我們

我們對於新加坡的認識——或者無法認識——不僅會影響我們如何參與當前的政治，還會深刻衝擊我們如何看待自己的公民身分，以及我們涉入政治參與、決策以及變革的可能性。

在我們這個資本主義掛帥、崇尚生產力的世界中，深入探索新加坡歷史似乎不具實用意義，與日常的生活方式及問題並不相干。思考未來的情勢發展，確保我們的經濟、企業與社會經得起時間考驗，似乎遠比探索歷史來得重要。「智慧國家」(Smart Nation，譯注：新加坡從二〇一四年開始推行的「數位優先」國家發展計畫)重視的是未來的科技，而不是過往的知識與考量。

然而我們知道，歷史會在我們轉身面對未來的時候，影響我們的所見。歷史有如一副透鏡，澄清我們的視野，讓我們聚焦過去忽視的事物。重點不在於發掘陳年往事，而在於理解我們作為一個民族的來龍去脈。

心理學家王琦（Qi Wang）在〈論集體記憶的文化組成〉一文中寫道：「就如同自傳式記憶（autobiographical memory）攸關個人如何界定自我，集體記憶也攸關一個社群的身分認同如何存續，讓其社會生活與文化凝聚得以延續……進行集體記憶的社會行為，讓社群成員對自身的過往保存概念，讓『我們曾經』的感知催生出確切的『我們如今』。」[1]

對於共同歷史的遺忘或扭曲，會讓人們付出代價，二〇二二年的菲律賓總統大選就讓我們親眼見證了這點。小馬可仕（Ferdinand "Bongbong" Marcos Jr.）的獨裁者父親曾經對菲律賓實施長達十四年的戒嚴，大肆掠奪國家財富；但小馬可仕藉由撲天蓋地的歷史洗白與網路造假資訊，在大選中贏得壓倒性勝利。拉惹勒南國際關係學院（S. Rajaratnam School of International Studies）教授梅莉・卡瓦列羅－安東尼（Mely Caballero-Anthony）指出：「小馬可仕團隊利用各種社群平臺，成功地發起一場無所不用其極的修正運動，抹殺了原本有可能阻止馬可仕家族成員重掌政權的歷史記憶。」[2]

無論小馬可仕是否會像他父親一樣踐踏人權、貪汙腐敗，他的當選都令人憂心，因為他靠的是造假資訊而非明確政策。小馬可仕登上大位也代表他父親統治期間的竊盜統治（kleptocracy）、殘酷鎮壓與家族中飽私囊，永遠不會受到完整適當的問責。[3]

一九八六年的人民力量革命（People Power Revolution）推翻老馬可仕（Ferdinand Marcos）政權、重建菲律賓的民主。喚起那段黑暗時期的記憶，照理說應該能夠阻擋馬可仕家族捲土重來。然而實際情況卻是歷史遭到扭曲，選舉結果重創了前人千辛萬苦掙來的變革。

有限的觀點，有限的選擇

曾經接受我訪談、非常熱情的英文理解與寫作老師呂伊婷，跟我談到新加坡的學校欠缺讓學生深入審視政策、參與政治討論的空間。她還告訴我，要讓十七、八歲的孩子對議題進行批判性思考是一大挑戰，因為他們並不習慣這種思考方式。

呂伊婷指出，新加坡的學校課程偏袒執政黨與權力體制的訴求，經年累月刻意強調政府的宣示、行動與政策，但是很少探討民眾如何回應——包括反對——政府這些作為。學生會得知人民行動黨通過某一項法律、黨籍政治人物有何發言，但是不會得知由下而上、反抗政府計畫的行動。對於「高學歷母親優惠計畫」（Graduate Mothers' Priority Scheme，譯注：一九八四年施行，為鼓勵高學歷女性生育，給予子女入學與賦稅優惠）[4]之類的爭議性政策，學校課程幾乎隻字不提相關的爭議或反彈。學校教導新加坡的年輕學子，政府為了大眾利益而禁止罷工，但是對工會與勞工的反應輕描淡寫，他們的組織能力受到嚴重限縮。權力體制書寫的歷史以人民行動黨為中心，將它當成「新加坡故事」的主角，一個能做事、能照顧老百姓的政黨。「如果我們聽不到另一邊的故事，聽不到反抗的故事，我們發揮想像力超越官方敘事的能力也會受到限制，」呂伊婷說道：「焦點完全放在國家許可的敘事上，我們非常難以進行批判性的參與。」

這種現象直接影響我們如何看待自己的公民身分。我們藉由觀察前人的事蹟來學習，看到他們的錯誤，努力避免重蹈覆轍；或者被他們的行為激勵，起而效法。如果我們不知道以前發生過的反抗行動，沒聽過前輩運動者運用的戰術與戰略，無法得知人民行動黨論述之外的觀點與論證，那麼我們會相信新加坡從未有過反抗行動，從未有過成功的運動者，從未有過人民行動黨選擇之外的道路。我們欠缺典範人物，並且在這樣的空白中做出結論：我們不可能與人民行動黨唱反調。我們接收錯誤印象：只有一個政黨能提供正確答案，那個政黨的所作所為都是正確無誤。我們接受黨的決定，並不知道自己的選項受到限制，完全不會想到還有其他的做法與選擇，因為我們的思考與期望都受到調控。我們看不出來那些「正常」、「可接受」、「合理」的標準並不是由我們制定，而是為我們制定。我們喪失了作為公民的能動性，甚至對這樣的喪失渾然不覺。

認識光譜行動

第一次發現一段學校教科書隻字不提的歷史，我還記得當時的情景。二〇〇九年，我在紐西蘭威靈頓（Wellington）攻讀影片製作榮譽學位（Honours-level film degree）；那天我坐在租屋處的床上，身穿一件舒適的藍色浴袍，與螢幕上簡單實用的Blogspot網誌範本形成鮮明對比，那是《新加坡反抗者》（*Singapore Rebel*）的網頁。我打開的第一則文章——已經記不得最初是如何發現——就讓我聞所未聞。

光譜行動。

透過那篇文章與進一步的網路搜尋，我得知在一九八七年五月，新加坡政府逮捕了二十二名志工、律師、社工與劇場工作者。被逮捕者從事服務移工、在律師公會內部倡議之類的活動。他們未經審判就遭到拘禁，被指控涉入一場「馬克思主義陰謀」，意圖推翻政府。這項指控毫無實質證據可言，被拘禁者後來也堅定駁斥。[5]但是他們被迫認罪，事先排練過的偵訊過程還錄下來在電視上播出。[6]新加坡媒體對政府的說法照單全收，報紙上的報導甚至沒有記者署名。[7]

有生以來頭一遭，我心中湧現一股對於自己國家的不安感。過去我一直為新加坡及其成就感到自豪。我對歷史與社會課程瞭然於心，非常欽佩新加坡在其他國家陷入掙扎的時候，還是能夠繳出優異的成績單。我很放心認為人民行動黨政府的成員都是正直誠實的政治人物，恪守法治原則，我們可以信賴他們為我們做出優質的決策。

那麼一九八七年未經審判就拘禁的事件要如何解釋？政府無憑無據做出可怕指控代表什麼意義？如何能夠直接將人從家中抓走並拘禁，而且有些人一關就是好幾年？主流媒體為何會全文刊登政府聲明、散布嚴重指控，卻不做任何獨立報導？一個從未出現過的念頭在我腦海浮現：我的政府做過糟糕的事情。

如今回想那個關鍵時刻，早年的天真與欠缺政治意識讓我不禁皺眉。「糟糕的事情」這種說法很原始，是小孩子描述政治行為的口吻，也反映了我當時的背景：在那之前，我從來不必面對國家過往的黑暗時刻，從來不必思考政府會如何濫用權力，尤其是我的政府！

我的政府涉入「糟糕的事情」，這個念頭日益茁壯；雖然還沒有完全顛覆我對新加坡與人民行動黨的信念，但是讓我頭一回模模糊糊感受到，我對自己國家的認識仍有盲點，有些重要的事被隱瞞下來。第一道裂縫出現，我的眼界正逐漸打開。

在威靈頓的那一天，我完全沒想到自己回新加坡之後會一頭栽進政治部落格寫作與從事運動的世界，會結識光譜行動的被拘禁者並且成為朋友與盟友。二〇〇九年的韓俐穎裹著一襲毛巾布浴袍，一定不敢置信八年後的自己會主持一場紀念光譜行動三十週年的討論會。主流敘事誇大被拘禁者形成的安全威脅，然而我認識的他們遠遠不是如此。（特此說明：我在二〇二〇年加入「Function 8」，一個由光譜行動被拘禁者及其友人創立的社會企業。）

二〇一七年的紀念活動進行了將近一整天，其中包括一部短片的放映會、討論會，以及新書《一九八七：新加坡馬克思主義陰謀三十週年》（*1987: Singapore's Marxist Conspiracy 30 Years On*）的發表會，這本書的參與者除了被拘禁者，還包括他們的親友、天主教會人員，以及其他見證那段痛苦事件的人士。活動地點選在獨立電影院「放映機」（The Projector），位於美芝路（Beach Road）破舊的老建築黃金大廈五樓。放映會與討論會在電影院的一個廳進行，外面門廳的桌子上放著販售的書籍。一整天下來，我除了主持討論會，也幫忙賣書、找錢、開收據。

社區工作者柯姬拉・安納馬萊（Kokila Annamalai）也出席這場活動。我最初是在婦女行動及研究協會（Association of Women for Action and Research）認識她，當時她負責協會防治性別暴力的「我們做得到！」（We Can!）行動。柯姬拉離開協會之後，我們仍然不時會在公民社會的活動與行動場合相遇，我一直在學習她對運動與組織深思熟慮的做法，以及她如何讓自己所有的行動都洋溢關懷與團結的精神。光譜行動紀念活動三年過後，柯姬拉和我一起創辦「變革正義公社」，倡議新加坡社會減少對囚禁和死刑等懲罰性體制的倚賴，追求更具同情心與修復式的做法，來應對傷害、問責性與療癒的問題。[8]

柯姬拉和我都是在光譜行動過後一年出生，她應三十週年紀念活動主辦單位之邀，從新加坡年輕世代的觀點發表演講。我坐在「放映機」電影院光線黯淡的觀眾席上聽她娓娓道來，不只談逮捕行動的不公不義，也談她在得知過程中承受的深刻衝擊。

「那天晚上，我的立足之地消失無蹤，理解到過去自己被灌輸關於新加坡的一切都是謊言；但我也發現新的立足之地，」她說：「我一方面怒火中燒，一方面也大感振奮：我在這個地方找到歸屬感，準備投入一場戰鬥。」

她繼續說道：

> 我原本計劃前往印度，因為那裡的人民運動激勵人心；但如今，自己家鄉就有扣人心弦的故事。我在新加坡長大的過程中一直有局外人的感受，如今卻突然間為這個城市與其故事興奮起來。我心中似乎有一把火熊熊升起，因為曾經有人奮鬥不懈，只為了讓我能有一個更美好的社會可以安身立命。我站在一群巨人的肩膀上。[9]

聽著柯姬拉這一席話，我想到其他的公民社會同志也曾描述類似的政治覺醒。儘管我們的發現之旅都是獨自行走，也觸發了非常個人化的自我調整，然而我從朋友們的經驗之中發現的主題與迴響，在在凸顯了集體記憶讓人脫胎換骨的力量。

認識老左派

新加坡是一個相當年輕的國家，因此對於許多歷史事件，我們都還可以聽到當事人現身說法。二〇一四年五月的一個午後，一家老派中餐館的宴會廳人聲鼎沸，眾多賓客都是頭髮漸白，或者已經禿光。老先生把襯衫整整齊齊塞進高腰褲裡，老太太穿著花枝招展的上衣、拎著功能實用的包包，在餐桌之間擠進擠出，和朋友打招呼，有說有笑。

這些賓客我一位都不認識，我八十八歲的外公也是如此，他被我拖來作伴參加這場午宴。我想不到還可以帶誰參加，而且以為六度分隔理論在新加坡也適用，外公一定會遇到當年認識的人。我沒有考慮到這場活動主要參與者是受華語教育人士，結果，我那受英語教育的土生華人（Peranakan）外公觀看投影片和簡報時，只能倚賴我半生不熟的翻譯。

那天的活動是要紀念五一三學生運動六十週年，邀請我的人是張素蘭，一位光譜行動的被拘禁者。她先前傳訊息給我，問我有無興趣參加這場活動。我讀過她的作品《藍色大門之外：一個政治犯的回憶錄》（*Beyond the Blue Gate: Recollections of a Political Prisoner*），和她見過幾次面，不算熟識；對於能夠和昔日的政治犯面對面交流，我多多少少仍然是驚嘆不已；畢竟我曾經是個天真的新加坡人，對於政府涉入「糟糕的事情」感到不可置信。接到張素蘭的邀約時，我從來沒聽說過五一三學生運動，不過並不打算告訴她這件事。

那天的午餐餐會上，比光譜行動受難者還早一個世代的七百五十位前學生運動者現身，有些遠從加拿大飛來，充分顯示那場學運對他們的意義，對他們的生活與記憶造成深遠的影響。我透過當天活動的簡報、演說與影片，以及回家之後上天下地的網路搜尋，才逐漸理解這場學生運動的重要性。

運動者記憶中的「五一三事件」發生在一九五四年五月十三日，大批華裔中學生集結在福康寧山（Fort Canning Hill）的山腳下，力挺前去會見新加坡輔政司（Colonial Secretary of Singapore，譯注：英國殖民時期在新加坡設置的官職，位階僅次於總督）顧德（William Goode）的學生代表。代表向顧德遞交一份請願書，要求豁免在學學生與家計負擔沉重者的兵役徵召。這項運動是回應英國殖民當局一九五三年施行《國民服役法令》（*National Service Ordinance*），要求十八歲至二十歲男性必須登記接受軍事訓練。年輕華人男性尤其反對這項法令，他們早年的教育歷程曾因為日本占領而中斷。法令施行後問題叢生，而且未能以華語對華人好好解釋。許多人認定一旦登記服役就會被送往馬來半島的叢林，投入「馬來亞緊急狀態」（Malayan Emergency，譯注：一九四八年馬來亞共產黨發動武裝鬥爭，英國殖民當局宣布進入緊急狀態，持續到一九六〇年）為英國當局戰鬥。新加坡受華文教育者長期遭到殖民者歧視，自然無意為他們賣命。當局還會以高壓手段進推行登記工作，更讓原本就心懷疑慮的年輕男性望之卻步。[10]

福康寧山的學生還在等待代表的回音，鎮暴警察卻發動攻擊。手無寸鐵的學生被驅趕、被毆打，一九六三年「冷藏行動」被拘禁者傅樹介（Poh Soo Kai）形容為一場「警察暴力的洗禮」。[11]二十多人受傷，近五十人被逮捕，七人遭起訴，罪名是「阻礙警方執法」，後來被判刑三個月。[12]

當局嚴重違反比例原則的回應，反而鼓舞學生採取進一步行動，催生出「全星華文中學學生聯合會」(Singapore Chinese Middle School Students Union)。學生也連結左翼工會，促成一個更為團結凝聚的新加坡反殖民運動。因此，五一三成為新加坡反殖民抗爭的一座里程碑。[13]

權力體制的歷史敘事畫下一道筆直、看似必然的線，從新加坡殖民時期、第二次世界大戰、馬來西亞聯邦組成，直達最終的主權建立；但其實我們從大英帝國獨立的過程相當艱難，歷經組織與動員、抗議與罷工。在這個時期建立的人民行動黨，並不是英國當局的指定繼承人，而是一個反殖民的政黨，其創始成員深入參與追求尊嚴與自決的抗爭。人民行動黨倚賴左派反殖民運動，在一九五九年選舉獲勝之後執政，只是後者的運作方式會被今日的人民行動黨定性為「威脅公共秩序」。

新加坡過往的運動者與反對派政治人物，為自己的信念與理想付出了沉重代價。許多人未經審判就遭到拘留，從英國當局、一九五〇年代的首席部長（Chief Minister）林有福（Lim Yew Hock）到後來李光耀領導的人民行動黨，都曾以「內部安全」的藉口與證據薄弱的顛覆罪名來對付他們。李光耀的人民行動黨尤其被「老左派」（Old Left）——泛指反殖民運動者——視為叛徒，數十年後餘恨猶存。當年學生積極爭取獨立的時候，年輕的李光耀以律師身分代表他們對抗壓迫，從此平步青雲。反殖民運動者曾經將人民行動黨視為推動自決權的好幫手，因此在一九五九年大選中大力幫它拉票。然而等到它成為執政黨、李光耀成為總理，情勢就改變了。

後來李光耀陣營與黨內左派發生衝突，左派憤而脫黨，另創一個政黨「社會主義陣線」（Barisan Sosialis）。一九六三年二月，新加坡與馬來西亞合併前夕（社會主義陣線強烈反對合併的條件），人民行動黨政府發起「冷藏行動」，逮捕超過一百一十名反殖民政治人物、運動者、工會成員與學生，並且不加審判就予以拘禁。政府以「對抗共產主義」來為這場行動合理化。當時的案情概述文件後來在英國解密，呈現的是「共產黨員」、「疑似共產黨員」之類薄弱的指控與標籤，還使用了更含糊其辭的「疑似共產黨同情者」、「同路人」。[14]在這些罪名之下，有些被逮捕者十年後才重獲自由。社會主義陣線是當時最能夠挑戰人民行動黨的反對黨，在冷藏行動中遭到重創，新加坡左派反殖民運動從此一蹶不振。

盧妙萍（Loh Miao Ping）本身曾經兩度未經審判就遭拘禁，英國當局與人民行動黨各一回；根據她彙整的名單，從一九五〇到二〇一五年間，一千三百多人未經審判便遭到拘禁，[15]而且這數字只限於運用《內部安全法》（*Internal Security Act*）第八條的案例，[16]亦即未經審判可拘禁兩年，政府還可以不限次數追加拘禁。名單並沒有納入《內部安全法》第七十四條的案例，[17]亦即當局可以「安全風險」為由拘禁民眾二十八天。許多人在被逮捕二十八天之後獲釋，但是很快再度被捕，二十八天重新起算。對於一些非新加坡出生的被逮捕者，當局會依《放逐法》（*Banishment Act*）剝奪其新加坡公民身分並驅逐出境。[18]

我還是青少年的時候，得知李光耀在爭取新加坡獨立、對抗殖民當局的過程中曾經與共產黨合作，後來雙方不歡而散。學校課程給我的印象是，李光耀是為了新加坡的生存而為所當為。教科書中談到「對付共產主義威脅」只一語帶過，在頁面上看起來微不足道。直到我讀了收藏在英國國家檔案館的案情概述，以及多位被拘禁者合作彙編的詳盡名單，我對那個重大政治時刻的範圍、衝擊與意涵才瞭然於心。

我無比幸運，開始認識老左派的時候，許多成員都還健在，都還能談論自身的經歷遭遇。我也非常感謝這些老左派讓我進入他們的世界，為我空出時間、給予關注。二〇一四年的五一三事件重聚過後，我開始參加老左派的年度午餐聚會，時間是每年農曆春節的大年初三，一項行之數十年的傳統，只曾在新冠疫情期間因為禁止大型集會而暫停舉行。這項年度重聚也成為我自己的春節傳統，而且是我一年一度的機會可以踏入一個很不一樣的新加坡，無論時間多麼短暫。周遭的人擁有多到我無法想像的故事可以訴說，讓我深度吸收自己未曾有過的觀點。

在二〇一八年的聚會上，我認識了卓秀珍（Toh Siew Tin）、沈仲葉（Sim Tiong Hiok）與吳平華（Goh Peng Wah），這三位笑容滿面的女士會讓你以為是街坊市場的慈祥阿嬤，而不是激進的運動者。介紹她們認識我的人是陳智成（Tan Tee Seng），他談笑風生，戴著眼鏡，曾經是學生運動者，也是光譜運動的被拘禁者。據陳智成描述，三位女士原本不願意公開談論自己的經歷，但是後來回心轉意，因為她們理解到自己的抗爭知識有可能會失傳。那天在人聲鼎沸、音樂喧囂之中，三位女士娓娓道來自身遭受的凌虐。一九七〇年十二月，她們參加一場絕食行動，抗議惡劣的監獄環境與被拘禁者的強迫勞役。[19]被拘禁者挺身反抗，堅持自己是政治犯，不是已被定罪、要受勞役懲罰的刑事罪犯。「當局想要軟化我們的心志、促使我們與他們合作。」卓秀珍鄙夷地說，四十八個年頭過去，她的聲音依然怒火中燒。

被拘禁者嘗試對當局提出申訴，但是雙方對話毫無進展，於是他們決定升高抗議規格，發起絕食行動。三位女士回憶，第一個星期她們只喝水，之後她們連水都不喝。獄方的應對之道是強迫灌食。三位女士和我圍攏在宴會廳的一個角落，會場播音系統大聲播送著演講，我們頭靠著頭，勉強能聽到彼此說話。她們描述當時自己會被銬在椅子上，一天之中一次、兩次，有時甚至三次，喉嚨或鼻子會被插管，用漏斗灌食牛奶或營養補充品。她們模仿獄卒的動作：踩踏她們手銬的鎖鏈，拉扯她們的手腕與手臂，目的就是要處罰她們。整個過程痛苦不堪，她們有時候會吐出混合著牛奶的鮮血，因為她們的喉嚨也飽受折磨。

在監獄外面，被拘禁者的家屬試圖引起公眾關注，迫使政府採取行動。一九七一年他們在《當代亞洲期刊》（*Journal of Contemporary Asia*）刊登一封公開信，信中寫道：「如果政治犯的生命受到嚴重威脅，那麼李光耀政府必須承擔所有嚴重後果。李光耀政府必須立刻停止迫害與凌虐政治犯，回應他們合理的要求，無條件釋放所有政治犯。」[20]

後來我尋找那場絕食抗議的相關資料，發現一份一九七八年國際特赦組織（Amnesty International）的新加坡報告，其中對於已經關閉的半弦月監獄（Moon Crescent Detention Centre）有更詳細的紀錄。供應囚犯的食物品質低劣，親人探視要隔著厚重的玻璃牆進行，受到嚴密監控；過程中只要一提及監獄的生活狀況，獄方人員會立刻中斷探視。國際特赦組織的報告指出，獄方經常拒絕囚犯會見律師的要求，囚犯寫給法律顧問的信也經常未寄送。[21]這份報告記錄了曾福華（Chan Hock Hua）的案例：他在一九七一年二月被逮捕之後遭到毆打，在偵訊過程中屢次被迫浸泡冷水，還長期單獨囚禁，後來罹患嚴重的風溼。多年下來，他的健康逐漸惡化，「讓獄友坐立不安」。一九七八年五月，曾福華獲釋，不久之後死於癌症。[22]

在得知這一切之前，對我而言，濫用權力、國家暴力都是其他國家才會發生的事，來自虛偽欺詐的政黨與獨裁者。等到我發現新加坡被拘禁者遭遇的不公不義，我不但開始質疑宰制性的敘事到底還隱瞞了什麼，也開始探究對於作為個體與新加坡人的我們，這段被埋葬的歷史造成什麼樣的影響。

處理昔日創傷

冷藏行動與光譜行動發生多年，已經可以列入「歷史事件」，從許多新加坡人的記憶淡出。二〇一四年新加坡政策學研究所（Institute of Policy Studies）的一項調查發現，只有一六・六%的受訪者聽說過冷藏行動，一八・五%聽說過光譜行動。[23]然而在歷史傷口的瘡痂之下，潛藏著深沉的痛苦與創傷，新加坡社會從未公開檢視。

和老左派人士交流的時候，我四處蒐集故事與軼事，偶爾為了文章與計畫進行訪談。一開始的時候，我並不確定該怎麼著手處理如此重要、痛苦的議題，也不確定這些老人家是否願意理會一個年輕女子。結果令我驚訝，我很容易就被老左派的聚會接納，而且許多老人家坦然面對我的提問，描述自己生命中的黑暗時期。

然而如果要讓老人家同意接受較為正式、時間較長、挖掘更深的訪談，那完全是另一回事。「沒有什麼好談啦。」有些人會這麼說，不好意思或者嗤之以鼻。「那是好久以前的事。」有些人會堅稱自己當年在運動中無所作為，自己的遭遇只是「被關起來」，故事乏善可陳。人們會開玩笑，將應該很恐怖的遭遇化成俏皮話，例如說自己到新加坡最著名的監獄「旅遊」；或者以諷刺口吻故作輕鬆，例如「被邀請吃免錢飯」。滿頭白髮的老先生與老太太如果被問到拘禁遭遇或者監獄狀況，都還能夠保持耐心，願意多花時間；然而如果是更深層的問題，觸及情感創傷、家庭關係、獲釋後的長期掙扎，他們會很有禮貌地避重就輕，或者聳聳肩膀、微微一笑。

當然，這些曾被拘禁者沒有義務要回答我的問題，也沒有人可以強迫他們重溫、複述當年的痛苦。然而我好奇的是他們隱隱約約顯露的情感包袱：不時閃現的憤怒，對權威的深刻不信任，多年來關於政府奸細潛伏在同儕之中的傳言。

許多被拘禁者在獲釋後從此噤聲，他們必須把時間投注在家人與事業上，收拾破碎的人生，盡可能重返正軌，同時對於再度遭逮捕滿懷焦慮與恐懼。有些曾被拘禁者——從老左派到光譜行動受難者——告訴我，時間一年一年過去，新加坡日新月異，他們開始相信不會再有人想聽他們的故事。

犯罪學者葉殷瑜（Ariel Yin Yee Yap）研究懲罰、警察執法、法治，以及法律以外政策（extra-legal policy）等課題。我看了她關於新加坡死刑體制的研究之後與她聯絡，在寫作這一章的時候尤其需要她的幫助，因為她多年來都在訪談曾被拘禁者，試圖理解囚禁對於他們與其家人的衝擊。在嘗試讓人打開心房的時候，葉殷瑜也遇到和我類似的問題，「刑求與脅迫造成的心理與情緒傷害，從過去到現在都影響倖存者，讓他們難以坦然面對自己的經驗，」她在二〇二一年六月從澳洲打電話告訴我：「我發現倖存者覺得必須說服我相信他們的真實遭遇。」她也瞭解到，許多曾被拘禁者——尤其是仍然居住在新加坡的人——覺得人們要被說服才會相信他們是無辜受害。儘管他們從未被法院起訴，他們的罪狀都是外力強行認定，至今仍被主流媒體反覆宣揚。他們被迫一而再、再而三強調，他們不應該被貼上標籤，不曾犯下那些莫須有的罪狀。

有些人有時候會邁出勇敢的一步，公開談論鎮壓行動留下的傷疤。二〇二一年三月二十日，《一九八七：新加坡馬克思主義陰謀三十週年》新版網路發表會，曾在光譜行動中遭到拘禁的周慶全（Chew Kheng Chuan）描述，那段經驗的創傷會在數十年後突然發作。

今日的周慶全是一位著名的募款專家，他在新加坡兩所頂尖大學工作期間，為兩校募得天文數字的經費。他講話妙語如珠，讀者如果看過短篇紀錄片《一九八七：逆向陰謀》（*1987: Untracing the Conspiracy*）就會知道，他連在受訪中談到自己被拘禁的經驗時也是如此。二〇二一年的新書發表會（受制於新冠防疫規定只能透過Zoom進行）也邀來周慶全，他表示他一直以為自己對那段經驗已經處之泰然，「我在一九八九年——也就是三十一年前的今天——獲釋之後，很快就能夠與親朋好友暢談自己的遭遇。」[24]

接著他談起拘禁事件過了二十年之後，他出現很不尋常的情緒爆發。當時他參加一個伴侶諮商工作坊，參加者被問到伴侶做什麼事會惹惱他們。周慶全談到他最討厭妻子晚上就寢之前忘記關上窗戶，這似乎是一件無傷大雅、不值得分享的小事，直到他想起原因——為什麼這樁小事對他來說這麼重要。

「這其實有很深的象徵意義……如果打開的窗子沒關上，而且空隙大到可以讓人闖進來，我就會缺少一種安全感，」他說：「因為那天凌晨兩點，內部安全局人員來到我家，另一幢房子……我一直沒有體認到這件事，對我而言，夜裡不關窗會嚴重威脅自身安全。內部安全局人員闖入我原本安全的家中逮捕我。這種感覺被我深深壓抑，連我自己都無法體認，但卻是一個巨大的創傷來源。」

這樣的理解徹底震撼了周慶全：「我突然間失去控制，痛哭流涕，開始哀號。我被震撼到好像靈魂出竅……眼睜睜看著自己徹底粉碎，其他的工作坊參加者都被我的情緒爆發嚇壞了。」

周慶全的故事顯示，創傷會潛伏在一個人內心深處，以讓人意想不到的方式產生影響。在《一九八七：逆向陰謀》片中，一位輕聲細語的前天主教社工鐘金全（Vincent Cheng）談到他為何很久都不吃紅龜粿。當年他被捕後遭到凌虐，終於屈服並「承認」自己是馬克思主義者之後，偵訊者給他吃的食物正是紅龜粿。[25]這些故事提醒世人，冷藏行動與光譜行動之類的事件並不只是記憶中零星瑣碎的歷史材料，它們是造成實際傷害的事件。

歷史不公不義的漣漪效應

葉般瑜的研究包括對一百三十多位曾被拘禁者、其家人、朋友與前同事等相關人士的訪談。我和她討論的時候，她描述那些逮捕、拘禁與放逐的行動「粉碎」了他們的生活：「當然包括拘禁行動的倖存者，還有他們的家人、父母、配偶與子女的生活，還有所屬組織、宗教人士、NGO、工作、教育，都造成極大的痛苦、傷害與煎熬。因此就像……一顆隕石，既會影響處於核心的人，也在墜向更廣大社群的同時對周遭造成傷害。」

我們並不清楚一顆隕石造成的傷害範圍會有多大，會有多少人、組織與社群受到震撼與破壞。難以公開討論這段時期的歷史、以及它引發的創傷與傷害，意謂新加坡人從未集體面對這麼多人遭遇的不公不義。已經造成的傷害並沒有得到公開的承認，因此修復與彌補的過程也無從展開。

傷害並不局限於個人層面，社會層面也無法倖免。雖然不是每個人都曾經歷未經審判的拘禁，都承受過強迫灌食、睡眠剝奪、粗暴偵訊的折磨，暴力與壓迫的幽靈仍然籠罩著我們，無論我們承認與否。過去數十年間運動者遭遇的一切，也在我們身上留下印記。就如心理學家赫許伯格（Gilad Hirschberger）所說：「創傷的集體記憶與個人記憶不同，因為集體記憶的存續會超越創傷事件倖存者的生命，在時間與空間上遠離相關事件的群體成員也會有所記憶。」[26]社會對這些創傷時期會做一番處理，將回應與應對機制植入共有的身分認同之中。

冷藏行動之類的逮捕事件重創了新加坡的左派反殖民運動，破壞其行動與網絡，催生恐懼感受，摧毀人際關係。新加坡原本蓬勃發展的公民社會大受打擊。二十多年之後的光譜行動造成類似的效應，再一次震撼新加坡的公民社會。我在本章開頭提到柯姬拉在光譜行動三十週年紀念活動上演講，呈現新加坡年輕世代如何在多年之後發現此一逮捕行動。另一位講者是資深運動者康斯坦絲・辛甘（Constance Singam），她在事發當時已經活躍於公民社會。據她回憶，光譜行動讓人「以陰暗負面心態看待公民社會運動與公民社會運動者，並感到恐懼與懷疑」。[27]許多新加坡人原本認為自己參與了理念正大光明的倡議，這時開始擔心會被當局鎖定。大家從此裹足不前，新加坡的公民社會再一次遭到嚇阻、噤聲與壓迫。掌權者先發制人，遏殺生機。

一個蓬勃發展、主動積極的公民社會存在與否，事關重大。重點不在於有多少人參與運動或倡議，而在於公民社會營造的氛圍與規範。當公民社會能夠蓬勃發展，民眾看到其他人能夠自信、公開表達意見，他們會知道自己也有表達看法的自由。人民接觸到的不只有各式各樣的理念與議題，還有投入參與和採取行動的方法，可用來推動自己期望的變革。政治想像力也會百花齊放，因為各種可能性層出不窮。然而如果國家壓制公民自由與公民運動者，逮捕與迫害的場景會發出警訊，讓每一個人噤若寒蟬、俯首帖耳。父母親如果親身見證不公不義，或者讀到相關新聞報導，可能就會告誡孩子為了自身安全，不要從事政治活動。這些孩子在成長過程中對政治養成消極被動心態，然後再傳給下一代。一段時間過後，運動與反抗的空間感將徹底消失，沉默噤聲——而不是持之以恆的政治參與——成為社會的規範。

我第一次嘗試參與公民社會活動的時候，經常聽到人家說「新加坡人的基因裡沒有示威抗議」或者「新加坡人對政治無感」之類的話。這些說法被視為千真萬確、一再應驗的預言，因為政治與人權議題總是乏人問津。依據這些迷思，每一個從新加坡人娘胎蹦出的孩子都注定不可能從事批判性的政治辯論、社群組織、表達異議、示威抗議。這是一種令人沮喪無力的論調，在大家探索有何選擇之前先下手為強，斷絕這些選擇。

然而真相卻是，對於運動與政治參與的迴避是一種後天學到、代代相傳的做法，儘管我們已經忘卻它的源頭。將老左派一筆勾銷，口口聲聲說他們是非常危險、陰謀顛覆國家的共產黨人；以這些說法為核心的訊息操作將異議與抗議等同於混亂與暴力，也讓我們養成習慣，將運動與抗議、傷害與毀滅混為一談，無論如何不要出頭。我們因此難以想像公民行動可以施展的場域。

新加坡人一旦公開說了或做了什麼「政治性」的事情，或是對執政黨有所批評，可能都會因此被告誡「小心為上」。公民社會非常熟悉父母、親戚與朋友會如何勸告我們，不要太過強烈批評政府，不要參與人權工作，招惹掌權者是很可怕的事。我甚至會從素不相識的人得到這類建議。有一回我和計程車司機談了一些關於我工作的事，下車的時候司機在我身後喊道：「小心你的褲子！」這話來自一句新加坡人才懂的諺語「告人告到褲子都沒得穿」。我們談的是李顯龍總理控告鄞義林誹謗，官司當時還在進行；我們也談到徐順全之類的反對派政治人物，如何被人民行動黨高層提出的訴訟搞到破產。

誹謗官司是一個顯著的例子，讓人看到人民行動黨的政敵與批評者會有什麼下場。但人們有時候無法清楚陳述他們認為自己在公開批評之後會遇到什麼狀況。新加坡人對於參與政治、批評執政黨、投入公民反抗與運動的憂慮，其背後是一種沒有固定型態的危險意識。紅線的確切位置很難察覺，如何迴避可能激怒統治菁英的「敏感」話題也一樣困難；這些菁英從各個方面影響我們的生活，從就業到人身自由都是如此。那種危險意識就像一種人們無法清楚描述與指稱的鬼魅。

冷藏行動與光譜行動在今日並不為人所熟知，但是這兩個事件和其他已被遺忘或者記憶模糊的類似事件形成陰影，催生出上述的鬼魅。兩樁逮捕事件將組織與行動連根拔起，讓積極參與的人士消失，抹殺或者抹黑他們的工作。一個又一個世代的公民社會運動者都必須從頭做起，無法與前人的工作以及運動連結。我們持續在同樣的泥淖中掙扎，反反覆覆走著同樣的艱難路徑，直到我們重新連結前人的反抗歷程，得到鼓舞與指引。主要由於這些原因，新加坡的公民社會至今尚未步入正軌。想要從混亂的情勢中找到出路，我們不僅要規劃未來的行動與策略，也必須更清楚地認識過去發生了什麼事，儘管往事有其黑暗與痛苦的一面。

轉型正義：臺灣範例

朋友和我會開玩笑說，新加坡是一個需要治療的國家。太多的幽靈有待驅魔，太多的行為、心態與習性有待解構與梳理。嚴肅地說，想要達成目標，首先必須描述新加坡受到的傷害，對我們的歷史與歷代政府的作為（主政者涵蓋殖民者與本土政治人物）進行開誠布公的討論。面對新加坡的旅程中那些不怎麼光彩的事件，我們必須與之和解，然後才能夠處理傷害，體認痛苦，更清楚地理解我們是如何走到今天的地步。

想要參與這種開放性的討論並不容易，最直接受影響的人——曾被拘禁者與其家屬——恐怕會覺得相當吃力與痛苦。新加坡的國家敘事口口聲聲稱被拘禁者罪有應得，因此高調的表態有其風險，會再度引來控訴與指責，讓被拘禁者再一次面對汙名化與公眾的懷疑。如果我們真的要好好處理自身的歷史，我們就必須建立一個基礎架構，為和解工作設定基調、創造空間。

葉殷瑜和我談起現有的研究與專業，可以為新加坡指出一條前進的道路，「就像許多前輩學者，以及最近的南韓創傷研究專家，我認同更廣義的和解最好是透過公開的承認與道歉，而且必須來自新加坡政府，」她說：「這會是恰當的第一步，可以驅散社會與社會心態的汙名化效應。」

世界許多地區的社會都要處理自家黑暗、恥辱的過往，方法與途徑各有千秋。對於國家如何面對棘手的歷史，臺灣提供了一個範例。一九四七年二月二十八日，臺灣由國民黨領導的中華民國政府殘暴鎮壓一場示威抗議，屠殺示威者，從此展開「白色恐怖」高壓統治。臺灣的軍事戒嚴實施了三十八年，[28]一九八七年解除時創下時間最長的世界紀錄，不過後來被二〇一一年結束的敘利亞戒嚴（長達四十八年）打破。[29]

臺灣實施戒嚴期間，數萬人遭到監禁，基於或實或虛的罪名包括反抗政府、叛亂或同情共產主義。有些人因為持有或流傳禁書等違禁品而失去自由；有些人只因為在錯誤的時間出現在錯誤的地點，就遭到長期監禁與凌虐。許多被拘禁者死於處決、刑求與惡劣的監獄環境。

我在二〇一六年首次造訪臺灣時，特別安排前往一座舊日的監獄：位於臺北的「白色恐怖景美紀念園區」。當地交通不算很方便，也不是大部分觀光客的首選。走下公車之後，我行經幾家汽車修理廠，穿過一排一排停放的摩托車，轉過街角，終於找到這個安靜、破舊的園區。園區不時要接待成團的遊客或者學童，還會安排倖存受難者擔任導覽；不過我初次造訪的時候，園區裡面幾乎沒有其他參觀者。

白色恐怖景美紀念園區如今隸屬於臺灣的國家人權博物館，讓我們一窺戒嚴時期臺灣政治犯生活的殘酷現實。在園區漫遊會經過軍事法庭，政治犯在這裡被判重刑，監禁受苦，就算根本無罪也難以倖免。各種圖示與展品說明囚犯吃哪些食物，受到什麼樣的監控，甚至家人探視也要被監控，以及在洗衣房工作是何種光景。餐廳的公布欄展示了當年的一份報紙，幾篇「不適合受刑人閱讀」的文章被剪掉，留下一個一個大洞。新加坡也有類似的做法，曾被拘禁者告訴我，這種資訊檢查會造成羞辱與恐慌。最令人膽戰心驚的是，當你行經監獄（看守所）的走廊，走進囚室（押房），感受臺北夏天可怕的悶熱，想像昔日的政治犯的惡劣境遇：他們經年累月困陷其中，與眾多獄友擠在一起，自由只是一個遙遠的夢想。

造訪景美園區——後來我數度重訪——讓我有機會好好學習我之前並不熟悉的一個國家的歷史。當我行經一間一間牢房，窺探醫務室與監控室的角落，我無法阻止思緒飛回新加坡。儘管我已經讀過與聽過新加坡曾被拘禁者的經歷，然而從來不曾親身見識與體驗景美園區這樣的拘禁空間。我無意淡化臺灣政治犯面對的酷刑凌虐與槍決的恐怖情境，但是很好奇這與新加坡被拘禁者的境遇會有多少類似之處。我從絕食抗議者卓秀珍、沈仲葉與吳平華的敘述得知，一九七〇年代新加坡的被拘禁者也必須承受資訊檢查、監控與暴力，儘管強度與臺灣不在同一個層級。

景美園區的空間與展品不會讓訪客賞心悅目，但是非常重要，提醒世人臺灣經歷過的恐怖。時至今日，臺灣的學童經常參觀景美園區與另一座位於綠島的監獄（譯注：白色恐怖綠島紀念園區），學習一段絕對不能再次發生的歷史，體認自己享有的民主與自由得來不易。我在二〇二三年六月造訪景美園區時，遇到一群身穿制服的青少年，一個展間一個展間參觀，為學校規定的作業拍照。這是臺灣轉型正義計畫的一個面向。

聯合國將轉型正義定義為：「社會試圖接受過去大規模侵害行為遺留的問題，所需要的種種相關程序與機制，以確保責任受到追究、正義能夠伸張、和解得以達成。」[30]這些機制可能包括以真相委員會來發現與記錄過往的惡行（元凶通常是政府或其他國家行為者）、對受害者的補償、立法改革。東帝汶（Timor-Leste）[31]、南韓[32]、南非[33]等國家都曾推動轉型正義過程來調查、記錄與問責由大規模暴力、殖民、軍事獨裁或種族隔離引發的重大侵害人權罪行。

臺灣先後成立促進轉型正義委員會與不當黨產處理委員會。[34]促進轉型正義委員會將政治檔案解密，透過「臺灣轉型正義資料庫」向民眾公開資訊，讓受害者與歷史暴行都更容易為人所知。[35]不當黨產處理委員會則是負責調查政黨及其附隨組織在戒嚴時期以非法或不當手段取得的資產，那個時期欠缺對權力的監督與制衡。這些過程既不快速，也不容易，而且一如預期遭遇現實政治角力、被指控政治迫害，以及法律挑戰的阻撓。這些做法背後的主要動機，也有可能是包括地緣政治因素在內的當前政治考量，而不是歷史紀錄與問責。[36]

儘管如此，這樣的工作——包括景美園區等博物館參訪、重大人權罪行事件的公開紀念儀式、各種公眾教育措施——意謂臺灣的黑暗歷史以及那些不該再發生的暴行，相關資料都向臺灣民眾開放，任憑取用，讓民眾學習與討論。這也意謂受難者的遭遇被認定為不公不義，他們的名譽獲得回復。舉例而言，二〇一八年的時候，一千二百七十位白色恐怖受難者的有罪判決正式撤消。[37]臺灣的受難者已經不必再設法說服人們相信他們是被冤枉指控、錯誤定罪，相較之下，新加坡的曾被拘禁者至今仍被體制貼上「國家安全威脅」的標籤。

新加坡會有這一天嗎？

葉殷瑜認為新加坡必須對自身的歷史更加開放，她告訴我：「我們應該要公布所有〔關於新加坡的逮捕、拘禁、放逐〕的文件與紀錄，讓家屬可以取得。許多倖存者已經過世，或者年事漸高，他們的家屬仍然非常需要和解與支持。我覺得那種〔對歷史〕遮遮掩掩的想法只會讓創傷無法癒合，貶抑倖存者的社會地位、權利、經驗與真相。」

二〇二三年二月二日是冷藏行動六十週年紀念，傅樹介博士發表聲明，要求人民行動黨政府道歉與賠償，並且廢止《內部安全法》；其他六十位前政治犯表態支持這些訴求。[38]他們的目標是要讓公眾關注這個議題，懇求新加坡人不要遺忘他們與他們的遭遇。他們心知肚明，人民行動黨的反應大概會是置之不理。

新加坡在人民行動黨的長期統治之下，從未創造任何機會來面對侵害人權的歷史往事。未經審判就拘禁以及隨之而來的惡劣做法，例如強迫偵訊、身體攻擊、剝奪睡眠、對絕食抗議者強迫灌食，這些都是人民行動黨歷史不可分割的一部分。人民行動黨至今仍從其歷史獲取統治的正當性，根據他們的說法，李光耀及其戰友——以純白的黨員制服來象徵純潔與誠信[39]——的所作所為完全是為了新加坡的福祉著想。這種敘事一方面模糊了不正當囚禁的事實，一方面堅稱拘禁是維護新加坡安全、和平與發展的必要之舉。

人民行動黨對於其敘事遭遇的挑戰非常敏感。本書第二章提及，二〇一四年當局將陳彬彬描述新加坡政治流亡者的紀錄片《星國戀》定性為「任何分級均不允許」。[40]媒體發展管理局（後來改組為「資訊、通訊及媒體發展管理局」）發布公開聲明：「本局評估這部影片的內容危害國家安全，原因是安全機構保障新加坡國家安全與穩定的合法作為在片中遭到扭曲，被呈現為傷害無辜人士的行為。」[41]這部影片沒有分級，因此無法在新加坡公開放映或發行。

針對敘事的執法也出現在其他領域。當歷史學家覃炳鑫（Thum Ping Tjin）指控人民行動黨關於冷藏行動與光譜行動的說法是在散播「假新聞」，他陷入與律政部部長尚穆根長達六個小時的交叉詰問，場合則是網路蓄意假消息特選委員會舉行的一場公開聽證會，其宗旨原本據稱是要探討如何處理網路上的錯誤資訊。尚穆根表明要維護李光耀的名聲，聲稱自己「不可能」保持沉默，因為覃炳鑫說「李光耀是新加坡最大的假新聞製造者，是一名騙徒；冷藏行動的根據虛假不實」。[42]這種說法不可能見容於人民行動黨。

新加坡歷史還有幾個層面，人民行動黨不希望人們深入檢視。舉例來看，它傾向於美化殖民對於新加坡的影響：甚至將二〇一九年訂為「新加坡二百週年」，紀念萊佛士爵士（Sir Stamford Raffles）登陸新加坡兩百週年。與前述情況類似，這是因為關於殖民年代的主流敘事被收納進入人民行動黨的「新加坡故事」。當局的說法是，新加坡被殖民的過程不像世界其他許多地區那麼粗暴，而且實際上造福了這座島嶼。如此一來，人民行動黨就可以畫一條線從萊佛士直達李光耀、再連結到今日新加坡的成功，將自身呈現為新加坡前統治者天經地義的繼承者。

這樣的觀點忽略了殖民對新加坡造成的傷害：原住民社群遭到驅離，與更廣大馬來人世界的連結遭到破壞；英國殖民當局運用於統治和政策制定的種族歧視視角，至今仍然扭曲我們的視野。我們對殖民主義欠缺批判性的理解，只有粗淺的觀念，認為它對新加坡利多於弊；如此一來，當年殖民者從這塊土地與人民榨取最大利益所用的不公平與剝削性結構和做法，今日的我們如法炮製。

更深入探討殖民年代的不公不義、反殖民運動的掙扎奮鬥，我們會發現人民行動黨沿用了殖民者許多壓迫性與不公平的做法。殖民年代的法律不是用來促成或捍衛民主，而是用來確保臣民循規蹈距，這些法律今日仍在新加坡施行。一九五五年首度立法通過的《刑事法（臨時條款）法令》（*The Criminal Law (Temporary Provisions) Act*）讓政府可以未經審判就拘禁犯罪嫌疑人，立法當時新加坡仍然屬於大英帝國。這項法令被延長效力許多次，最近一次是在二〇一八年的第十四次，[43]名稱中的「臨時條款」早已名不副實（譯注：新加坡國會每五年檢討該法令一次，二〇二四年三月第十五次延長）。今日新加坡以及新加坡人與低工資移工的關係，相較於殖民年代的剝削性做法沒有太大不同，當時許多我們的先人辛勤從事低薪工作，棲身在擁擠的住所。如果我們要持續推動去殖民化（decolonisation），就必須反抗這些殖民政權遺留下來、由人民行動黨沿用至今的做法。

記憶的反抗

一個社會能記住什麼、會遺忘什麼，這是非常政治性的議題。當一個宰制性政黨長期主導這個議題，他們也就塑造了我們理解歷史、想像未來的方式，而且有權力決定當前的政策。政黨不會輕易放棄這項權力。

我第一次認識老左派的時候，感覺就像看到自己的國家展現一個全新的面向。後來我深切體認，歷史不是一門死氣沉沉的課程，不是從枯燥乏味的書本死背硬記。歷史是有生命的，持續影響我們如何生活、如何理解當前的世界。

有一天我坐在一家老派的餐廳裡，陪著一群前學生運動者與工會人士，他們是活生生的證據，駁斥了「新加坡人與社會運動八字不合」的信念。老左派的經驗讓我看到，我們所謂的社會冷漠是由於我們被剝奪了這段歷史；與它相關的網絡、集體記憶與連續性原本可以代代相傳，也因此消失。

在這個恍然大悟的時刻，首先引發的是一股深沉的失落感。如果我們能夠善用如此豐富的經驗、知識與跨世代連結，會發生什麼事？一個不一樣的新加坡，大家不會迴避政治理想與論辯，會將集體行動與組織視為常態、給予尊重；是這樣嗎？如果我們不曾有如此強烈的焦慮感、孤立感與疏離感，連踏出界線一步也要戰戰兢兢，新加坡將會有何等不同的公民社會？是否會更為自信、更加堅定？

然後那種不安感又回來了，有如多年前我初次得知光譜行動的時刻，只不過換了一種形式。這一回，我並沒有因為大量新資訊而不知所措。過去幾年之間，我有所學習也有所成長，如今掌握更多來龍去脈，有助於我看清楚整體情況。我因此瞭解這些事情對於令人稱羨的「新加坡故事」而言，並不是瑕疵或者異常，而是植入在我們政治之中的特質。

悲傷、失望與憤怒經常被描述為必須迅速克服的負面情緒，但它們也可以化為激勵、賦予力量。這種對我們的民主、社會、我和朋友們為人權與社會正義議題所做的一切努力進行抹殺消除的作為，會產生許多影響。但我在承受的同時也彷彿看到一盞燈亮起，凸顯出一種重新發現、重新學習、重新掌握、重新連結的決心。就如柯姬拉在光譜行動三十週年紀念會演講中所說：這樣的經驗會在人們胸中燃起一把火。

指望新加坡政府出資推動轉型正義計畫，恐怕還是遙不可及的夢想，然而我們不必等待政府有所動作才能重新掌握自己的歷史：願意聆聽、尋求新資源、做成紀錄、分享見聞，這些簡單的行動假以時日，將能夠引發意義重大的改變。

我們以自己的方式與歷史互動，相關工作已經有了令人欣喜振奮的進展。二〇一五年，新加坡慶祝獨立五十週年的「SG50」標誌有如雨後春筍，歷史學者羅家成、覃炳鑫與謝明達（Jack Meng-tat Chia）舉辦一系列名為「與神話共處」（Living With Myths）的研討會，邀集各個領域的講者來解構關於新加坡的老生常談，例如「從第三世界到第一世界」（Third World to First，譯注：李光耀的回憶錄以此為名）的說法、多元文化主義、世界主義等主題。[44]這項計畫的最終成果是一本書：《在新加坡與神話共處》（*Living With Myths in Singapore*）。

四年之後，我坐在黑暗的劇院中，看著《Merdeka / 獨立 / சுதந்திரம்》大為感動。這是新加坡在地劇團「野米劇場」（WILD RICE）的作品，探討殖民歷史以及那段歷史對今日的衝擊。演出內容涵蓋很長一段歷史，將新加坡置於馬來群島的廣大脈絡之中，呈現一系列從原住民族到移居民族的故事。在這齣劇作之中，我看到一部遠比執政黨所講述的更為豐富的歷史。

二〇二一年，《Merdeka / 獨立 / சுதந்திரம்》的劇作家亞非言與梁海彬（Neo Hai Bin）運用過的一些素材重現於《棄絕萊佛士：建構獨立歷史》一書，後者是一部論文與訪談集，由亞非言、佐來密與蔡秀敏編輯。還有一些著作——《一九六三年冷藏行動：

五十週年紀念》（*The 1963 Operation Coldstore in Singapore: Commemorating 50 Years*）、《欺瞞年代》（*Living in a Time of Deception*）、《藍色大門之外：一個政治犯的回憶錄》、《一九八七：新加坡馬克思主義陰謀三十週年》——也都提供了與掌權者說法截然不同的敘述與觀點。對抗宰制性敘事從來不是件容易的事，但是有些新加坡人已經開始工作，營造出多個入口與路徑，幫助其他人踏上自己的重新發現之旅。

正視歷史能夠重現先前被忽略的人物、事件與運動，教導我們如何接觸與處理複雜性，學習與多重敘事共處——儘管這些敘事有時候相互矛盾。將新加坡的旅程扁平化為宰制性的「新加坡故事」，不僅掩飾殖民主義的弊端、抹殺老左派的努力，同時也引導我們進行二元思考，期待會有一種每一件事都恰如其分的「真理」。其實許多事都無法清楚界定歸納，接受這種狀況會讓我們在面對重大或爭議性事務時，更能夠掌握複雜微妙的細節。

想要打破當局「故事」的宰制性，並不意謂我們必須將它當成謊言、徹底揚棄；我們應該像破解一個多層次的謎題一樣，將它視為其中一個面向。同樣的道理，將官方敘事忽略的人物、不公不義的受害者浪漫化或揄揚吹捧，對我們也沒有什麼好處。

剛開始與老左派和其他老一輩運動者接觸的時候，我經常像一個見到大明星的青少年，對他們青年時期的事蹟滿懷敬畏驚嘆。我將他們視為開路先鋒，希望能夠追隨他們的腳步。隨著時間過去，我逐漸理解，雖然我們可以從他們身上好好學習，但是我不必天真地以為彼此在所有的理念與議題上都立場一致。從簡短的對話與無意間聽到的話語，我得知自己身為新加坡的年輕世代運動者，對於香港民主運動、臺灣主權、新疆維吾爾人遭迫害等議題的觀點，與某些我景仰的前輩格格不入。我必須有所區隔，不要讓景仰與激勵淪為盲目的信仰與不分青紅皂白的模仿。

我們經常會尋求可以轉換為英雄的人物。人民行動黨正是如此，將李光耀尊為「新加坡國父」，新加坡的締造者，他對國家的「硬道理」無可辯駁。老左派則是大力推崇自家過去的領導人，例如林清祥（Lim Chin Siong），一位口若懸河的反殖民運動領袖，在新加坡勞工階層激發強大的支持。在尋求英雄的過程中，我們將現實扁平化，要求一致性，無法容忍自家社群（無論是執政黨、公民社會或整個新加坡社會）出現異議或批評。我們該做的是，一方面尊重並重新掌握自家的歷史，一方面避免亦步亦趨的模仿，但是借重前輩的經驗與教訓來尋找自己的道路。

我為過去的損失感到悲傷，但是也體認到失去的可以再度尋回。只要付出耐心、時間與心力，我相信我們能夠讓自己脫胎換骨，並且在過程中發現自己的力量。我如此相信是因為我身體力行，而且有同儕與前輩一起努力，他們讓我的思想更為豐富、選擇更有憑據。這樣的過程雖然會遭遇挫折與懷疑，但是也讓我滿懷希望。

注釋

1 Qi Wang, 2008, "On the cultural constitution of collective memory," *Memory*, 16(3), pp. 305–317.

2 *Brookings*, 13 May 2022, Mely Caballero-Anthony, "A Marcos returns to power in the Philippines," https://www.brookings.edu/blog/order-from-chaos/2022/05/13/a-marcos-returns-to-power-in-the-philippines/

3 馬可仕家族的志得意滿可以從一件事看出。小馬可仕勝選之後回家探望母親伊美黛・馬可仕（Imelda Marcos），結果引發爭議。伊美黛沙發上方牆上掛著一幅畢卡索的畫作，照理說應該早就充公。菲律賓總統善治委員會（Presidential Commission on Good Government）前任主席對媒體表示，他們多年前充公的那幅畫作是贗品，馬可仕一家人則是在客廳中公然展示真品。參見：*Rappler*, 13 May 2022, Lian Buan, "Marcoses flaunt a Picasso that was supposedly already seized in 2014," https://www.rappler.com/nation/elections/marcoses-flaunt-picasso-supposedly-already-seized-2014/

4 *The Straits Times*, 26 March 1985, "Graduate mum scheme to go," http://eresources.nlb.gov.sg/newspapers/Digitised/Article/straitstimes19850326-1.2.2.

5 「Function 8」是一家社會企業，多位前光譜行動被拘禁者參與，已出版多本書籍與多篇文章，討論未經審判就拘禁的議題，較著稱者包括張素蘭的《藍色大門之外》（*Beyond the Blue Gate*）與《一九八七：新加坡馬克思主義陰謀三十週年》（*1987: Singapore's Marxist Conspiracy 30 Years On*）。幾位被拘禁者也接受電影導演傑森・蘇（Jason Soo）訪談，描述自己的經驗，見紀錄短片《一九八七：逆向陰謀》（*1987: Untracing the*

Conspiracy）。

6 *1987: Untracing the Conspiracy*, dir. Jason Soo, 2015.

7 *The Straits Times*, 22 May 1987, "16 held in security swoop," https://eresources.nlb.gov.sg/newspapers/Digitised/Article/straitstimes19870522-1.2.2

8 我在本書的第三、四、五章都描述了「變革正義公社」的工作。

9 Kokila Annamalai, 22 May 2017, "Yesterday, we commemorated 30 years since Operation Spectrum," [Text], Facebook, https://www.facebook.com/kokila.annamalai/posts/10158849577010085

10 Thum Ping Tjin, "The Limitations of Monolingual History," ed. Nicholas Tarling, *Studying Singapore's past: C.M. Turnbull and the History of Modern Singapore*. (Singapore: NUS Press, 2012).

11 *Function 8*, Poh Soo Kai. "Commemorating May 13 1954," https://fn8org.wordpress.com/in-memory/commemorating-may-13-1954/

12 Thum Ping Tjin, "The Limitations of Monolingual History," *Studying Singapore's past*.

13 Sin-Kiong Wong, 2004, "Subversion or Protest? Singapore Chinese Student Movements in the 1950s," *American Journal of Chinese Studies*, 11(2), pp. 181–204. https://www.jstor.org/stable/26393638

14 *New Naratif*, 1 March 2018, "Operation Coldstore summary case files," https://newnaratif.com/wp-content/uploads/2018/02/British-Archives_Operation-Coldstore.pdf; New Naratif, 1 March 2018, "Remembering Coldstore: Former Detainees Speak," accessed on 22 January 2022, https://newnaratif.com/journalism/remembering-coldstore-singapores-former-detainees-speak/

15 Loh Miao Ping, *Remembering 1987 'Marxist Conspiracy'*, "Political detainees in Singapore, 1950–2015," accessed 22 January 2022, https://remembering1987.files.wordpress.com/2015/08/political-detainees-in-singapore-10082015.pdf

16 *Singapore Statutes Online*, "Internal Security Act 1960," Section 8, https://sso.agc.gov.sg/Act/ISA1960#pr8-

17 *Singapore Statutes Online*, "Internal Security Act 1960," Section 74, https://sso.agc.gov.sg/Act/ISA1960#pr74-

18 *Amnesty International*, February 1976, https://www.amnesty.org/en/wp-content/uploads/2021/06/asa360011976en.pdf

19 *New Naratif*, 1 March 2018, "Remembering Coldstore: Former Detainees Speak," accessed on 22 January 2022, https://newnaratif.com/remembering-coldstore-singapores-former-detainees-speak/

20 1971, "Political Detainees in Singapore," *Journal of Contemporary Asia*, 1(3), pp. 117–118. Doi: 10.1080/00472337185390111.

21 *Amnesty International*, 1 January 1980, "Report of an Amnesty International Mission to Singapore 1978," https://www.amnesty.org/download/Documents/204000/asa360101979en.pdf

22 Ibid.

23 *The Straits Times*, 28 January 2015, Chew Hui Min, "IPS survey on Singapore's history: Do you remember these events?" https://www.straitstimes.com/singapore/ips-survey-on-singapores-history-do-you-remember-these-events

24 Transformative Justice Collective, 20 March 2021, "Book launch: 1987 (solidarity edition)," [Video]. Facebook. https://www.facebook.com/TJCSingapore/videos/774206770172768

25 *1987: Untracing the Conspiracy*, dir. Jason Soo, 2015.

26 Gilad Hirschberger, 2018, "Collective Trauma and the Social Construction of Meaning," *Frontiers in Psychology*, 9, https://doi.org/10.3389/fpsyg.2018.01441

27 Kirsten Han, 20 June 2017, "Memory and Movements in Building Singapore's Civil Society," *International Center on Nonviolent Conflict*, https://www.nonviolent-conflict.org/blog_post/memory-movements-building-singapores-civil-society/

28 *The New York Times*, 15 July 1987, "Taiwan ends 4 decades of martial law," https://www.nytimes.com/1987/07/15/world/taiwan-ends-4-decades-of-martial-law.html

29 *OFTaiwan*, "Martial Law," https://oftaiwan.org/history/white-terror/martial-law/

30 *United Nations Human Rights*, "About transitional justice and human rights," https://www.ohchr.org/en/

transitional-justice/about-transitional-justice-and-human-rights

31 *International Center for Transitional Justice*, “Timor-Leste,” https://www.ictj.org/location/timor-leste

32 *Middle East Institute*, 6 December 2013, Andrew Wolman, “South Korea: Reflecting on 25 Years of Transitional Justice,” https://www.mei.edu/publications/south-korea-reflecting-25-years-transitional-justice

33 *International Center for Transitional Justice*, “South Africa,” https://www.ictj.org/location/sud%C3%A1frica

34 *Laws & Regulation Database of the Republic of China (Taiwan)*, “Act on Promoting Transitional Justice,” https://law.moj.gov.tw/ENG/LawClass/LawAll.aspx?pcode=A0030296; “The Act Governing the Settlement of Ill-gotten Properties by Political Parties and Their Affiliate Organizations,” https://law.moj.gov.tw/ENG/LawClass/LawAll.aspx?pcode=A0030286.

35 *Taiwan News*, 28 February 2020, Sophia Yang, “Taiwan Transitional Justice Database launched on eve of 228,” https://www.taiwannews.com.tw/en/news/3882307

36 Ian Rowen and Jamie Rowen, 2017, “Taiwan’s Truth and Reconciliation Committee: The Geopolitics of Transitional Justice in a Contested State,” *International Journal of Transitional Justice*, 11(1), pp. 92–112. https://cpb-us-e1.wpmucdn.com/blogs.ntu.edu.sg/dist/f/1564/files/2017/10/Rowen-and-Rowen-2017-Taiwan-Truth-and-Reconciliation-Committee-The-Geopolitics-of-Transitional-Justice-in-a-Contested-State.pdf

37 *Yahoo!News*, 5 October 2018, Sean Chang, “Taiwan pardons over 1,200 ‘White Terror’ victims,” https://sg.news.yahoo.com/taiwan-pardons-over-1-200-white-terror-victims-080931731.html

38 Poh Soo Kai, 2 February 2023, “Public Statement Issued on the 60th Anniversary of Operation Coldstore,” https://drive.google.com/file/d/1TGjmvxBmYXyps3NZpwILGH4-ryAnxczJ/view

39 *HistorySG*, “People’s Action Party is formed,” https://eresources.nlb.gov.sg/history/events/741da0eb-518a-49b9-9902-06fd499bd5ba

40 *Infocomm Media Development Authority*, 10 September 2014, “MDA has classified the film “To Singapore, With Love” as Not Allowed for All Ratings (NAR),” https://www.imda.gov.sg/Content-and-News/Press-Releases-and-

Speeches/archived/mda/Press-Releases/2014/mda-has-classified-the-film-to-singapore-with-love-as-not-allowed-for-all-ratings-nar

41 Ibid.

42 *The Straits Times*, 2 April 2018, Seow Bei Yi, "Keeping quiet on historian Thum Ping Tjin's allegations about Lee Kuan Yew not an option: K. Shanmugam," https://www.straitstimes.com/politics/keeping-quiet-on-historians-allegations-about-lee-kuan-yew-not-an-option-shanmugam

43 *The New Paper*, 7 February 2018, Hariz Baharudin, "Parliament extends law that allows detention without trial," https://tnp.straitstimes.com/news/singapore/parliament-extends-law-allows-detention-without-trial

44 *Living with Myths*, 2015, "Living with Myths Seminar Series," YouTube, https://www.youtube.com/channel/UCQxQLC-JRmbKn37dr75DufQ/videos

第四章

開放空間與密室運作：新加坡的公民反抗運動

儘管雨後地面泥濘，但我只約略感覺到溼氣滲入鞋子。令我驚嘆的是，芳林公園竟然人潮洶湧。有些人駐足在我們製作標語牌的桌子旁邊，有些人帶來自己的標語牌。「終結壓迫，不要終結生命」，民眾以大寫英文字母寫在紙板上或畫紙上，「執行正義，不要執行死刑」。

新冠疫情期間，當局關閉芳林公園活動申請系統。這座公園又稱為「演說者角落」，全新加坡只有這個地方，公民與永久居民不必先向警方申請就能夠舉行示威抗議。那天是二〇二二年四月三日，過去兩年連這個有限的自由集會空間也被封閉，如今人們總算可以回歸，針對死刑議題進行抗議，這是芳林公園重新開放之後的第一場抗議活動。大約有四百位民眾到場，聆聽演講，高喊廢除死刑口號。身為一位十多年資歷的反死刑運動者，我對這個場面感到相當驚訝，這場活動完全超出我的期望。

在新加坡反抗？

「反抗」這個字眼通常不會讓人聯想到新加坡。由於我是一位運動者，而且會公開批判執政黨，因此經常有人（從同胞到外國人都有）說我不像「典型的新加坡人」。他們的意思是我並不符合新加坡人的刻板形象：一板一眼遵守規則，在政府畫定的界線之中兢兢業業。人們會對新加坡有人反抗權力、挑戰權力感到驚訝，正顯示了此一現象被認定為相當罕見。

對新加坡民眾而言，「公民反抗」是一個不易理解、甚至完全陌生的概念。世界各地有許多關於公民反抗的策略、戰術與背景資訊，簡而言之，它指的是一種非暴力的政治行動，一般民眾藉由它來挑戰體系或權力——包括威權政體、剝削性的企業或僱主，甚至外國侵略者。公民反抗可以鎖定人物，例如軍事獨裁者，也可以鎖定不公不義的政策或體系，例如施行種族歧視、恐同或其他型態歧視與壓迫的做法。

如果我們謹記這樣的定義，那麼很清楚的是，新加坡雖然有一個活躍的公民社會，也稱為政府與企業界之外的社會「第三部門」，[1]但是新加坡進行公民反抗的組織或團體並不多見。新加坡誇稱擁有一系列的NGO、志願福利組織與慈善組織在從事直接服務、提供援助與組織社區活動。Aidha為家庭幫傭準備財務課程，彩虹俱樂部（Club Rainbow）支持罹患慢性病的兒童，新加坡婦女組織理事會（Singapore Council of Women's Organisations）則是涵蓋眾多女性團體的延伸組織。這些只是一小部分案例，新加坡有許多團體——有些有正式登記且相當專門，有些則不拘形式並倚重志工——致力於各種理念與議題，從為弱勢民眾送餐、淨灘到油漆房屋，不一而足。

這些工作很有意義也相當重要，然而它們並不是公民反抗，因為並沒有對現行權力結構或者壓迫體系形成挑戰。許多組織甚至不曾針對政策與結構性議題進行公共倡議。事實上，志願福利組織通常會支持現有的體制，或者形成互補關係。新加坡政府對社會政策與社會福利採行「多方援手」（Many Helping Hands）做法，國家與慈善組織及社區團體合作進行社會服務。[2]許多志願福利組織並沒有要求掌權者對結構性不平等之類的議題採取更積極的行動、加強對勞工的保護措施、對弱勢族群提供更好的公共安全網，它們支持現行的體系、進行慈善捐獻、為三餐不繼的移工提供午餐。長期而言，它們成為維持現狀的參與者，因為它們的工作有助於減輕迫使政府推動系統性變革的壓力。

還有一類NGO是所謂的「官辦非政府組織」，與政府有直接關聯，甚至是完全倚賴政府。一個例子就是「外籍勞工中心」，儘管它經常擺出NGO的門面，實際上是由新加坡全國職工總會與新加坡全國雇主聯合會設立，前者深受人民行動黨影響。外籍勞工中心的主席楊木光曾經是人民行動黨國會議員，二〇一五年才卸任。雖然現任與前任的政治人物有可能參與公民社會，但是以新加坡的情況而言，楊木光與執政黨的密切關係，加上外籍勞工中心背後的機構型態，顯示它的獨立公民社會團體形象是刻意為之。官辦非政府組織也許能夠提供有用的直接服務，例如開設法律診所來服務需要協助的勞工，但是像外籍勞工中心這樣的官辦非政府組織可能會將體系性的問題淡化或粉飾，幫助政府製造它「樂意與公民社會合作」的形象，儘管其他的運動者與倡議者遭到政府忽視或打壓。此外，官辦非政府組織經常會藉由占據時間與空間資源，設法排擠較具獨立性與批判性的團體；有時在聯合國人權審查會議之類的大型活動上也會這麼做。

大家最有可能認定是「反抗」的行動——公開抗議、罷工與示威——在新加坡大部分都遭到法律禁止或嚴格限制，連獨自一人站在街頭舉牌也有可能吃上官司。表達自由受制於範圍廣闊的法律，包括煽動叛亂、破壞種族關係、藐視法庭、散布網路假訊息。

除此之外，還必須擔心生計與名譽受到打擊。有鑑於這些風險，運動者與公民社會組織必須時時調整策略，選擇能夠伸張自家理念的戰役——這樣的判斷歷程充滿了兩難與潛在爭議。

這種情況在新加坡已長時間存在，許多行為與恐懼都已經內化與常態化。如今情況惡化到一個地步，甚至連運動者與倡議者——他們照理說是進步社會的急先鋒，比起其他同胞更願意發聲——的行為都有如驚弓之鳥，生活中似乎有無可逃避的恐懼，並且以未必有意識的方式自我設限。因此，當我們檢視新加坡式的公民反抗，我們必須擴展視野，在直接衝突與公開敵對之外，審視層面更廣大的行動。

本章的宗旨不在於申論運動與公民社會應該怎麼做，也無意貶抑或揄揚特定的公民社會團體。我想做的是勾勒一幅場景，根據我的觀察與切身經驗，呈現新加坡公民社會置身的環境以及面對的挑戰與機會。我經常有一種感覺，新加坡的運動者與同胞生活在兩個平行的世界。本章嘗試協助讀者瞭解我們是在對抗什麼；以及公民社會成員在充滿敵意的氛圍之中，為了邁向目標而必須做出的複雜選擇。

回饋管道不等於民主程序

二〇二一年一月二十六日，五位新加坡人站在教育部大樓外面，抗議公立學校對於LGBTQ+學生的偏見與歧視。其中兩人拍照留念之後離開，另外三人很快就被警察包圍，警方似乎事先掌握抗議行動的消息，行動才開始幾分鐘，他們就已經到場，「要求離開」(move on）的命令也準備妥當，警告令將示威進行地區印得清清楚楚。

我也收到通風報信，到現場用推特直播這場抗議行動；還有一位記者得知消息，前來拍攝畫面。我聽到警察對三位示威者表示有「其他途徑」可以讓他們暢所欲言，談論國家如何對待年輕一代的新加坡酷兒。過了不久，三位示威者遭到警方逮捕，被押上警車帶走。

「其他途徑」——或者換湯不換藥的「適當管道」——這個說法在新加坡耳熟能詳。根據人民行動黨的邏輯，新加坡不需要示威抗議或者公民反抗，因為他們已經提供「適當管道」讓人民表達關切。一九八五年，政府在社會發展部設立一個「回饋單位」（Feedback Unit），負責收集民眾對於政府政策的回應。[3]這個單位後來改組為「reaching everyone for active citizenry@home」平臺，更為人熟知的名稱是「REACH」，由通訊及新聞部負責管理。[4] REACH透過民意調查、問卷調查、線上論壇、社群媒體、對話活動等方式，試圖讓新加坡人將自身意見傳達給政府，同時還可避免示威抗議或者自發性的草根行動造成的混亂場面。

新加坡歷來舉行過多次公眾諮詢，例如一九九一年的「新起點」（The Next Lap）、一九九九年的「新加坡二十一：同心協力，出類拔萃」（Singapore 21: Together, We Make the Difference）、二〇〇三年的「再造新加坡」（Remaking Singapore）。二〇一二年，人民行動黨政府在前一年大選拿到自認為偏低的六〇%得票率之後，發起為期一年的「我們的新加坡對話」（Our Singapore Conversation），據稱是要展現一種在政治與治理上更為開放的「新常態」。接下來是二〇一五年的「新加坡未來」（SGfuture）系列活動。[5] 大約四年之後，時任財政部長王瑞杰（Heng Swee Keat）被提名為人民行動黨第四代團隊領軍人物（後來請辭），他發起「新加坡群策群力」（Singapore Together）運動，表明要「開放更多合作機會讓新加坡人參與、支持更多公民帶領的倡議」。[6] 二〇二二年，新近被提名的候任總理黃循財（Lawrence Wong，譯注：黃循財已於二〇二四年五月接下李顯龍的總理職位）宣布「新加坡攜手前進」（Forward Singapore）運動，目的是「檢討與翻新」新加坡的社會契約。[7] 這些運動通常會成立數個委員會，舉行公眾諮詢與對話，結束時提交報告。運動的宗旨是要為新加坡提出新的願景，讓一般民眾有機會參與整個過程——當然，必須是在政府畫定的界線之內。

比這些公眾諮詢層級更高的做法，是讓新加坡國會在政治層面更加多元化。國會設有非選區議員（Non-Constituency Member of Parliament），確保非人民行動黨籍議員至少十二席；官委議員最多九席則是從不同領域當中遴選，例如藝術、科學、企業、社區服務等等。

在人民行動黨眼中，這些做法再加上他們與各種利益團體共同舉行、由他們掌控的閉門會議，就意謂新加坡人有非常足夠的場域來表達不滿或異議，讓各種觀點百花齊放。因此，在官方許可管道之外採取集體或者非集體的政治行動，這種做法毫無必要。也正因如此，人民行動黨並不認為那些限制公民自由的壓迫性法律會危害新加坡的民主。

然而新加坡的公民社會與一般民眾滿腹狐疑。有些人形容大規模的公眾諮詢有如「皮影戲」，政府為了博取正當性而刻意表現出願意聆聽的姿態，但其實並沒有誠心誠意營造真正有意義的交流。二〇〇五年，政治學家李廷文（Terence Lee）形容人民行動黨的作為有如一種「姿態政治」（gestural politics），對於開放、諮詢與公民參與的說法都是空洞不實。[8]羅丹也有類似的看法，他認為這些做法「盡可能將社會衝突導向政客－官僚階層掌控的體制」，目的是要拘束和限制公民社會的團體。[9]

這些公開與閉門諮詢帶來的回饋如何處理，一直沒有講清楚說明白。如何評估這些回饋意見？哪些被採納、哪些被揚棄？誰來做決定？如何做決定？這些全國性的對話儘管在進行時備受矚目，但新加坡人並不知道當對話與焦點團體告一段落，政府會如何統整相關的回饋。執政黨的「聆聽」會不會只聽他們想聽的意見？

就算諮詢過程都能秉持誠信進行，歷屆人民行動黨政府對於這些機制、管道與計畫的掌控，也限制了它們的範圍與用途。畢竟，如果參與互動的規則一開始就由掌權者說了算，那麼我們就很難擴張界線、質疑基本問題、對掌權者施加壓力。

獨立於體制菁英之外的公民社會在新加坡扮演關鍵角色，原因就在這裡。公民社會團體的工作——研究、記錄、組織、倡議——讓我們不至於完全被執政黨的訊息操控。在最理想的狀況，倡議者與運動者的工作會凸顯出掌權者不願回答的問題，揭露官方訊息操作的落差與漏洞，引導公眾關注迫切的問題，賦予他們能力、動員他們來要求變革。

一個公民社會組織的起步

婦女行動及研究協會是新加坡最主要的性別平權組織，也是新加坡公民社會圈子裡的重量級角色。他們進行女性議題研究、經營協助性別暴力受害者的求助熱線、參與倡議各項議題——諸如單親媽媽的居住問題、跨國婚姻配偶的移民障礙。二〇一五年，我與協會一起推動「女性行動」（Women's Action）計畫，記錄新加坡女性議題在政治、運動、生殖權利等領域的發展，經費來自國家圖書館管理局，名目是慶祝新加坡建國金禧（golden jubilee year）。[10]我至今仍不時與協會合作，為青少年開設性教育工作坊。婦女行動及研究協會在公民社會的工作與存在都是無價之寶，其長期運作與成長歷程很值得做個案研究，藉以探討新加坡運動者與倡議者必須穿越的地雷區。

婦女行動及研究協會可說是誕生自女性的憤怒。一九八四年十一月，新加坡國立大學協會舉行一場「女性的選擇，女性的生活」（Women's Choices, Women's Lives）論壇，主辦人賽邦．瑟拉吉（Zaibun Siraj）是大學協會成員，黃麗嫣（Vivienne Wee）則是大學教師。她們邀請幾位女性專業人士參與討論：骨外科醫師蘇英醫生（Kanwaljit Soin）、國家圖書館館長赫德維格．阿努阿爾（Hedwig Anuar）、《新加坡箴言報》（*The Singapore*

Monitor）週日版副總編輯瑪格麗特．湯馬斯（Margaret Thomas）。這幾位女士如今都是大家耳熟能詳的人物，像是蘇英醫生在一九九二年成為國會第一位女性官委議員，任職到一九九六年間；然而當時她們都還不是著名的性別平權倡議者，而且之所以受邀出席論壇，正因為她們是後起之秀。

論壇吸引了數百人參加，有男有女，他們對於當時的「婚姻大辯論」關於女性、家庭與生育率的談論備感挫折與憤怒。[11]事情的由來是時任總理李光耀推動政策鼓勵大學學歷女性生兒育女；他根據優生學觀點認定，高學歷女性能夠為社會提供更好的基因。「我們必須進一步調整政策，試圖改造我們的人口構成，促使我們受過良好教育的女性為新世代生育更多子女。」李光耀如是說。[12]政府提出一系列計畫，包括喊出居高臨下且又性別歧視的口號「你是不是讓男人誤會了你？」的全國性運動、設立「社會發展署」（Social Development Unit）來撮合大學畢業的男男女女、讓大學學歷母親的子女優先進入小學的「高學歷母親優惠計畫」。[13]

許多大學學歷新加坡女性雖然是這些行動的受惠者，但是對行動不但沒有好感，而且怒火中燒。她們覺得自己受到冒犯：儘管女性在各方面成就斐然，但是最重要的角色仍然局限於妻子、母親與照顧者。更有甚者，政府政策被批評為種族歧視與階級歧視，打擊較欠缺財力與機會接受高等教育的女性。

「當局對於人口以及其他議題的優生學取向，引發持續延燒的憤怒。」瑪格麗特・湯馬斯接受「女性行動」計畫訪談時回憶。[14]朋友都叫她「瑪姬」，當時她擔任記者，報導李光耀與其政府的爭議性宣示。

參加那場論壇的女性對於政府的性別歧視及優生學取向怨聲載道。但許多人回憶，那天的關鍵時刻是觀眾席上有人發問：「現在我們該怎麼做？」大家在論壇結束後是否只會回家休息，因為怒氣得到發洩而心滿意足？還是會針對問題採取實際行動？

論壇上做出決定：成立一個女性委員會，討論接下來的做法。一九八五年，婦女行動及研究協會在一系列「喧囂吵鬧」的會議中成立。[15]協會與同一時期其他女性組織不同，後者多半致力於從事慈善工作、提供直接服務，但協會的宗旨是要提升新加坡女性的社會與法律地位。

瑪姬也參加了論壇後組成的女性委員會，並成為婦女行動及研究協會的創始成員，「當時沒有其他人會去檢視那些影響女性或者激怒女性的政策，」瑪姬說道。[16]「我們認為自己與眾不同，都是職業女性、女性專業人士、學術圈女性；基本上我們都很有才智，也不怕展現這一點。因此我們決定要建立自己的團體。」

婦女行動及研究協會的成立顯示「高學歷母親優惠計畫」引發不滿，一般民眾似乎也不甚支持。一九八四年國會大選，人民行動黨的得票率跌掉一二%，那項計畫很快就束之高閣。然而新成立的協會對於公眾輿情相當敏感，擔心自身被貼上「女性主義者團體」的標籤；當時已有人聲稱協會「專門跟男性作對」，成員是一群心懷不滿又時間太多的女性。

協會的創始成員決定，第一任主席將是對抗社會偏見的關鍵人物，「在推選主席的時候，我們決定人選必須……盡可能出身社會主流。」瑪姬回憶。[17]「因此，麗娜．林（Lena Lim）成了不二人選，因為她是華人（占新加坡人口多數），已婚，有兩個孩子……於是麗娜．林當上協會第一任主席。」除了為人妻、為人母，麗娜．林還在一九七六年開了一家書店「精選書局」（Select Books，後來成為出版社），一直到二〇〇四年才賣掉。

如果早在一九八〇年代，新加坡就有一個更為激進的女性主義團體揚名立萬，那會帶來什麼樣的衝擊？我們今日的公民社會將有如何不同的面貌？還是說表明女性主義立場與主張推動更大規模變革，將引來全面的排斥，導致運動遭到封殺？孰是孰非如今很難判明。無論如何，從一九八〇年代中期到晚期，建立公民社會組織並非易事。光譜行動發生時，婦女行動及研究協會才三歲，被逮捕者之中也有協會成員。一九八七年加入協會、後來多次出任主席的康斯坦絲・辛甘在《曾經之地：一部遺忘與記得的回憶錄》（*Where I Was: A Memoir About Forgetting and Remembering*）寫到光譜行動的衝擊：「幾天下來，我輾轉難眠，第一次體驗到什麼叫作生活在恐懼之中，體驗到一九六〇年代與冷藏行動時期人們的感受。」[18]

當時協會取消原本規劃的論壇，延後發布一份人口研究報告。多年之後麗娜・林在辛甘寫書時接受訪談，表明後悔當年沒有向政府力保三位在光譜行動之中遭到逮捕、被指控為馬克思主義陰謀者的協會成員。當時麗娜・林的優先考量是確保協會能夠生存，那是一個動盪不安的可怕時期，協會成員擔心自身會淪為下一個目標。

這種無邊無際的恐懼氛圍顯示，當時的新加坡與一九五〇和六〇年代反殖民運動生氣蓬勃、動盪不安的新加坡大不相同，情況大幅惡化，人們就連單純進行研究與倡議，也要擔心自己逾越人民行動黨畫定的界線。這種焦慮感一直存在公民社會內部，儘管相關社會政治議題的論述、新加坡人可以運用的工具與做法，都已經大幅改變。

非政府的挑戰者

在新加坡，群眾動員可能是基於各種原因；進步理念運動者遭遇的挑戰，有時是來自需求與目標非常不同的社會區塊。

二〇〇九年，婦女行動及研究協會成立二十多年之後，資深成員經歷一場震撼教育，通常只有大約三十人出席的例行性年度大會來了一百多人，許多首次參加者都是陌生面孔，她們提名自家人角逐協會執行委員會委員，結果憑藉人數優勢在十二席執委中囊括九席。

《海峽時報》副總編輯約翰（Alan John）形容這起事件是「明目張膽的奪權行動」。後來才知道，許多新當選的執委會成員都是聖公會救主堂的信徒，在以「女權導師」（Feminist Mentor）自居的律師黃嗣綿（Thio Su Mien）指使之下，奪取婦女行動及研究協會的領導權。[19]黃嗣綿指控協會鼓吹男同性戀與女同性戀，她培養的人馬進入協會顯然是要改變這一點。

此事後來稱為「婦女行動及研究協會事件」（AWARE saga），引來媒體大幅報導與高度關注。當時我在紐西蘭唸書，先前甚至沒聽說過婦女行動及研究協會，但是記得有朋友在社群媒體上為這樁事件火冒三丈。原本無動於衷的新加坡人轉而支持協會的「前朝元老」，成群結隊登記為會員，只為了參加協會的特別大會（Extraordinary General Meeting）。

二〇〇九年五月三日，特別大會在新達城會議中心（Suntec City Convention Centre）登場，大約三千人出席，「這是民主運作最激勵人心的時刻，」辛甘在「女性行動」的訪談中回憶。[20]「許多人說他們找到自己的聲音。你應該看看排隊的長龍，我們甚至沒有機會講話！必須要有人把我從人群中拉出來，拿走排隊者手中的麥克風，然後我才能夠講話！但是大家找到自己的聲音，我還記得一位母親表示，她應該要帶女兒來參加。」

這場特別大會開了七個小時，原本被認定對政治與公民社會不感興趣的新加坡人在會中爭辯、咆哮、嘲笑、報以噓聲。針對那批基督徒「新成員」的不信任投票，以一四一四票對七六一票過關，讓這個性別平權組織重新由先前的執委會掌舵。

「婦女行動及研究協會事件」至今仍不時被人提起，視為新加坡公民社會發展史的一座里程碑。我聽過許多朋友討論這樁事件，因此知道它如何影響民眾——不僅是那些在特別大會投票的協會成員，也包括志願協助《網絡公民》報導事件的人。這個事件除了決定協會的命運，也顯示儘管新加坡人給人的刻板印象是冷漠、消極，但其實他們心中的一把火並未完全熄滅。

一波未平，一波又起

基督教保守派人士對婦女行動及研究協會發動「政變」的事件，凸顯了新加坡社會的宗教與保守派區塊強烈反對任何關於LGBTQ+平權的進展。協會對於伸張LGBTQ+權利並不是特別積極，但其性教育課程認可LGBTQ+人士的存在與其權利，光是這一點就足以招惹「鼓吹同性戀」的指控。這起事件充分顯示新加坡LGBTQ+社群遭遇的偏見，而且偏見至今猶存。

這樣的衝突有時非常痛苦，會留下創傷，尤其是那些被嚴重邊緣化、首當其衝面對仇恨與歧視的人。然而一場民主運作無論如何混亂、挫折連連，還是有可能對其他人造成衝擊或激勵。

二〇一九年，我在海峽會館（The Straits Clan）一樓的咖啡廳見到蔡豪龍（Paerin Choa），這地方鄰近牛車水（Chinatown），後來改名「曼陀羅俱樂部」（Mandala Club）。我找蔡豪龍是為了一項寫作計畫，關於新加坡LGBTQ+權益年度大會「粉紅點」（Pink

Dot）的發展演進。[21]蔡豪龍從第一屆大會就開始參與，當時擔任活動與主辦團體的發言人。

我很驚訝地發現，當初讓他深受震撼、從此擺脫「歡樂男同志」（gay party boy）自滿心態而踏上運動之路的關鍵，正是「婦女行動及研究協會事件」，他說：「協會遭到接管是非常惡劣的事，對我來說非常切身，因為就像是發生在我家後院。」二〇〇九年的時候，他還是一位年輕律師，所屬的法律事務所正是由黃嗣綿創立，「我的上司告訴我，希望我不要在社群媒體或者以公開方式談論此事，不要公開表達意見。」

當時的蔡豪龍在事務所裡還非常資淺，也同意上司的要求。然而他的避免公開談論並不等於無所作為，儘管他無法在協會的特別大會中投票，因為男性只能成為參與權利受限的仲會員（associate members），但他說服幾位在法學院時期結識的朋友，請她們加入協會、取得投票權。後來，他因為社會恐同情緒高漲而義憤填膺，於是加入一個新出現的LGBTQ+活動：粉紅點。

對於當時新加坡的LGBTQ+族群，粉紅點是個新穎的概念。蔡豪龍告訴我，大部分LGBTQ+活動都要憑門票進場，以閉門方式舉行，以避免遭到外人窺伺與批判。因此舉辦一場公開的大型LGBTQ+活動，將是邁出巨大的一步。蔡豪龍第一次聽到這個構想時，也是半信半疑。

基督教保守派人士企圖接管婦女行動及研究協會之後，他的想法也有所改變，「這樁事件讓我怒火中燒，我不但決定參加粉紅點活動，而且打電話表明要當志工。我在電話中說：『我什麼都願意做，都沒問題，你們要我做任何事都好。』」他回想起自己新手上路時的熱情，笑逐顏開，「我想我當時的態度極為投入，因此第二年他們又再度聯絡我，要我加入委員會。粉紅點是我進入新加坡公民社會的起點。」

策劃新加坡第一場LGBTQ+驕傲大會

在今日的新加坡公民社會，粉紅點的重要地位不在婦女行動及研究協會之下。它是新加坡最大規模的LGBTQ+活動，歷屆都能夠動員數以萬計的新加坡人參與，這方面的能力遠超過其他公民社會同儕。新冠疫情期間，這項年度活動在二〇二〇年與二〇二一年改成線上進行，但二〇二二年重返芳林公園，吸引數千人參加。

粉紅點的開展過程就如同婦女行動及研究協會，顯示了當運動者與倡議者在一個陌生甚至敵意的環境中發起公民運動，他們會關注哪些考量因素。二〇〇八年，芳林公園演說者角落的使用規定鬆綁，舉辦展覽或表演不必事先向當局申請許可。為新加坡LGBTQ+社群歷史紀錄盡心盡力的陳生枝（Roy Tan）提出一個構想：何不好好利用規定鬆綁的機會，舉行一場驕傲遊行（Pride parade）？他在二〇〇八年登記舉行這場活動，《海峽時報》形容為「可能是新加坡史上第一場同志戶外抗議活動」。[22] 陳生枝並對《海峽時報》表示，屆時會有標語牌抗議將男男性行為視為犯罪的新加坡《刑事法典》第三七七A條，還將舉行關於同志權利的演說、探討新加坡同志艱難處境的非正式論壇。

在LGBTQ+社群之內與之外，陳生枝的構想都沒有激起多大迴響，但是其他LGBTQ+運動者決定採取行動。法律學者蔡可欣（Lynette J. Chua）在《動員同志新加坡：一個威權國家內部的權利與反抗》（*Mobilising Gay Singapore: Rights and Resistance in an Authoritarian State*）一書中引述一位運動者的談話（書中受訪者一律使用化名）：

> 沉默令我感到驚駭，陳生枝的行動計畫籠罩著一片死寂……我不知道原因是否出於自私，但我覺得這個計畫不能失敗，因為它將代表整個同志社群。基督教右派已經擁有足夠的彈藥，我不希望助紂為虐，讓他們有任何機會得意洋洋地說：「看吧，同志根本得不到支持」或者「同志根本是一盤散沙」之類的話。[23]

陳生枝關於新加坡驕傲「遊行」構想的問題在於形象，參與者太少會讓LGBTQ+平權議題顯得乏人問津或乏人支持，這樣一來將傷害社群的形象，並且讓政府更加認定公眾無意增進LGBTQ+的權利。因此，籌劃與宣傳第一屆粉紅點活動的時候，焦點在於盡可能爭取公眾接納，從一開始就要「行銷」這項活動可被接受、吸引人的特質。

參與大型公開活動對新加坡酷兒而言，光是有這想法就非同小可。「置身開放空間，不必門票，不需門禁，這會讓很多人膽戰心驚。」蔡豪龍告訴我，「踏進公園的時候……我心裡好像在喊『我的天，我的天，我踏進公園了。』踏進公園的那一刻，感覺非常解放……我是同志派對的常客，但是這回的經驗不一樣。」

一個比較不利的因素在於，新加坡的LGBTQ+當時傳言，在粉紅點活動現身將形同公開出櫃，有可能會讓家人、同事與雇主知道自身的性傾向。新加坡社會仍然充斥著歧視與排斥，因此可以理解，這樣的風險讓許多人焦慮不安。

為了回應眾人的擔憂，粉紅點向異性戀人士招手。參加活動的異性戀者——甚至包括他們的伴侶、父母與子女——愈多，在芳林公園現身的人就愈不會被視為公開自己的性傾向。蔡豪龍回憶：「我還記得我邀請朋友參加第一屆粉紅點活動的時候，這樣告訴他們：『你們不必害怕，不必擔心出櫃的事，好多異性戀者都會參加。」

無論是向新加坡的酷兒抑或異性戀者招手，粉紅點首先都必須克服民眾對於示威抗議的冷漠迴避，這種心態無所不在。主事者必須說服大家相信活動相當安全，在公園中現身不必然會被認定為搞破壞的麻煩人物。就像所有違逆體制思考的理念或議題倡議，粉紅點必須應對自身被貼上「反政府」標籤的可能性，而且這樣的標籤可能會嚇跑潛在的支持者。

蔡豪龍說：「我母親認定我一定會被逮捕，因為參加粉紅點活動就等於跟政府作對。這就是當時許多人的心態。因此我們希望傳達的訊息是這項活動非常適合家庭參加，適合一般民眾，完全沒有政治意涵。我們不希望大家以為參加活動就是跟政府做對。」

早些年的時候，粉紅點主辦者會在網站上強調這項活動「絕對不是」示威抗議，而是「聚集所有相信每一個人不分性傾向、都有權利去愛的人」。他們也將活動日期安排在國慶日彩排的同一天，當直升機吊掛一幅巨大的國旗飛越公園上方、進行環島飛行演練的時候，活動參與者在公園立正站好、高唱國歌。如此一來，活動將帶有彰顯國家榮耀的色彩，表明粉紅點的主辦者和參與者都沒有「反新加坡」的嫌疑。

我錯失了最早幾屆的粉紅點活動，二〇〇九年第一屆登場時，我還在紐西蘭生活，第二年我因為工作出差在外。等到我終於能夠參加粉紅點，也更熟悉它的訊息操作方式，它的做法顯而易見是謹言慎行，不要讓當局有任何藉口將它封殺。粉紅點想方設法呈現自己是一個友善、不具威脅性的實體，適合對社會運動敬謝不敏的新加坡人。因此有好幾年時間，我認為粉紅點比較像一個品牌，而不是一個運動者發起的運動或團體；這個品牌精心打造與修飾自身的形象，盡可能增強吸引力。儘管我覺得粉紅點對於言論自由、集會自由等議題可以做更強而有力的陳述，因為這些議題也涉及LGBTQ+平權，但現實狀況是一個公民社會團體的公開表態或者緘默，涉及到不斷進行的選擇，他們要打自己有把握的仗。

務實反抗

粉紅點盡可能遵守法律規範、避免公然違逆執政黨，蔡可欣以「務實反抗」（pragmatic resistance）來形容這種做法。她指出LGBTQ+運動者——其實包括所有運動者——在新加坡特有環境遭遇的挑戰。他們除了要實現自己的理念，還「必須確保運動及其成員能夠存活，繼續奮鬥，這就意謂必須避免招致威權政府的報復；對於那些促成與保護集體行動的公民－政治自由，人盡皆知這個政府會加以打壓。」

蔡可欣寫道：

> 儘管LGBTQ+運動者期盼推動司法改革、讓自身權利得到更周全的保護，但是他們通常不會運用自由民主國家的社會運動者熟悉的策略與做法，尤其是上街示威抗議。結果就是一套「務實反抗」的策略。運動者依據自身的處境持續調整策略，有如一場策略的舞蹈，涉及法律與一組關鍵性政治規範的交互作用；這些規範擺明了要壓制運動的集體動員——例如對公開衝突的鄙夷排斥，崇尚「社會和諧」，積極要求法律正當性，還有最重要的一點：永久保持執政黨對於權力的掌控。[24]

換句話說，「務實反抗」背後的構想是想方設法一方面推動自己的理念，一方面避免激怒當局而導致封殺，同時也要避免給予公眾「唯恐天下不亂」的印象。這意謂某些做法——例如直接批評或譴責執政黨、公民不服從——不列入考量，每一步都必須小心翼翼設想掌權者會如何看待、有何反應。

務實反抗在新加坡的公民社會與反對政治備受歡迎，也被廣泛採行，公民社會有許多成員視之為「常識」。新加坡不是只有壓迫性的法律與威權主義的政府，它的社會環境還會將公民自由受到的壓制化為常態、牢固確立，甚至視為福國利民的必要做法而大力支持。一個人如果想要號召民眾支持，就必須盡可能投其所好來發言、行動與組織，並且避開入獄與破產之類的風險，如此一來將嚴重限縮一個人達成目標的能力。

新加坡的運動者與倡議者經常談論必須做「策略考量」才能夠長期運作，婦女行動及研究協會執行長林淑美（Corinna Lim）在《新加坡的倡議藝術》（*The Art of Advocacy in Singapore*）一書中正是如此建議；[25]這本書呈現了公民社會運動者對自身行動的反思。林淑美在她撰寫的〈保持冷靜，從長計議〉一章中記錄了協會在奪權事件之後決定走向專業化，擬定協會的倡議策略，鼓勵運動者鎖定長期目標。

值得注意的是，林淑美提到協會如何「走後門」（back door tactics，與政府舉行不公開的閉門會議）與「走前門」（front door tactics，公開宣導與行動）兩套做法雙管齊下，「我通常會選擇先走後門，再走前門，」她寫道，「這樣可以降低政府的戒心，更能夠獲致成效。如果幕後運作效果欠佳，人們永遠可以使用更公開的做法。但如果選擇先走前門，政府可能會因此拒絕直接打交道。」

這是從多年經驗與辛勞得來的忠告，也充分說明了新加坡的政治現實。雖然密室協商並非新加坡獨有，但是對於「走後門」的強調顯示我們欠缺民主文化，因此公民社會無法以理直氣壯的利害關係人身分挑戰政府並與之互動。我們有的是一種「請願文化」，運動者與倡議者必須說服掌權者恩准我們尋求的變革。我們承受壓力，必須溫良恭儉讓，並且細心體會掌權者的感受，因為他們一旦覺得顏面受損——這種情形很容易發生——就可能會惱羞成怒，更不願聽從我們的建議。我聽許多運動者說過：「有時候你必須先對他們甜言蜜語一番，然後才能跟他們談正事。」我自己在投入運動的早期，甚至也說過類似的話，但是今天的我可沒有什麼時間去體會掌權者脆弱的感受。

值得注意的是，時至今日，許多NGO之所以小心翼翼、低聲下氣，原因並不單純只是怯懦或者渴望親近權力。某些既有的體系與結構會鼓勵這樣的行為。組織為了能夠永續運作而僱用全職人員、設法取得可以長期使用的場地、為計畫與行動募款，前提則是必須向當局登記。組織在登記時必須提出章程，說明組織工作的範圍與治理的方式。[26]完成登記之後，組織必須恪守章程；一旦有所逾越，可能就會被撤消登記資格。如此一來，NGO就會被局限在各自的領域之中，難以公開表現跨越議題的團結性。

如果NGO的行動觸怒掌權者，往往會付出非常實質的代價。對於必須支付薪水、維持營運的老字號NGO，人民行動黨可以運用財務的壓力與支持，來確保它們循規蹈矩。一想到政府可能會撤消自家的慈善機構身分，影響賦稅減免與募款機會，NGO可能就會對於有觸怒執黨風險的言行考慮再三。不僅如此，如果有消息傳出某個NGO被政府列入黑名單，贊助者可能會從此敬而遠之，尋找其他支持對象。

當「走後門」也走不通

新加坡向來崇尚功績主義（meritocracy），然而我們身處的體系是另一回事，它不會讓最佳方案在各種理念百花齊放當中脫穎而出，而是必須討好掌權的大人物，希望得到門路與恩庇，或者至少讓大人物願意聆聽。這些閉門進行的對話有時候能夠奏效，當你引起政府高官或者決策者的關注，你的建議偶爾可以打破公務員體系的習性、程序與既定認知。透過這種不公開的會談，婦女行動及研究協會之類的團體——當然還有其他型態的團體會參與這類互動——能夠為法律與政策提供意見。舉例而言，協會與性騷擾受害者合作的研究與經驗，就對《防止騷擾法案》的起草提供協助；新加坡國會在二〇一四年通過這項法案。協會並持續針對性騷擾議題與政府交流互動，進一步強化現行的機制。

「走後門」的缺點在於，對於一個威權體制的父權國家，它並不會打破或改變高度不均衡的權力動態。所有的權力仍然由人民行動黨及其領導的體制掌控，在這樣的框架之中，公民社會團體能否成功推動自身期望的變革、有無機會打開後門踏進會議室，幾乎完全決定於執政黨是否願意在相關議題上讓步。

由於閉門會議的不公開與機密本質，參與的組織與運動者就算認為會議過程非常不公平，也必須保持沉默。這樣的過程不會受到什麼監督，公眾也難以施壓要求政府官員與國會議員認真解決問題，更別提要求他們落實改革方案。林淑美在書中寫道，NGO如果走後門沒成功，可以嘗試改走前門；話雖如此，採取這個策略可能會削弱面對公眾的工作。轉向公眾倡議的組織仍然必須對先前的不公開會議保密，就算曾經遭到無理阻撓、霸凌與蔑視，也不能做出任何指控。在此同時，政府可以聲稱已經做過「公眾諮詢」（也就是那些閉門會議）、聆聽「相關利害關係人」的意見，然後才做出決策；只是沒有任何人能夠獨立查證政府的辯解之詞。此外，選民與社群也無從評估代表自身利益的組織在閉門會議中的成效與行為。

「務實反抗」最大的缺點在於，它的作用就像毒品，很容易讓組織養成習性，把什麼做法都解釋為「策略考量」，儘管有時候其實是放棄反抗。

被威權政府盯上的後果非同小可，因此對於一個組織而言，退讓、順從配合、保持沉默都會是非常誘人的做法，因為可以讓組織安全下樁（或者自以為如此）。沒有多少新加坡人願意承受被警方調查、家中遭到搜索、遭控刑事罪名、鋃鐺入獄、被科以罰金、誹謗官司纏身的風險。大家有充分的誘因一而再、再而三做出可以避免這類命運的選擇，同時聲稱這麼做是為了「大局」著想，拒絕承認自己其實是滿懷恐懼！我擔心的是長此以往，我們會念茲在茲要保持「務實」，乃至於遺忘了真正重要的是「反抗」。

團結與歧異

運動者往往意見強烈，非常頑固，這一點應該不足為奇。公民社會就是會有許多人對各種議題表達鮮明立場，對於戰術與戰略的衝突、爭辯無可避免，並不必然是問題所在，而且歧見往往會讓公民社會更為厚實強大。然而歧見也有可能破壞團結，造成人與人、團體與團體之間的分裂。過度奉行「務實反抗」尤其容易導致公民社會分裂，我們會在有意無意之間掉入陷阱，開始監控彼此的行為。

在新加坡要推動某些改革，成功機率決定於是否能夠得到執政黨與主流公眾的青睞，因此推動者對於自身的形象會非常敏感、時時覺察，甚至產生偏執。私底下或社交場合，運動者之間或許很能夠相互同情，彼此友誼深厚；然而在面對公眾表態與行動的時候，運動者往往會擔心會被彼此的連結「拖累」。運動者有時會想方設法保持名聲以及與掌權者打交道的門路，因此不惜割捨那些走上不一樣的道路、但是為同樣目標奮鬥的戰友。

舉一個例子，本章前面提到的二〇二一年一月教育部外的示威抗議。那場行動儘管規模不大，但是出自對於新加坡教育體系歧視LGBTQ+青年的憤怒。這回的導火線是一位十八歲的跨性別學生在社群新聞與論壇網站Reddit上貼文，談她在學校遭到歧視的經驗。[27]艾希莉（Ashlee，化名）抱怨學校與教育部干預她的跨性別過程，儘管她已經診斷出性別不安（gender dysphoria），父母親也同意她接受荷爾蒙補充療法。

「我被告知要剪短頭髮，以符合學生手冊對男生頭髮的規定。而且我必須穿男生的制服，」她寫道，「除此之外，如果我因為荷爾蒙補充療法而無法再穿男生制服，我也不能改穿女生制服，而是會被學校開除。」

教育部否認他們干預艾希莉的治療。[28]儘管如此，她的經驗引發許多LGBTQ+青年的共鳴，也讓大量記錄學校歧視、偏見與霸凌現象的運動者高度關注。

使用「他們」當個人代名詞的義利亞・鄭（Elijah Tay）是五位抗議人士其中之一，

他們經營一個網路平臺「我的新加坡酷兒故事」（My Queer Story SG），為LGBTQ+提供一個分享個人故事的安全空間，他們也因此看到許多在學校遭到歧視的案例，「每一則故事都讓我心有所感，他們分享的經驗，他們承受的傷害與痛苦，」他們在二〇二一年七月透過Zoom的視訊會議告訴我，「我想，聽到艾希莉的故事——太爆炸了——就像承受最後一根稻草，LGBTQ+學生在學校遭受的傷害。我們曾經與國會議員討論，寫信給議員，在網路上分享故事，但是好像什麼都無法改變。」

抗議者決定要宣示立場，喚起大家關注一個已經持續太久的問題。他們要把事情攤開來講，直接上教育部提出訴求。「整治學校，不要整治學生」是他們在教育部外面高舉的標語牌，另一塊寫著「跨性別學生不會被消音」。

三位留在現場的抗議者很快就被警察包圍，包括便衣警察；警察教訓他們應該透過別的管道抗議。半小時之內，三人遭到逮捕，被警車帶走。警方後來偵訊全部五位抗議者——其中兩位只是與標語牌合照之後就離開現場——以及與他們一起出現的一些朋友。我也被警方傳喚，儘管並不清楚自己的身分是接受調查者還是證人。將近一年之後，警方決定對六個人發出警告——五位抗議者與一位協助製作標語牌的人士。[29]我接到一通電話，對方告知當局不會對我採取後續行動。

這場抗議行動儘管為時短暫，卻激起不少波瀾，因為在芳林公園之外進行、未經警方允許的示威抗議少之又少。儘管進行者只有五人，只是默默站著，完全沒有擾亂公共秩序，但這樣的行為仍然不見容於《公共秩序法》。抗議者挑戰界線的決定在社群媒體引發迴響，我用推特做直播的時候，回應者如潮水般湧至，新加坡年輕世代對於這場讓他們被看到、被認可的行動，表達了五味雜陳的感受。

可以想見的是，也有人譴責抗議者公然違反規定，特別是老一輩的新加坡人。在討論公民自由的時候，許多新加坡人念茲在茲「法律就是法律」。他們無法接受公民不服從，也就是刻意拒絕服從特定的法律或管制，作為一種和平的抗議行為。公民不服從可以用於反對抗議者認定為錯誤或不公平的規則，也可以藉由癱瘓運作來反抗壓迫性或者不公不義的體系。社會運動之中的公民不服從源遠流長，時至今日仍在不同的脈絡之中派上用場。二〇二一年二月一日緬甸軍方發動政變、奪取政權，一場公民不服從運動迅速出現，民眾上街頭進行和平示威抗議，發動罷工，讓軍事執政團難以治國理政、冒充合法政府。氣候議題抗議者也經常運用公民不服從，促使世人關注氣候危機的迫切性，阻止政府或企業對環境做出更嚴重的破壞。馬丁・路德・金恩（Martin Luther King Jr.）在他著名的〈伯明罕獄中書信〉（Letter from Birmingham Jail）省思公民不服從的運用，寫道：「服從公正的法律不但是法律責任，也是道德責任。反之亦然，不服從不公正的法律，也是一種道德責任。」[30]

然而公民不服從在新加坡乏人理解，莫名遭到汙蔑，採行這種做法的運動者很難得到支持，甚至可能連公民社會的同儕都不買帳。其他組織、運動者、甚至反對派政治人物非常清楚民眾不贊同公開抗議，因此避免被視為支持進行公民不服從的人，甚至要與之劃清界線（就算參與者純屬公民也無濟於事）。其他運動者也有可能根本就排斥公民不服從與類似的衝突性做法——畢竟，公民社會成員終究仍是我們新加坡土生土長的產物。

LGBTQ+社群部分成員擔心，教育部抗議事件會影響公眾對於社群與LGBTQ+倡議的整體觀感，破壞倡議者多年來培養及投射的善意與形象。抗議事件過後，各種反應湧現。多個LGBTQ+團體——包括粉紅點——發布聯合聲明，力挺抗議者的訴求。[31]然而婦女行動及研究協會的態度就比較曖昧，「我們不應該訴諸違反法律來追求社會全體成員的平等，」協會的聲明開宗明義，「民主體制的遊戲規則必須能夠讓民眾公開批評自己眼中的不公不義，然後政府當局要為自身的行動提出適當的資訊與合理的解釋。」聲明最後呼籲政府處置抗議者要「寬大為懷」，並且進行「更具建設性的互動與對話」。[32]

我記得自己是抗議行動當天在社群媒體看到這則聲明，當時我和幾位朋友坐在一家咖啡廳，位於金文泰警署（Clementi Police Division）附近，我們以為三位被逮捕的抗議者被送到那裡。我一看聲明開端就知道，支持抗議者、肯定他們堅守原則而且勇氣十足的新加坡人，對這份聲明會難以接受。抗議者與其支持者對於政府的憐憫同情與「寬大為懷」不感興趣——他們要求的是主政者採取行動，處理年輕世代酷兒在公立學校體系遭受的嚴重傷害。

義利亞．鄭是三位被逮捕的抗議者其中之一，當天晚上得到保釋後才得知後續的狀況。六個月之後，我在電話中問他們對婦女行動及研究協會當時的回應有何看法，他們表示並不感到訝異。

「我覺得協會關心的是討好壓迫者，而不是肯定抗議者的運動。」義利亞．鄭說道，他們雖然失望，但並不驚訝，並且可以理解為什麼協會認為有必要如此公開表態，「我還是很感謝協會的絃外之音，聲明中提到倡議平權不應該訴諸違反法律——我的理解，或者我希望它的意思是，現今這種壓迫性的法律與歧視，其實根本就不應該存在。」

另一位看過協會聲明的年輕運動者是克里斯欽馬克．詹姆士．保羅（Kristian-Marc James Paul），他是新加坡氣候大會（Singapore Climate Rally）的成員，這個組織的宗旨是不僅要促成氣候行動，也要推進「公正轉型」（just transitions），邁向一個更為公平、更沒有剝削的未來。我認識克里斯已有一段時間，曾經一起參與多項活動，因為我一直很關注新加坡氣候大會的工作。我在為這本書以及一篇受邀撰寫的文章[33]中探討新加坡新世代運動者的經驗時，首先想到的人物之一就是克里斯，我希望好好介紹他的工作與理念。我們在二〇二一年六月透過Zoom視訊通話，幾個月之後，他負笈英國倫敦大學金匠學院（Goldsmiths, University of London）攻讀碩士學位。

對於婦女行動及研究協會關於抗議事件的聲明，克里斯沒有什麼好感：「從我與其他年輕運動者——甚至是不曾參與這項運動的人——的對話，我得知當他們看到協會對這起事件的聲明……很多人的反應是：『喔，這實在有夠麻木不仁的。』或者：『這是在幹什麼？』」

義利亞．鄭指出：「反抗的重點與起點就在於要求遭到拒絕的權利，我們應該擁有卻被剝奪的權利；原本應該受到領導人保護的人民，因為失去權利而持續受到傷害。因此『務實反抗』並無道理可言，因為那種做法是在討好壓迫者，而不是試圖喚醒他們、告訴他們：『嗨，好好照顧我們，因為那是你們對我們的承諾。』」

對於做法和策略的歧異，對公民社會而言其實是司空見慣的事，而且隨著規範與期望的轉移，歧異也沿著世代界線劃分。執政黨與其政府可以好好利用這個特質，對公民社會各個擊破。組織與倡議者如果遵照遊戲規則，可望得到體制的認可與讚揚，主流媒體也會給予正面報導，還有機會角逐國家設置的獎項，參與閉門會議和對話。至於那些比較敢於批判、做法比較對抗性、關注執政黨不願妥協的議題的組織與倡議者，則會成為不受歡迎人物，無法參與不公開的「諮詢」，如果主流媒體會報導，原因多半是他們受到警方調查。

在這樣的環境之中，當公民社會成員自身也採取「好運動者／壞運動者」的視角，並且作為依據來調整自身的行為，掌權者將成為贏家。組織與個人如果一心想要保住政府的善意，避免失去管道門路與優惠待遇，就會與「過於激進」的同儕保持距離。就算他們只是在公開場合這麼做，私底下仍然與對方維持友好關係，還是會裂解公民社會的團結，因此無法對掌權者施加更大壓力、造成變革。有時候運動者之間的關係會相當緊繃，因為對其他人的做法與方法提供意見，試圖說服對方緩和與政府的敵對關係。這時就會聽到「你要做策略考量！」之類不厭其煩的臺詞——意思永遠是被建議者應該放低姿態。就個人層面而言，如果你覺得連公民社會的同儕都不願意與你同一陣線，那種感覺會是沮喪且疲憊。務實反抗於是進入體面政治（respectability politics）的領域，眾人的行為與表達受到監管，以便讓所屬的團體在掌權者眼中賞心悅目。在最糟糕的狀況下，我們會幫政府代勞，馴化異議勢力，甚至讓他們噤聲。

透過這種方式，務實反抗讓公民社會組織、動員反抗力量的效能大打折扣，難以對付壓迫性的體系與結構。不同的團體、組織與運動者到後來會更在乎如何通過體系的考驗，找到變通辦法，甚至討好掌權者；而不是衝撞對抗、推動改革，必要時拆解那些不公不義、威權主義的掌控機制。

一場抗議行動的誕生

二〇一九年粉紅點大會登場之前幾天，李顯龍總理再一次辯解他的政府為何頑強拒絕廢除《刑事法典》第三七七A條：「大家都知道新加坡的規矩，無論你的性傾向是什麼，我們都歡迎你造訪新加坡、留在這裡工作。刑法三七七A條並沒有禁止任何人在這裡生活，也沒有阻止一年一度的粉紅點集會。」[34]

這番論調等於是當面羞辱粉紅點團隊，李顯龍及其政府挪用他們十年來的各種努力：動員、籌劃、募資、發布聲明、與官員周旋、克服政府設下的障礙，卻對LGBTQ+

社群遭遇的歧視嗤之以鼻，還拿這個活動來辯護粉紅點鍥而不捨要求廢除的惡法。

那天下午在芳林公園的粉紅點活動，氣氛與我過去參與的幾屆不太一樣。大家似乎更為憤怒、更為受挫。舞臺上的主持人一再大聲宣示，粉紅點不只是一場公園裡的派對，它更是一場示威抗議。十年經驗與各方的日益支持，為粉紅點帶來更大的自信，李顯龍的發言則讓他們相信，必須更加強調他們的宗旨與目標。

當天日落之後，數千名參加者準備迎接歷屆粉紅點活動的高潮：由人群組成一個巨大的粉紅點，攝影師將在公園對街的旅館拍攝，還有無人機在會場空拍。我站的地方離舞臺很近，試圖找一個好位置拍攝照片和影片，同時要避免耳膜被揚聲器震破。天氣燠熱潮溼，大家在擁擠的公園裡坐了一個下午，汗流浹背，但是精神振奮。

粉紅點發言人蔡豪龍走上舞臺，拿起麥克風發表演講。他單刀直入：「李總理，因為刑法三七七A條，我們成了隱形人。」他放聲嘶吼，「因為刑法三七七A條，我們持續被邊緣化，過著殘缺的人生。因為刑法三七七A條，我們日復一日遭受歧視。」

他更升高賭注，一遍又一遍吶喊：「廢除這條法律！廢除這條法律！廢除這條法律！」

整座公園有數千人回應他的吶喊，群眾的能量在我四周迴盪，這種感覺在新加坡很少出現：眾人不僅志同道合，而且對不公不義同感激憤。那天晚上，當我們組成那個巨大的粉紅點，志工也在群眾之中各就各位，排出「REPEAL 377A」（廢除刑法三七七A條）的字樣。粉紅點過去總是選擇比較沒那麼強烈的訊息，如今首度正面交鋒。直到今天我仍然記得，聽到四面八方的新加坡同胞高喊口號，那天晚上的我潸然淚下。

誰贏誰輸

我在粉紅點活動感受到的力量與決心，並不足以改變人民行動黨政府對於刑法三七七A條的立場。改變發生在二〇一九年三位男同志針對這條法律提出違憲訴訟之後。[35]訴訟結果最後是敗訴，但是上訴法院在二〇二二年二月做出的判決有一些亮點。法院認定由於新加坡總檢察署已表明不會依據刑法三七七A條來起訴人，因此這條法律已經不可施行。

二〇二二年八月二十一日，李顯龍總理在國慶日大會演說上談到相關憲政爭議。儘管當時法院已經駁回上訴案件，但是人民行動黨政府擔心日後的訴訟可能會成功。這個原因——以及新加坡的社會態度已經改變——促使李顯龍宣示新加坡將廢除刑法三七七

A條。

李顯龍宣示的時候，大批LGBTQ+運動者與盟友集結在「十號投影機：河濱」（The Projector X: Riverside）這座快閃式獨立電影院及活動會場；大家在擁擠的空間中鼓掌喝采。為了這樣的結果，這些人年復一年地努力：粉紅點組織者、二〇〇七年廢除刑法三七七A條運動成員、在法院奮戰的律師、努力在受限環境中營造LGBTQ+表現空間的藝術家和劇場工作者。他們參與國會請願、進行表演、製作運動影片、組織討論會、聯絡各項活動、透過公開與閉門方式與政府官員打交道。他們先前就已得知國慶日大會將觸及刑法三七七A條的問題，並且在最後一刻決定聚在一起，見證歷史性的一刻。這場戰役讓大家費盡心力千里長征，如今終於看到戰果。

蔡豪龍那天晚上也在電影院（後來他卸任粉紅點的發言人，讓更年輕的運動者接棒）。李顯龍講話幾天之後，我用WhatsApp傳訊息給蔡豪龍，問他對近來一連串事件有何感想。「先前就有謠言說李顯龍會在國慶日大會宣布，《海峽時報》也做足了準備，連篇累牘刊登刑法三七七A條的相關文章，因此我們一直都有預期。然而當他終於正式公布，我們還是雀躍歡呼。我們等了好久才聽到這番話，儘管廢除惡法的時機已經成熟，然而感覺還是很不真實。」

但這並不是一場徹頭徹尾的勝利。李顯龍在同一場演說中也宣告政府將推動修憲，以防範婚姻的法律定義未來在法院中遭到挑戰。刑法三七七A條可能被法院推翻的風險，促使人民行動黨採取行動，接下來他們要確保同樣的風險不會發生在同性婚姻合法化倡議上。[36]

其他政府部會與首長的聲明也凸顯出，廢除刑法三七七A條的效應其實相當有限。儘管男同志不再被法律視為罪犯，但是其他的變革少之又少。副總理黃循財接受亞洲新聞臺（CNA）專訪時表示，國家的政策不會改變，特別是與婚姻的法律定義息息相關的政策，例如公共住宅、子女領養，甚至包括廣告法規。[37]含有LGBTQ+內容的電影在分級時仍將列入較高的級別，以限制觀眾人數與影響力。公立學校的課程持續標舉「傳統家庭價值」，顯示學校的性教育計畫也將持續絕口不提LGBTQ+情感關係。

這些宣示讓廢除刑法三七七A條的意義大打折扣。運動者多年來一再指出，這條法律猶如昭告社會歧視LGBTQ+人士沒有關係。它不只是一條法律，它還是一道訊息。人民行動黨雖然承諾廢法，但仍然在強調與強化同樣的訊息。他們甚至準備大費周章修改新加坡位階最高的法律，來「保護」一男一女的婚姻定義，向新加坡人保證他們會「捍衛」家庭——言外之意就是LGBTQ+人士會造成威脅。

蔡豪龍並不感到訝異，「我不會那麼天真，以為政府會改變『傳統的家庭政策』，」他傳訊息告訴我，「宗教界與保守派人士陷入歇斯底里，也在我的意料之中。國慶日大會之後發生的林林總總，都符合我的預期。」

「刑法三七七A條在新加坡存在這麼久，實在難堪。」他補充說道，「廢除刑法三七七A條無庸置疑是正確之舉，但人們不應因此誤以為新加坡政府變得進步開明。」

廢除刑法三七七A條的重大決定，彰顯了公民社會努力與運動者毅力的重要性；無論要耗費多少時間、面對多少障礙，他們追求目標鍥而不捨。沒有這些努力，人民行動黨就不會有動力處理這個議題。然而廢法的過程仍然讓我們知道，新加坡到底是由誰當家作主。究極而言，執政黨決定一切，甚至可以透過國會的超級多數席位修憲，目的只是為了阻擋人民在自身憲法權利遭到某項法律侵犯時，能夠循合法途徑採取行動：向法院提起訴訟。

這就是新加坡運作方式的本質。付出規模浩大、經年累月的努力，結果只是碎步前進，步調與時間點完全由政府選擇。執政黨與政府大權在握，可以決定變革的限度，還可以對日後的運動設立路障。人民行動黨在國會占有壓倒性優勢，就算你與反對黨結盟，還是無法做出實質的制衡；而且如果是LGBTQ+權利與死刑之類的人權議題，反對黨未必願意結盟。運動者唯一能做的就是繼續前進，不斷尋求空間、機會、希望、能量與動力。

這是一場沒有止境的艱苦戰役。幸運的是，永遠會有新血準備就緒，投入戰鬥。

新的世代

我回到反對死刑的抗議行動，場景在本章開頭已有描述。那是二〇二二年四月初的某一天，我身旁圍繞著反對死刑且勇於表態的人士，「再也不要，再也不要，再也不要雙手沾血。」他們高聲吶喊。

儘管我擁有超過十年的反死刑運動經驗，卻從來不曾想像會在新加坡見識到這樣的場景。我已經很習慣被人告知：死刑是一個邊緣議題，大部分新加坡人不會認真看待，或者無動於衷。我也很習慣一種想法，認為反死刑運動注定是一場寂寞的奮鬥，會參與的人寥寥無幾；事態要出現轉機，只能冀望非常遙遠的未來。我已經不再想像更大手筆、更有雄心的做法，因為我在不自覺中陷入窠臼，甚至看不出來我對自己與自己的運動有多麼畫地自限。

但是那一天，四百人現身抗議，反對死刑。重點並不在於對某一位死囚感到難過，因為他有特別讓人同情揪心的故事，我前些年看過不少這樣的故事。這一回，眾人批判的目標是死刑體制，認為死刑不公不義，光只是調整或改革並不足夠，必須完全廢除。與我二〇一〇年剛起步的情形相比，重大的改變已然發生。

這要感謝新加坡的年輕世代數位原住民（digital native），他們從小慣用社群媒體接觸來自世界各地的批判性報導與討論。我還是學童的時候，學校作業能夠參考的媒體幾乎只有《海峽時報》，我們的視野以及思考與討論議題的方式都因此受到局限。相較之下，Z世代新加坡人在成長過程中，對於社會正義與草根動員的討論，有前所未見的管道可以接觸。他們有多種網路資源可以選擇，有些人比較熱衷於政治，大量閱讀世界各地抗爭的故事，以那些經驗來對照自身在新加坡的處境。

新加坡氣候大會的克里斯呼應我對這個世代的觀察，「由於可閱讀的東西實在太多，我們不會被國營媒體局限⋯⋯我們因此能夠觀察到周遭發生的事，觀察到變革會以更有可能的方式發生。」他在Zoom通話中告訴我，「你愈是近距離觀察其他地方的變革是如何發生，愈會覺得新加坡也有可能發生變革。我想這些觀察確實讓年輕世代更為積極進取，你也看到了。」

二〇二〇年美國各地爆發「黑人的命也是命」(Black Lives Matter)示威抗議，回應執法人員濫殺美國黑人的惡行，各方開始高度關注世界各地的體系性種族歧視與國家暴力。各國的反種族歧視運動者動員起來，合縱連橫，不僅支持美國的運動，也凸顯自家社會相對應的問題。在新加坡由於受限於法律，無法公開示威，但是推特、Instagram與TikTok等社群媒體平臺都興起討論，並且指向新加坡的結構性種族歧視問題。

就像世界其他地方的千禧世代(millennials)與Z世代，新加坡的年輕人面對的現實與父母親大不相同。我在成長時期一直被灌輸一種觀念：只要認真讀書、認真工作，就一定能夠保持財務穩定，買一間房子，甚至一部車子。如今身為成年人的我和同儕掙扎面對的世界，與前幾個世代相比，都更難獲致社會流動與財務穩定。在較年長Z世代從學校畢業之後置身的環境，過去讓他們父母與祖父母受益的資本主義體系，已經無法讓他們如魚得水。因此，他們比較不會滿足於現狀，而是更有可能質疑那些行之有年的敘事與既定假設。

這種傾向意味關心政治的二十多歲年輕人(也有一些青少年)已經認清一切事物——階級、種族、性別、性傾向、貧窮、財富、警政、歧視、權力——都是環環相扣，他們透過這樣的視角來思考死刑體制。許多新加坡人會怪罪死刑犯自做自受，認為他們應該知道再怎麼貧窮與絕望，也不能違反法律。但是年輕世代的新加坡人比較能夠理解貧窮與剝奪如何局限人的選擇，以推動或拉扯效應來影響他們的行為。年輕世代更願意關注死刑犯中少數族裔比例超乎尋常的現象，而且理解這並不代表某些種族更容易犯罪，而是顯示特定族群更容易遭到邊緣化。他們更有可能看出來國家也是讓歧視、剝削與貧窮問題牢不可破的幫凶之一，因此不會那麼樂意讓國家以全體國民之名奪取人命。十年之前，我曾因為形容執行死刑是「國家殺人」而被同胞譴責，但是二〇二二年四月，一群新加坡年輕人高舉的標語牌寫著「國家殺人」。

我從一開始投入運動就養成一個習慣，思考什麼樣的訊息公眾能夠或者願意接受，什麼樣的訊息會遭到公眾拒斥，結論則是根據我對所謂「典型新加坡人」的想像：意識型態保守、支持權力體制、不贊同違反法律或公民不服從。就如同婦女行動及研究協會與粉紅點試圖調整自家訊息與形象，我也不斷思考公眾對我的言論和行動會有何反應，並且時時提醒自己不要「過於激進」，才能夠讓人接納。我很早就體認到，想要好好討論新加坡的死刑問題，就必須論及毒品以及毒品政策的改革、除罪化與減害；儘管如此，我並沒有這麼做，因為擔心會讓反對死刑運動遭遇排山倒海而來的指控，說我們企圖對毒品敞開大門。如此一來會讓政府有更多辦法來對付我的反對死刑運動戰友與我。

一直要到二〇二〇年「變革正義公社」成立之後，我才開始更公開地談論毒品問題。

看看過去幾年我有幸認識的許多年輕世代運動者，像是克里斯與義利亞．鄭，我並未發現他們有類似的噤聲傾向。克里斯指出，他的世代是在一個非常不同的環境中成長，「我覺得……不僅是在公民社會內部，甚至就連我和父母對話……就連他們也將一九八七年（光譜行動）的集體創傷內化了。儘管他們未必清楚來龍去脈，但應該都聽說過，對吧？」他說道，「事件存在於他們的意識之中，我並不認為我這個年齡層的人真的……我們沒有經歷過，那（光譜行動）只在書中出現，對嗎，所以……那會讓我們更為超然一點，不必然要經歷那種集體創傷。」

這並不意謂年輕世代運動者對新加坡的恐懼文化無感，或者不會擔心公眾的觀感與反彈。我先前提過，他們可以廣泛接觸不同的資源，對於冷藏行動與光譜行動之類的歷史事件，獲致比我在同年紀時更豐富的認知。他們也非常清楚國家的力量與執政黨的能耐，然而這樣的理解並不必然會表現為一種讓人癱瘓的深層恐懼。相反地，這份認知提供了一種背景脈絡，有助於他們透徹思考自己的信念與目標，以及如何將計畫落實為行動。

學習教訓

過去十年間，我看到公民社會從過去的經驗學習，設想出多種方法來推進自家的理念。剛開始的時候，我就像大家一樣一股腦兒投入，公民社會人力有限，總是有做不完的工作，因此任何人只要挺身而出，就會難以自拔。焦點在於完成工作，如何完成則不是那麼重要。我以志工身分加入《網絡公民》時就是如此：一開始我拿到一部攝影機，被派去做街頭訪問；後來我被指派寫作，更後來則是負責編輯。我們曾經嘗試提出構想，希望讓事務的運作可長可久，但是我們並沒有花多少時間來強化內部的組織與決策程序、提升志工在《網絡公民》的分量、促使他們做更長期的參與。這也是為什麼《網絡公民》的存續主要倚賴單一個人，他必須奉獻大量的時間與精力，犧牲原本可以賺到的收入。我在二〇一〇年加入時，那個人是盧洪佩（Andrew Loh），他擔任網絡公民總編輯，必須應付財務困難，經常睡眠不足。後來網站改由許淵臣負責，他在新加坡撐過的時間讓人驚嘆，但後來還是被當局強制關站。[38] 經過一年的沉潛，他轉移陣地到臺灣，以流亡者身分繼續經營《網絡公民》。[39]

二〇一〇年下半年我加入年輕世代領導的反對死刑團體「我們相信第二次機會」

（We Believe in Second Chances），情況也相當類似。我們的宗旨是要支援為楊偉光奔走的行動，他是來自沙巴的年輕死囚。我們希望彰顯與他同年齡的新加坡人為他挺身而出，尋求同情與寬恕，畢竟這位年輕人被捕之後已經洗心革面。我們直接投入工作，拍攝一支振奮人心的影片，在社群媒體上公告周知。我們沒有內部組織，只有一個群組聊天室，每一件事都是全體參與，大家有多少時間就投入多少時間。這種做法之所以行得通，原因在於我們都是朋友，追求共同的目標：支持囚犯的家屬、喚起民眾關注死刑議題。然而對於召募新人與擴大運動規模，我們就力有未逮。每一件事的做法都是見招拆招，如果有新成員加入，我們也不知道如何讓他參與現有的工作。等到原始成員因為過於忙碌、再也擠不出時間，這個團體也進入休眠狀態，無疾而終。在「我們相信第二次機會」運作的一年時間，我們從未設想出傳承的計畫。

比較新近的團體與倡議已經從這類經驗學到教訓。克里斯告訴我新加坡氣候大會如何努力不懈，讓自己能夠以更為公平、民主、永續的方式運作。他們細心建立了一個經常接受評估的系統，讓成員參與群體討論，也讓決策過程盡可能民主化。

「我想如果你不談程序，不談運動在成員之外代表的意義，那麼你的運動將非常倚賴人格特質與特定個人，」克里斯說道，「組織之中一旦出現派系，就會分崩離析，新加坡公民社會有太多這類反目成仇的故事，對於推動我們的理念毫無幫助，徒然便宜了政府。」

當二〇二〇年十月「變革正義公社」成立時，我們對照自己先前參與其他團體與NGO的經驗，也希望能夠有不一樣的做法。我們與新加坡氣候大會有志一同，期待透過組織工作讓成員積極進取、主動出擊。我們不想走上某些老字號NGO的體制化道路。雖然向官方登記與專業化會有好處，但是也會給政府更多管制手段來操控——例如威脅撤消NGO的登記或慈善團體地位，而且可能會讓組織的作為與習性陷入一種窠臼，複製了組織原本要挑戰的權力結構。我們希望建立明確的程序，但是無意建立階層或指揮鏈，如此才能確保每一位成員都有空間發抒己見，同時也能夠順利做出集體決策。

擬定這些程序要大費周章，而且我們還有議題相關的行動必須執行。身為變革正義公社第一屆執行委員會的委員，我曾經參加一系列討論如何闡述組織使命的會議，對象是組織內部的各個工作小組。我們投注許多時間來擬定組織的共同價值與願景：我們的身分、我們的本質、我們一以貫之的處事原則。我發現一開始的時候要做許多討論，很不耐煩，因為我習慣在外奔走，採取實際行動。然而一段時間之後，我明白這些對話相當重要，也很有幫助，可以強迫我放慢腳步，不僅思考自己正在做什麼事，也審視做事的目的與方法。我先前的工作方法會直接假設，每一位同事大致上都能與我契合；但是我與組織成員的對話讓我看得更透徹，確知儘管彼此意見偶有分歧，整體而言還是能夠達成共識。

我沒有足夠的資料可以證實，這種不同於「傳統」NGO的組織模式是由新一代的運動者帶動。然而當我和變革正義公社的同儕與其他團體的年輕運動者共事時，有一個字眼經常會從我心頭浮現：意向性（intentionality）。一方面，我們要更加覺察與考量知情同意（informed consent）的重要性——這個概念在全球「我也是受害者」（#MeToo）運動之中大行其道，但也適用於性示好（sexual advances）與性互動之外的許多生活層面；另一方面，我們從先前的經驗學到得來不易的教訓，現在一起工作時要更深思熟慮、做好準備，確保每一個人在決定是否參與一項行動時，都清楚知道可能的風險。如果參與的是公民不服從——例如在芳林公園之外舉行的示威抗議，後面這一點尤其關係重大。雖然我們很難確切證明某人是因為參與運動而被列入黑名單，但是我們看過太多朋友莫名其妙丟掉工作、被安全資格審查刷掉、喪失各種機會，因此我們不會天真看待挑戰新加坡權力體制的後果。有些公民社會團體對於成員招募的程序也設置安全措施，不僅篩選可能的成員人選，也讓被招募者瞭解加入之後可能會有哪些負面影響，畢竟這些團體會批判執政黨、推動對政府而言過於敏感的理念。

如此的覺察與準備工夫的好處在於，它會讓我們團結起來、更為勇敢。就我的經驗而言，談論風險通常不會把大家嚇跑，反而能夠凸顯一個人的能動性。當我們坐下來，針對自己想做的事情列出可能的影響與後果，我們將不再受制於模糊的恐懼和胡思亂想。就算我們無法提供保證，至少對於可能發生的事會有比較具體的概念，也會有能力討論可以採取哪些行動來降低風險、相互支持。我們會知道就算最壞的狀況發生，同儕還是會團結一致、支持我們。我們思考各種可行的做法，例如將電子裝置備份以防範警方查扣、進警察局時要呼朋引伴、幫可能失業的夥伴尋找工作機會。這些做法讓我們以自己的方式來觀照情勢，而不是在害怕中噤聲屈服。我們決定自己願意冒什麼樣的風險，我們設法超越界線，我們做好心理準備面對後果。原本會讓人膽戰心驚的事物，如今卻能夠帶來力量，因為我們清清楚楚知道自己在做什麼事、為何要這麼做。

也就因為如此，新加坡一部分運動者擺脫了「務實反抗」的掌控，他們的當務之急不再是如何避免逾越界線，「違反法律也是一種運動」的觀念不再是大逆不道。後果仍然存在，仍然會讓人憂慮——大部分年輕運動者雖然滿懷熱情，卻可能還沒開始找工作，不能完全斷了自己後路——但是並不會讓人失去行動能力。與警方周旋在所難免，如果有人被傳喚偵訊，我們愈來愈能夠提供實質支持、展現團結精神。我自己不只一次被帶進偵訊室，然而有夥伴在外面等候、記錄你被偵訊多久時間、必要時聯絡律師與人權團體，光只是知道這些事就會有莫大的幫助。

轉換心態

我在「我們相信第二次機會」工作的時候，刻意避免批評新加坡嚴刑峻罰的毒品政策，原因在於我擔心公眾「還沒有準備好」要面對毒品減害、除罪化與合法化的論辯。我們的廢除死刑運動因此綁手縛腳，局限於個別案例，為特定死囚及其家人爭取同情，提出人們總會改變、應該得到悲憫之類的淺薄論點。

今天我們在變革正義公社的做法大不相同。我們仍然會有一種本能反應，根據我們認定公眾「已經準備好」的接受程度來調整訊息的強度；但是我們也體認到這種本能並無助益，並且特別提醒自己，不要讓它導致我們在核心價值與原則上妥協。畢竟，我們往往並不清楚公眾對於特定議題的真正想法。新加坡向來缺乏全面而獨立的民意調查。每當運動者與反對派政治人物談論「街頭一般民眾」的感受，我們都是想像一群保守的

「沉默多數」來做各種假定。因為顧慮一個建構出來的「新加坡尋常百姓」原型，約束壓抑可能引發爭議的主題，這種做法限縮了我們的視野，也複製了人民行動黨的父權觀點：新加坡人沒有能力處理複雜、爭議與困難的對話。

運動者的追求目標與公眾的舒適圈往往會有落差，因此運動者必須以公眾能夠理解的方式來清楚陳述自家的論點，帶領他們走上學習與熟悉化的旅程，最終改變社會心態。我和克里斯討論的時候，他很快就承認新加坡氣候大會秉持左派立場，可能會被視為逾越了新加坡的主流論述。但是這個團體無意向中間靠攏，他們的計畫是要持續而耐心地撒下討論與對話的種子，希望假以時日能夠改變公眾態度。克里斯說：「我們想盡辦法要轉移奧弗頓之窗（Overton window，任一時刻主流社會在政治上所能接受的政策範圍），嘗試透過言論帶出事物的存在感，讓論述得以擴展，讓更多事情得以實現。」

殊途同歸

二〇二二年九月，我出現在新加坡版《時尚》雜誌（*Vogue Singapore*）一篇專題報導中，主題是新加坡三個世代的女性運動者。當時我三十四歲，夾在八十六歲的辛甘與二十四歲的顏雨寧（Tammy Gan）之間。這篇報導附有優雅的黑白照片，介紹我們的工作，反映多年來新加坡發生的政治變化。報導刊出之後，幾位朋友——我平常習慣的穿著有如睡衣，他們不太習慣看我穿三宅一生（Issey Miyake），頭髮往後梳得整整齊齊——給予我讚美和支持。一位朋友的訊息特別引人注意：「在三十四歲與八十六歲之間，我們好像跳過了一個世代。」

他說對了，我和辛甘之間遙遙相隔五十多年，和顏雨寧之間卻只差了十年，的確有點奇怪。這個現象同時也反映了新加坡公民社會的發展歷程。我十年前被引介進入運動「學校」、成為初試啼聲的運動者，在許多方面，那個「學校」的做法與習性與辛甘世代倡議者的相似性，遠遠高於它與顏雨寧世代的相似性。過去十年之間，新加坡的公民社會已經改頭換面。

這些發展讓新加坡的公民社會變得非常有趣而刺激。我覺得極為幸運也極為榮幸，能夠在一個變化萬千、成長顯著的時期成為這個社群的一分子。我投入運動十三年，見識過兩個世代截然不同的運動者並與他們合作，他們的經驗、做法與觀點各有千秋。當年我還是個摸不著頭緒的新人時，從老一輩倡議者身上學到不少東西；今天我觀察年輕世代如何組織與動員，學習過程持續進行。當然，新加坡公民社會擁有各式各樣的經驗、意見與觀點，只以一章（甚至一本書）的篇幅很難包羅無遺，但我還是希望能夠具體呈現它一部分的本質。

二〇一九年，香港情勢日益危急，示威抗議遍地開花，民主運動喊出的一則口號特別撼動了我：「兄弟爬山，各自努力」。[40]意謂採取不同抗爭戰術的抗議者仍然能夠團結；特別是香港示威者的兩派，一派面對政府升高暴力仍然堅守非暴力原則，另一方「勇武派」則親上火線，與警察正面衝突。大家可以自行決定哪一種做法最能夠推進運動，而且彼此的歧見不能惡化為所謂的「楔子議題」，讓外界得以挑撥離間。最重要的是必須謹記，儘管大家選擇不一樣的路徑，但攀爬的是同一座山峰。

克里斯在電話訪問中也談到這一點：「新加坡氣候大會之所以如此有戰鬥性，要歸功於其他環境團體的做法比較『討好』，讓政府官員不要那麼玻璃心。」他又說道：「我們和其他環境運動團體對話時，他們會說：『關於這個議題，你們應該多談一談，因為你們比較積極。』還有一些事情，人們覺得自己不適合談，但是有其他的組織和運動可以代勞……對我而言，重點在於各個運動儘管有不同的變革理念，如何做到持續相互支持。」

面對彼此的歧異，仍然能夠凝聚團結、並肩作戰，這是新加坡公民社會必須學習的一課，尤其是當政府運用「各個擊破」的戰術，只對某些團體提供門路管道與優惠待遇。姑且這麼說，我認為我們愈來愈擅長這麼做。

每一個人都會在某時某刻做某種形式的「務實反抗」，並且不時會選擇退讓、妥協或放棄。我們之中有許多人——不只是運動者，還包括藝術家、學者、媒體編輯、發行者、公務員等等——都非常熟悉這種兩難。舉例而言，你是否願意讓你的劇本接受審查、做出修改，以換取官方的演出許可，讓重要的訊息得以傳布；或者你應該宣示立場，索性取消演出？你是否願意淡化一份報告的措辭，換取NGO董事會怕事的董事同意發布；或者你選擇堅持原則，不計一切後果？一位朋友說過，新加坡這地方就是會讓你進退兩難，被迫做出自己也覺得難堪的決定。

只要新加坡的政治經濟環境仍然敵視運動、異議與表達自由，我們就會繼續面對這些處境。想要應對這些問題，我們必須明確宣示自身的價值與原則、哪些事我們可以妥協、哪些事絕不妥協。我們的「務實」是為我們的「反抗」效勞，絕不能反其道而行。

注釋

1 *World Economic Forum*, 23 April 2018, "Who and what is 'civil society?'" https://www.weforum.org/agenda/2018/04/what-is-civil-society/

2 *Public Service Division*, "Supporting Singaporeans and Ensuring No One is Left Behind," https://www.psd.gov.sg/heartofpublicservice/our-institutions/supporting-singaporeans-and-ensuring-no-one-is-left-behind/

3 *HistorySG*, "Feedback Unit is Formed," https://eresources.nlb.gov.sg/history/events/d65e8477-1714-4103-b93a-9d2d6f898d48

4 *Ministry of Communications and Information*, Reaching everyone for active citizenry @ home (REACH), https://www.reach.gov.sg/about-us/about-reach

5 *The Business Times*, 30 November 2015, Soon Weilun, "Singapore starts new public engagement initiative, looking at SG100," https://www.businesstimes.com.sg/government-economy/singapore-starts-new-public-engagement-initiative-looking-at-sg100

6 *Singapore Together*, https://www.singaporetogether.gov.sg/about-us/

7 *CNA*, 28 Jun 2022, Ang Hwee Min, "DPM Wong launches Forward Singapore exercise to 'review and refresh' country's social compact," https://www.channelnewsasia.com/singapore/lawrence-wong-forward-singapore-social-compact-2774556

8 Terence Lee, 2005, "Gestural Politics: Civil society in "New" Singapore," *Sojourn: Journal of Social Issues in Southeast Asia*, Vol 20 No 2, pp. 132–154.

9 Garry Rodan, *Participation without Democracy: Containing Conflict in Southeast Asia* (Cornell University Press, 2018).

10 *AWARE*: Women's Action. https://www.womensaction.sg/

11 Mandakini Arora, *Small Steps, Giant Leaps: A History of AWARE and the Women's Movement in Singapore*

(Singapore: Association of Women for Action and Research, 2007).

12 *Women's Action*, "Politics," https://www.womensaction.sg/article/politics

13 Mandakini Arora, *Small Steps, Giant Leaps.*

14 *AWARE Singapore*, 4 November 2015, "Margaret Thomas and Lena Lim on the Origins of AWARE," [Video], YouTube, https://www.youtube.com/watch?v=L3RQ0kGCa04

15 Ibid.

16 Mandakini Arora, *Small Steps, Giant Leaps.*

17 *AWARE Singapore*, "Margaret Thomas and Lena Lim on the Origins of AWARE."

18 Constance Singam, *Where I Was: A Memoir About Forgetting and Remembering* (Singapore: Ethos Books, 2022).

19 Alan John, 7 July 2019, "Covering the 'Aware saga' of 2009 was one of the hardest jobs for The Straits Times newsroom, but it was satisfying journalism worth doing," https://alanjohn.net/2019/07/07/covering-the-aware-saga-of-2009-was-one-of-the-hardest-jobs-for-the-straits-times-newsroom-but-it-was-satisfying-journalism-worth-doing/

20 *Women's Action*, "Civil Society & Activism," http://womensaction.sg/article/civil

21 *We The Citizens*, 26 June 2020, Kirsten Han, "A look at Pink Dot (and Singapore's) development: Part 1," https://www.wethecitizens.net/a-look-at-pink-dot-and-singapores/; 27 June 2020, "A look at Pink Dot (and Singapore's) development: Part 2," https://www.wethecitizens.net/a-look-at-pink-dot-and-singapores-e57/

22 *The Straits Times*, 25 September 2008, Kor Kian Beng, "First gay protest at Speakers' Corner?" reposted on PluralSG, https://pluralsg.wordpress.com/2008/09/27/first-gay-protest-at-speakers-corner/

23 Lynette J. Chua, *Mobilising Gay Singapore: Rights and Resistance in an Authoritarian State* (Singapore: NUS Press, 2014).

24 Ibid.

25 Corinna Lim, "Keep calm and play the long game," *The Art of Advocacy in Singapore*, eds. Constance Singam and

Margaret Thomas (Singapore: Ethos Books, 2017).

26 *JSE Offices*, "Setting up non-profit organization in Singapore," https://jseoffices.com/setting-up-non-profit-organization-in-singapore/

25 Ashlee, [u/AcanthisittaParty986], "[Rant] Transgender Discrimination in Singapore Schools and MOE's denial of mental health issues," Reddit, https://www.reddit.com/r/SGExams/comments/kwqqdu/rant_transgender_discrimination_in_singapore/

28 *TODAYonline*, 16 January 2021, Tessa Oh, "MOE denies stopping transgender student from getting hormone therapy, says it is 'in no position' to interfere with medical treatments," https://www.todayonline.com/singapore/moe-denies-stopping-transgender-student-getting-hormone-therapy-says-it-no-position

29 *CNA*, 30 November 2021, Afifah Darke, "6 people warned over protest outside MOE building: Police," https://www.channelnewsasia.com/singapore/moe-protest-police-warnings-hormone-therapy-2347931

30 Martin Luther King Jr., 16 April 1963, "Letter from a Birmingham Jail," *African Studies Center—University of Pennsylvania*, https://www.africa.upenn.edu/Articles_Gen/Letter_Birmingham.html

31 *Pink Dot SG*, 26 January 2021, "We are aware of the peaceful protest outside of the Ministry of Education (MOE) on Tuesday (26 January 2021)," [Text], Facebook, https://www.facebook.com/pinkdotsg/posts/pfbid0QA-cRtajv22XDCEyJx1qqQ8iDujqFCzevQXofFLx94W7hi6sskf7XYyCzeh-RcprT8l

32 *AWARE Singapore*, 27 January 2021, "Statement on arrests of three #FixSchoolsNotStudents protesters at Ministry of Education," [Text], Facebook, https://www.facebook.com/awaresg/posts/3930429936969416

33 *World Politics Review*, 10 August 2021, Kirsten Han, "Youth Activists Are Pushing the Limits of Singapore's Politics," https://www.worldpoliticsreview.com/youth-activists-are-pushing-the-limits-of-singapore-politics/

34 *Yahoo!News*, 27 June 2019, "Pink Dot disagrees with PM Lee Hsien Loong, says LGBTQ community faces discrimination," https://sg.news.yahoo.com/pink-dot-disagrees-with-pm-lee-hsien-loong-says-lgbtq-community-faces-discrimination-130241459.html

35 *TODAYonline*, 13 November 2019, Wong Pei Ting, "377A challenge: Lawyers argue declassified UK documents show law was originally aimed at male prostitutes," https://www.todayonline.com/singapore/377a-challenge-lawyers-argue-declassified-uk-documents-show-law-was-originally-aimed-male?cid=h3_referral_inarticlelinks_03092019_todayonline

36 *The Straits Times*, 22 August 2022, Tham Yuen-C, "NDR 2022: Govt will repeal Section 377A, but also amend Constitution to protect marriage from legal challenges," https://www.straitstimes.com/singapore/politics/ndr-2022-govt-will-repeal-section-377a-decriminalise-sex-between-men

37 *CNA*, 22 August 2022, Tang See Kit and Tan Si Hui, "Repeal of 377A does not meet 'very high' bar to hold referendum, says DPM Wong," https://www.channelnewsasia.com/singapore/repeal-section-377a-does-not-meet-very-high-bar-hold-referendum-lawrence-wong-2892746

38 *CNA*, 14 September 2021, Vanessa Lim, "The Online Citizen licence suspended, ordered to stop posting on website and social media," https://www.channelnewsasia.com/singapore/toc-online-citizen-suspended-licence-imda-2175986

39 *The Online Citizen*, 16 September 2022, Terry Xu, "We are back after a year's hiatus," https://www.theonlinecitizen.com/2022/09/16/we-are-back-after-a-years-hiatus/

40 兄弟爬山，各自努力; [xiōng dì pá shān, gè zì nǔ lì]; *Hong Kong Free Press*, "Hong Kong Protest Movement Data Archive: Glossary," https://hongkongfp.com/hong-kong-protest-movement-data-archive-glossary/

第五章

國家的叛徒

身為一位自由投稿新聞記者，我通常不預期自己會成為新聞的主題，直到二〇一八年四月十二日。那一天《海峽時報》A6版刊登一張我的照片，橫跨半個版面，與一張同樣大小的覃炳鑫照片並列。兩張照片上方的新聞標題以斗大的粗體字寫著：「會計與企業管理局：這家申請中的公司顯然具有政治性」。同一版右下角還有一張照片，主角是索羅斯（George Soros），億萬富豪投資人、慈善家，也是威權政府最愛用的代罪羔羊。

報紙版面的空間相當珍貴，一份報紙能夠呈現的內容有限，廣告商也願意花大錢買版面，因此《海峽時報》的做法滿令人驚訝，願意用那麼大的空間來刊登我們這麼不起眼的故事。

新聞涉及的事件相當單純，平平無奇。二〇一七年，覃炳鑫與我，還有漫畫家劉敬賢共同出資成立一個平臺「新敘述」，內容涵蓋東南亞的新聞、研究、藝術與社區營造。我們的理念是一方面要讓東南亞的民眾更容易接觸此一地區的相關研究，一方面要為在地記者與藝術家營造空間，讓他們發表重要的作品，並且——這一點是關鍵——得到酬勞。同時我們也希望將「新敘述」發展成一項運動來推展言論自由與民主，兩者都是東南亞的重大議題；這個面貌多元的地區長期在殖民歷史與威權主義現實之間掙扎。儘管「新敘述」的母公司是在英國註冊登記，我們還是決定向新加坡會計與企業管理局申請註冊一家公司「OSEA Pte Ltd」，以便在新加坡合法運作。

申請提出後一段時間，我們遭到駁回，但是並不感到驚訝。我們知道這項倡議在東南亞不會受當局歡迎，在新加坡尤其如此，因為我們的背景會引發新加坡權力體制的警訊。我們三人組包括一位曾經論述李光耀如何以不正當手段將政治對手打入大牢的歷史學家（覃炳鑫），一位曾經因為圖像小說作品可能動搖政府合法性而被取消出版獎助的藝術家（劉敬賢），一位曾經對政府發表批判性觀點的自由投稿記者與運動者（我本人）。

然而我們沒有預期到會計與企業管理局竟然會發布聲明，說明為何駁回我們的申請。就我們所知，這種狀況極為罕見，甚至聞所未聞：一樁行政與官僚性質的事務，竟然也需要發布聲明。對一個企業監管機構而言，這份聲明措辭相當尖銳：

〔開放社會基金會（Open Society Foundations）〕與其他的外國慈善組織及團體在其他地區可以出資支持自己的任何理念，但是新加坡政府立場明確，禁止它們資助新加坡的組織或個人參與國內政治。

換言之，讓「OSEA Pte Ltd」申請登記會傷害新加坡的國家利益；新加坡的政治只能由新加坡人作主；我們不容許外國人干預我們如何治理國家；我們也不容許任何新加坡團體任憑自身被外國人利用，在新加坡進行政治活動。[1]

我因此登上新加坡最大報紙的顯著版面，還被無憑無據指控為外國影響力的工具。

「我們」對抗「他們」

我從來沒想像過會被自己國家的「檔案記錄報」（paper of record，譯注：指發行量大且具權威性的全國性報紙）如此大篇幅報導。我知道多年以來，人民行動黨對我應該頗有不滿，然而看到國家機器與主流媒體如此運作，還是有一種超現實的感覺。我認為這起事件證明了掌權者已經盯上我，這感覺相當奇特，與我的現實存在連不起來。我以兩種格格不入的型態存在：既是一個被政府鎖定的「麻煩製造者」，也是一個身穿UNIQLO睡衣坐在筆電前面工作的尋常百姓。我怎麼可能會是任何一種「威脅」？

當我省思同儕與我的某些遭遇，我會想到哈佛大學兩位政治學家李維茲基（Steven Levitsky）與齊布拉特（Daniel Ziblatt）合著的《民主國家如何死亡：歷史所揭示的我們的未來》（*How Democracies Die*）一書。[2]他們強調對一個可正常運作的民主體系而言，基本規範之一是相互包容，也就是政治上的對手看待彼此的方式。一個民主體系要想正常運作，就必須體認只要每一位成員都能夠依循憲政準則，政治對手也會是具正當性的實體，擁有「平等的權利來維持生存、爭取權力、治理國家」。

「這意謂我們就算認定對手的理念愚蠢或者錯誤，我們也不會把對方視為生存威脅，不會為他們貼上叛國、顛覆、無法容許的標籤。」李維茲基與齊布拉特如此解釋。相互包容之所以無比重要，原因在於人們如果將另一方視為對手而非死敵，彼此會更能夠接觸交往、以和平理性的方式協商。反過來說，如果將意見不同者視為危險的威脅，就更有可能為了阻擋對方而不擇手段。

雖然李維茲基與齊布拉特的著作聚焦於美國的政治環境，探討民主黨與共和黨的心態，但兩人的論點仍然讓我心有戚戚焉。政黨對政黨關係之外，政黨——尤其是執政黨——也必須將公民社會視為具正當性的利害關係人、民主社會的參與者，無論彼此的觀點與立場是多麼針鋒相對。只要不造成傷害、不鼓吹暴力與仇恨，異議與抗議必須被當成一個社會應對分歧不可或缺的部分。運動者應該被視為投注心力從事社區營造、推動社會進步、提升生活品質的人。

然而在新加坡，進行公民反抗的人會遭遇強烈敵意。有些成員被當局鎖定、遭到抹黑，不但不是新加坡具正當性的聲音，而且被含沙射影為欠缺忠誠、對國家形成威脅。人民行動黨政府拒絕承認異議與運動——包括挑戰政黨或國家權力的異議與運動——是一個社會正常且正當的面向，他們採取「我們」對抗「他們」的遊戲規則，將自家黑名單中的批評者描述為可疑、危險、具威脅性的人物。

無止境的圍困

「我們」對抗「他們」的遊戲在新加坡很容易上手，原因是人民受過調教，認定威脅無所不在。在新加坡成長的人會被耳提面命，我們發展超前但處境不穩；一個馬來半島末端的小島能夠成為主權獨立國家，簡直有如奇蹟。從教室上課到部長演說，都要不斷強調新加坡的成功不僅得來不易，而且隨時可能被奪走。我們也受到警告，種族與宗教紛爭、一九六〇年代印尼與印馬對抗（Konfrontasi）之類的鄰國敵意、[3]馬來西亞斷絕新加坡水源的可性[4]與經濟競爭對手，這些因素隨時都會下手「偷走我們的午餐」。[5]

這類說詞雖然能夠激勵民眾避免自滿、努力工作，但是不斷被挑起的脆弱性也可以用來要求服從與遵循。恐懼可以營造出一種危機感，讓政治人物藉機介入「解決」。單一的選項成為唯一的解方，而且大家必須同意才算是展現支持與團結。異議與分歧不但被認定為引起紛擾，而且是不受歡迎，甚至會造成危險。所有事情都化為二元對立：你不贊同我們就是反對我們。新加坡永遠受到圍困，沒有時間協調各方意見。

這種框架在新加坡的論述中屢見不鮮。關於種族與宗教事務的言論與表現必須受到嚴密監控（當然是由人民行動黨政府），才能夠避免國家陷入教派暴力衝突。《公共秩序法》必須施行，就算你只是在國家法院（State Courts）外面以十五秒時間擺姿勢拍照也一樣，[6]因為這麼做有可能破壞公共秩序。[7]我們不能提升勞工權益，或者引進國民生活工資（national living wage）之類的制度，因為這麼做會削弱新加坡的競爭優勢，讓我們從經濟成就的顛峰跌落。[8]我們的外匯儲備狀況不可告人，因為一旦公開會威脅我們經濟與金融的安定性。[9]我們現行的兵役體系不能被質疑或挑戰，因為那會讓我們無力招架武裝敵意行為。此外，當局還有一種值得引述的說法：如果新加坡人堅持政府部長與高階文官的薪水要打折扣，我們受到的「懲罰」恐怕會是換來一個成事不足、敗事有餘的無能政府，我們「再也無法團結新加坡」，導致「我們的女性」淪為「其他國家民眾的女傭」。[10]

這種搖搖晃晃站在懸崖頂端的感受，讓我們長時間處於焦慮之中，必須時時刻刻保持警覺，因為威脅可能在任何地方、於任何時間、以任何形態突然出現。當一國國民長期陷入這種心態，政治人物為了爭取支持會訴諸妖魔化、尋找代罪羔羊，對象是那些不符合要求、積極反抗當局計畫的人物、團體與社群。那些追求不同結果的運動者，被框定的形象不會是公民權利的行使者，而是破壞國家大計、損害公眾福祉的人。當一個強勢政黨自我定位為「公眾福祉」的保護者，那麼反對它或者批判它的人就可能被形容為心懷惡意，至少是動機可疑。這類敘事會有一個執政黨版的結論：「新加坡好國民」一定會認同與支持執政黨，挑戰與反對執政黨的人則是國家的威脅，背叛了新加坡的立國理念。

會見馬哈地……好戲連臺

事情的起點是一份好奇心和一個隨意的邀請：你想見馬哈地（Mahathir Mohamed）嗎？

二〇一八年的時候，我是「新敘述」的總編輯，追蹤馬來西亞第十四屆大選之前的政治情勢，編輯自由投稿者寄來的報導。我特別關注馬哈地的東山再起，他在總理任內多次主導馬來西亞的鎮壓行動，如今卻加入反對黨重返選戰。身為一個局外人，這樣的轉折完全出乎我的意料，而且似乎改造了他的形象：不再是一個威權獨裁者，而是一個言論犀利、不得不重出江湖以「拯救」國家的老人家。後來他真的再度出任總理，因為在野的希望聯盟（Pakatan Harapan）完成前所未有的壯舉，在大選中擊敗執政的國民陣線（Barisan Nasional）。

會見馬哈地的機會意外出現，我立刻把握。對於馬哈地這樣的人物，我不認為見一次面就可以認識他，但我還是想會一會他，或許還能提出一、兩個問題。

這場會面由馬來西亞運動者希山慕丁・萊益斯（Hishamuddin Rais，又名伊山〔Isham〕）安排，當時他正與新加坡前學運領袖、政治流亡者陳華彪（Tan Wah Piow）合作，籌備一場東南亞民主論壇。他們兩人之外，一起會見馬哈地的人還有覃炳鑫、劉敬賢、運動者范國瀚與我。會談持續了八十分鐘，地點是一間豪華的辦公室，四方形空間有三面放置做工精緻的軟墊椅子，直角排列，我們坐得有點彆扭。馬哈地穿著黑色西裝，藍色領帶，還佩戴名牌，彷彿在馬來西亞還有人不認識他。

我童年回憶中最早出現的政治議題之一，就與馬來西亞而非新加坡有關。一九九八年，我還在讀小學四年級，馬哈地罷黜時任副總理安華（Anwar Ibrahim）。不到一個月之後，安華遭到警方逮捕。馬來西亞的「烈火莫熄」（Reformasi）運動也在那一年爆發，我外公密切關注發展。我還記得第二年他開始上網，就是為了訂閱新上線的新聞網站《當今大馬》（Malaysiakini），隨時掌握「馬哈地到底對安華與馬來西亞做了什麼」。

一轉眼二十年過去，如今我與馬哈地面對面坐著。儘管事前滿懷期待，這場會談卻平平無奇，波瀾不興。馬哈地主導大部分談話，他似乎很習慣這麼做，別人只有聆聽的分。顯而易見的是，他仍然抱持那些非常有問題的觀點，沒有什麼長進。我們在椅子上坐立不安，他大談馬來人是如何懶惰、不誠實、不願意工作。當范國瀚談起英國殖民、帝國主義者剝削、對原住民的種族歧視刻板形象，馬哈地的回應基本上是東南亞原住民社群讓自己被白種人殖民，因為他們欠缺動力與主宰力。我問了一個關於馬來西亞

LGBTQ+平權的問題，但是完全感受不到馬哈地政府會關心如何保障這個社群的權益。在回答問題的時候，馬哈地承認他覺得兩個男人接吻很噁心。

會談結束，我們準備離開時，我第一個想法是，以年紀而論，馬哈地頭腦相當清楚，也很有活力，但這場會談就像與一位保守的種族歧視老爺爺喝茶聊天。

「真抱歉，我應該事先告訴你，他很恐同。」希山慕丁很不好意思地說道，我們在會議廳外面集合。

「沒關係，我知道。」我回答。

那天稍晚，我回到裝潢簡單的旅館房間，省思這一天發生的事，決定把自己的想法透過部落格發表。對於拜訪馬哈地一事，我無意祕而不宣，而且認為最好能夠公開我對整個過程的感想。

從我的部落格文章看得出來，我不是馬哈地的支持者，也不認為今日的馬來西亞是由一位「新馬哈地」治理，「儘管他聲稱自己力挺馬來西亞的民主——這種明確的說法人見人愛，但是馬哈地在許多方面並沒有改變。他仍舊抱持很有問題的觀點、頑固不化的立場，依照自己的方式看待事物。」[11]

那天下午的會談倒還是有一些特別的見解。馬哈地半開玩笑地說，他對希望聯盟在選戰中做出的一些承諾感到後悔，因為馬來西亞人民會要求兌現。我知道馬哈地雖然和以前一樣問題重重，但他畢竟是個徹頭徹尾的政治人物，對於選民的趨勢變化相當敏感。無論他自身抱持什麼樣的觀點，狡獪的馬哈地深知風向已經改變，他也必須見風轉舵，儘管目的可能只是戀棧權位且愈久愈好。情勢再清楚不過，如果所謂的「新馬來西亞」已經出現，功臣不會是某一個政治人物，而會是馬來西亞的人民，這是我這篇文章想傳遞的最重要訊息：

> 我與馬哈地的會面——出於好奇和純然的愛管閒事（kaypoh-ness）——並沒有帶來任何天搖地動的揭露或者驚心動魄的領悟，唯一的作用就是強化我的想法：我們不能倚賴任何單一的個人來為一個國家「拯救民主」或者帶來持久且具有意義的改革。民主並不是一種可以獲取的商品，而是一項不斷進行的計畫，一份我們每一個人都要百折不撓、奮力實現的目標。[12]

後來這場會面被扭曲到完全失去原貌，讀者可以想像我有多麼驚訝。

二〇一八年九月一日，人民行動黨國會議員、網路蓄意假消息特選委員會委員謝健平（Seah Kian Peng，譯注：後來升任國會議長）在個人臉書網頁貼文聲稱，覃炳鑫、劉敬賢、范國瀚與我邀請馬哈地「將民主帶到新加坡」。[13]他特別提及覃炳鑫的兩則社群媒體貼文：一則是一張照片，他送馬哈地一本自己共同主編的《在新加坡與神話共處》，圖說的文字敦促這位馬來西亞總理「帶領東南亞追求民主、人權、言論自由與資訊自由」。[14]

覃炳鑫另一則貼文是在八月三十一日貼出，祝福馬來西亞人民「獨立日快樂」（Selamat Hari Merdeka），並表示那一天也是新加坡的「非官方的獨立日」。[15]謝健平根據這兩則貼文提出指控：我們要求一位外國領導人干預新加坡的國內政治，覃炳鑫倡議新加坡應該成為馬來西亞的一部分。

「覃炳鑫顯然不想祝新加坡快樂；韓俐穎、范國瀚、劉敬賢會與此人掛鉤，這一點相當有趣。」謝健平寫道。他在自己的貼文末段更進一步，引述新加坡第一任律政部部長巴克（E. W. Barker）的話：「絕不容許外國代理人煽惑人心的言行得逞。」

這則貼文在網路引發強烈反應，謝健平並沒有直接使用「叛國」或「叛徒」等字眼，但其中的訊息顯然是為網路酸民與執政黨死忠支持者量身訂作的「狗哨」。親人民行動黨的酸民網頁製作各種迷因，火上澆油。主流媒體也乖乖入列，對更廣大的閱聽人發起抹黑行動。社群媒體上的貼文與留言指稱我們是做出「叛國行為」的「叛徒」、「人渣」。有人呼籲要懲罰我們，方式從囚禁到絞刑不一而足。謝健平在九月三日追加一則貼文，呼籲各方保持風度，但無濟於事，也為時已晚。[16]

一則特別令人寒心的留言附了一張拼貼圖，取材自二戰結束時的老照片，一些被指控曾與德國占領軍官兵交往的法國女性，被民眾強迫剃光頭髮；還有一些圖像是人們被綁在木樁上、遭到射殺，原因應該也是勾結德國人。「不知道她被公開剃光頭是什麼樣子，就像二戰時期那些法國的通敵者，」留言者寫道：「噢，還有，為男人留一些頭髮吧。」當時出現各式各樣莫名其妙的貼文，陌生人憤怒的留言與標籤有如雪崩一般湧來，但那則留言與照片讓我耿耿於懷。

大家常說，你在社群媒體上看到的東西當不得真，也別以為那些東西可以代表廣大人群的想法。從理智層面來看確實如此，但是在心理與情感的層面要保持冷靜並非易事。你的訊息通知響個不停；陌生人在你的社群媒體貼文下方留言；原本與你無關的臉書頁面毀謗你，還用標籤提醒你觀看；這時你會感覺好像每個人都在談論你，而且談論的方式讓你難以消受。在留言最密集的那段時期，我搭乘大眾運輸工具或者走在路上，都會心想自己會不會被人認出來，旁邊的乘客會不會正在手機上閱讀關於我的錯誤資訊，會不會認定我是個應該被警方監控或逮捕的叛徒、麻煩製造者。儘管我知道遭遇肢體暴力的風險並不高，但還是忍不住會想到，只要有一個人決定自行採取行動，我就可能陷入危險。

世界各地的許多記者與運動者，都有過類似的經驗，女性尤其容易受害。政治人物、政黨與其追隨者深知散布恐懼與抹黑侮蔑會帶來什麼樣的好處——這些策略讓他們能夠動員基本盤、毀謗或孤立對手，嚇阻其他人挺身而出。許多我的同儕與同事是在別的環境下工作，遭遇要比我惡劣得多。我曾經是無數敵意留言的攻擊目標，但是不曾遇過確切的死亡威脅，不曾躲進安全藏身處，不曾生活在自身與親友岌岌可危的恐懼之中。

儘管如此，當網路群眾朝你蜂湧而來，這種體認幫不了什麼忙。

一發不可收拾

我沒有想到會見馬哈地的效應會如此快速引發錯誤資訊與莫須有的指控，儘管如此，我還是有預感，光只是新加坡公民社會與馬哈地會面，就足以惹惱人民行動黨。但如果是其他的狀況，有時很難預判什麼狀況會一發不可收拾，升級為荒唐可笑的偏執妄想與胡亂指控。

二〇一九年九月有消息傳出，耶魯－新加坡國立大學學院（Yale-NUS College）預訂在兩星期後展開的工作坊「新加坡的對話與異議」（Dialogue and Dissent in Singapore）遭到校方取消。[17]工作坊的策展人亞非言是詩人與劇作家，長期以批判態度來處理新加坡的歷史與政治。為了呈現工作坊的主題，他邀請幾位公民社會成員擔任不同活動的主講人或策劃者。同一年，我為「新敘述」籌辦每個月一次的「民主教室」，這是一個讓大家談論新加坡時事與政治議題的空間。亞非言問我是否能幫為期一週的工作坊策劃類似的活動，幾位運動者、學者與藝術家如范國瀚、覃炳鑫等人也受邀參與工作坊其他的活動。亞非言還計劃到新加坡異議運動的關鍵地標「演說者角落」一遊。

取消工作坊的消息讓人相當失望，因為整體而言，耶魯－新加坡國立大學學院對公民社會敞開大門，讓他們能夠與學生見面互動。然而該校並非首例，過去就曾有運動者先是受邀到學校或大學演講，然後邀請被收回。一如以往，最重要的問題是工作坊被取消的過程。是誰決定採取行動？有政府官員進行干預嗎？耶魯－新加坡國立大學學院是否接到某種「警告」？或者起因是大學主管臨陣退縮？整起事件上升到哪一個行政層級？

取消事件引發一些爭議，耶魯大學指派耶魯－新加坡國立大學學院首任校長路易斯（Pericles Lewis）返回新加坡，進行調查。後來路易斯與校方都聲稱新加坡政府並未進行干預，取消工作坊的決定並不構成「打壓校園學術自由」。[18]

對於這樣的結果我心存懷疑，但並不期待事件會有進一步的發展。就算再怎麼不滿，也只能繼續前進。

取消事件既非駭人聽聞，也無關全國性重大議題，但由於某些我並不全然理解的原因，它持續引發猜測與質疑，特別是在親人民行動黨的社群媒體網頁上。工作坊被人與香港的政治動亂連結，當時香港示威者走上街頭，要求普選，試圖抗拒中國共產黨擴張勢力，挽回香港公民自由的衰微。示威者遭遇國家暴力，事態快速升高。對於這座許多新加坡人曾經造訪的城市，我們從遠處旁觀，大感驚愕，只見戴著頭盔的黑衣人出沒、街頭處處火光與催淚瓦斯。

亞非言的規畫包括一部描述香港民主運動者黃之鋒（Joshua Wong）的紀錄片，但其實這個工作坊與香港示威抗議沒有多少關聯。說工作坊是要鼓勵大家在新加坡採取類似行動更是十分牽強。然而親人民行動黨的臉書頁面散播的影片、迷因與貼文，正是以這種觀點來扭曲工作坊。

一部影片聲稱工作坊參與者包括「令人厭惡的個人與組織」，意指覃炳鑫、范國瀚、我與「新敘述」，而且「目的是鼓吹公民不服從……藉由引發混亂來伸張個人觀點」。[19]這些文字搭配世界其他地區大規模暴力示威的圖像，包括一張搶眼的照片：一部四輪朝天的汽車陷入火海。影片還宣稱「工作坊頌揚非法示威活動，甚至頌揚暴力」，並展示一張香港示威者闖入立法會大樓的照片。

這類歇斯底里情緒並不限於社群媒體或者親執政黨的匿名帳號。前人民行動黨國會議員吳俊剛（Goh Choon Kang）投書新加坡中文大報《聯合早報》（後來翻譯為英文由《海峽時報》轉載），對耶魯–新加坡國立大學學院取消工作坊如釋重負，認為「學院當局能及時把它給攔下來，也算是僥倖了」。[20]他還表示「這也說明，辦人文教育是有風險的，特別是外來影響乘機而入的風險」，並且毫無憑據地宣稱香港示威抗議是「外國勢力操縱和支援的結果」，他也質疑工作坊為何要播放黃之鋒與中國異議藝術家艾未未的紀錄片。

這篇投書一路挺進陰謀論的世界，吳俊剛堅稱：「新加坡可不是另一個香港，我們不需要顏色革命，這裡也根本沒有鬧顏色革命的社會條件。」（《海峽時報》的網路版文章特別以抬升式引用〔pull-quote〕凸顯這段話）。他點名幾個出資機構構成威脅，包括索羅斯的開放社會基金會，「在其他國家藉推動民主與人權之名，從事顛覆性與破壞性的活動。」他也提到「新敘述」的母公司接受開放社會基金會資助，「簡單說，新加坡早已被搞顏色革命的人盯上了，我們豈可掉以輕心！」

現任人民行動黨國會議員也加入戰局。國會議長陳川仁（Tan Chuan-Jin，譯注：二○二三年在一連串醜聞中被迫辭職）在臉書討論耶魯－新加坡國立大學學院取消工作坊事件，寫道：「有鑑於香港和其他地區的事態發展，難道我們希望新加坡走上這條路嗎？這是我們追求未來需要的人文教育嗎？」[21]執政黨似乎非常執迷於香港會「傳染」新加坡這樣的想法，根據《金融時報》（*Financial Times*）一篇報導，一名高階官員透露，人民行動黨政府「非常擔心與香港示威抗議類似的事件會發生在新加坡」。[22]

這樣的恐懼毫無根據。沒有任何跡象顯示新加坡任何一個運動者或是組織會嘗試發起類似的大規模街頭示威抗議。我們之中有許多人密切關注香港民主運動的發展，並且表示支持立場；但是我們無意在新加坡採用或複製香港的做法。兩地的背景環境大不相同：香港民眾愈來愈絕望、憤怒，不僅因為威權主義在香港大行其道，也是因為他們無法參與自家的選舉、選擇自己的領導人；相較之下，新加坡實行普選，民眾如果對政治現狀不滿，結論往往是「好吧，下一回投票投給反對黨就好了」。儘管我們的民主在許多方面問題重重，新加坡人還是能夠透過選票表達意志，但香港人做不到。

省思那些將耶魯－新加坡國立大學學院工作坊與香港掛鉤的留言，我無法確定那些政治人物是真的擔心香港型態的示威抗議在新加坡街頭爆發，還是用心惡毒藉由那種敘事來將批評者醜化為社會與公共秩序的威脅。如果是前者，那代表政治人物與現實狀況嚴重脫節；如果是後者，那代表他們願意運用權力對批評者進行用心惡毒的攻擊。

人身攻擊持續進行。工作坊遭取消一事在國會被提起，時任教育部部長的王乙康聲稱政府支持校方決定，並且斷章取義引述亞非言一九九八年的一首詩作〈新加坡，你不是我的國家〉（Singapore You Are Not My Country），[23] 並提及他先前關於馬來西亞與政治運動的評論。王乙康基本上就是含沙射影，指稱亞非言的「思考」與「態度」都是反新加坡。[24] 他還進一步將政府對於此一工作坊的反對，比擬為美國大學不會開設聖戰主義者（jihadists）設計、有暴力色彩的課程；或者法國與德國的大學不會開設「納粹思想是好事」的課程——也就是將受邀參與耶魯－新加坡國立大學學院工作坊的運動者比擬為極端分子跟法西斯主義者！

直到今日，我仍然無法完全理解這個現象。執政黨會贊成取消「對話與異議」工作坊，這一點也不意外；然而他們對於亞非言的人格謀殺不可理喻。他們表明質疑工作坊的立場就已足夠，為什麼還要將策展人和預定參與者妖魔化？一連串風波都只為了一場只進行一星期、為少數學生舉辦的工作坊，從這裡可以看出來，只要某種大範圍的政治敘事有其需要，你很快就會被鎖定為打擊目標。

承受者實錄

大約就在藉由會見馬哈地事件刻意營造的憤怒達到最高點時，我坐在一個共用工作空間的桌子前方，看著筆電螢幕上一份Word文件，可能是我交稿時限已到的一篇文章，可能是某位自由投稿者等待我編輯的一篇作品。然而我對那些文字視而不見，心裡想的是背景運作的瀏覽器打開的臉書分頁。我知道自己一旦切換視窗會看到什麼：小小的紅色標幟，以白色細小數字標明通知的次數，顯示在我忙別的事情的短暫時間中，又有許多人在貼文下面留言，或者用貼文標注我。

「不要看，」我腦海響起一個理性的聲音，「沒有什麼值得看的，留言的只是一些網路酸民，不要理會他們，你還有正事要做。」

但是我知道自己一定會看，也果真看了。等到一天結束，我也只做了這件事；真正的工作則堆積如山，進度少得可憐。

面對網路騷擾，理性的回應方式是嗤之以鼻，繼續做自己的事。畢竟，大部分的留言者都是陌生人，甚至常常未必是真人。相關的指控甚囂塵上，但是永遠無法證實，因為這些指控荒唐無稽，而且根本沒有什麼事要證明。人們只是歇斯底里，反而疏忽了更為重要的議題。

雖然這種想法合情合理，但我的經驗顯示，它只在理論上可行。事情真正發生的時候，要阻絕雜訊實在知易行難。我在飽受騷擾的幾段期間（上文也有描述），心裡知道社群媒體上的東西一文不值，留言會造成傷害、讓人憤怒，根本是胡說八道。然而我的注意力卻無法集中在別的事物上，就算我把瀏覽器的社群媒體分頁關閉，還是會想到眾人正在對我品頭論足，以很不客氣的方式談論我。

所幸線上的騷擾行為並沒有蔓延到線下，我在公眾場所大體上還覺得安全。然而我還有另一種怪異的感受，彷彿自己帶有輻射性——儘管無意如此，但我仍然招惹惡名，讓人對我有所提防，與我保持距離，猶豫是否要和我產生關聯。二〇二三年六月我走訪臺灣，讓我體會到自己這種想法已經根深柢固。我的臺灣朋友拍攝合照之後立刻上傳Instagram發布，這讓我感到訝異，因為我已經養成習慣，發布團體照之前要三思，認識的人或朋友可能會要求照片不要出現在社群媒體，以免招惹麻煩。我一直拿這件事來開玩笑，因為那是應對荒謬現實最容易的方式。但其實我並不覺得有趣——大家必須擔心自己如果被認定與我走得太近，可能會受到負面影響；某些非新加坡籍的朋友則是承認，他們在更新簽證時為求安全起見而與我保持距離。這是極度的不公平，人們不應該因為彼此產生關聯而惶惶不可終日。我也不應該只因為自己從事的運動與抱持的政治觀點而背負如此破損、可怕的名聲。

除此之外，還有一些其他的效應。我可以非常頑固、百折不撓，但是我做不到對外界批評無動於衷。當我感覺到有那麼多人在批判我本人與我的行為，我會開始懷疑自己是不是真的做錯了什麼；又或者我沒有把自己的事情講清楚說明白，使得別人誤解其實是我咎由自取？雖然我知道抹黑挑戰者是人民行動黨的慣用伎倆，但是大權在握的部長會如此鎖定民眾，感覺還是非常怪異，也讓我開始懷疑自己是否讓對方抓到把柄，藉以扭曲我的運動與宣示，我沒有好好解決這個溝通不良的狀況。

失去自信會讓人癱瘓，陷入泥淖，質疑自己的每一個念頭、行動與直覺。焦慮感源源不絕，因為你不確定自身是不是問題所在。抹黑行動與網路騷擾之所以效力強大，原因在於它們能夠透過所謂的「煤氣燈效應」(gaslighting)，從心理層面操控人，讓人產生上述的感受。

雪上加霜的是，新加坡社會慣於責備受害者，最典型的是責備性侵與性騷擾的受害者，但政治壓迫者也有同樣遭遇。在性暴力的案例中，受害者－倖存者的行為會被剖析、被質疑，但是加害人的掠奪性行為——運用「男生就是男生」之類的說法——則被視為自然而然。政治壓迫的案例如出一轍，人們很容易認定執政黨可以、也會行使權力來鎖定批評者與反對者，並將焦點放在被鎖定者可以做什麼選擇。會見馬哈地風波鬧大之後，許多人的反應不是譴責人民行動黨捏造無憑無據的指控，而是「你們為什麼要去見馬哈地？你們應該知道會發生什麼事」。你們應該知道。每當運動者的工作引發負面效應，就會遇到這樣的反應。你們應該知道政府會把你們列入黑名單，警方會展開調查，檢察官會起訴。你們應該知道他們會鎖定你們。

「你們應該知道」其實也就意指受害者自作自受。一而再、再而三聽到這樣的說法，讓我開始懷疑異口同聲的指責也許有其道理。

絕地反擊，寡不敵眾

二〇一八年三月，我到國會大廈出席「網路蓄意假消息特選委員會」聽證會，表明反對針對「假新聞」另立新法，但徒勞無功。一天之後，國會的網站上發布了一份會議摘要。[25]我看過之後嚇壞了，我的發言遭到錯誤解讀與扭曲，我成了一個心態極端、不可理喻的人。我寫了一封信向委員會申訴，要求更正摘要內容。[26]

然而儘管我在信中詳細描述會議摘要的每一個問題，並且附上逐字稿節錄佐證，但還是難以促成改變。我不斷回去審視摘要，重看自己在聽證會上的影片，檢視自己的發言，確認自己的表達條理清晰。我將影片寄給朋友，問他們是否瞭解我想對委員會表達的意見。我甚至聯絡一位並不認識、但負責報導聽證會的記者，問他是否認為摘要做了準確的紀錄。透過自我與他人尋求證實，讓我耗費了大量的時間以及心理與情感的能量，情況正如同面對一波接一波的網路騷擾。

這些經驗在我身上留下印記。多年前我曾經自豪地說，我寫作時絕不會自我檢查，但是今天的我知道自己會這麼做。自我檢查不但影響我的工作，也影響一系列的選擇——從我在社群媒體的貼文，到我如何回應特定的經驗。有時候我痛苦地覺察到，我會淡化處理自己真正想說的事情，選擇退讓而非奮戰，就算滿懷挫折感也還是保持沉默。主要的嚇阻力量不是警方調查、起訴甚至囚禁的風險，而是如潮水般湧來的騷擾與扭曲。我最後選擇自我節制，因為僅只是想像自己可能面對的惡意攻擊，就足以讓我心神不寧，我實在沒有力氣與耐性來應付這些事情。

對我來說最挫折的事情在於，一方面要承受不公不義，一方面知道無法進行究責。那些網路留言再怎麼無憑無據、過火離譜、惡形惡狀，我能做的卻很有限。執政黨與其支持者不必為他們空穴來風的指控與影射負責，因為他們掌握了權力、資源與平臺。無論我回應、澄清、申訴多少次，他們仍然堅稱自家的指控站得住腳、不需修正，在地媒體也克盡職責，幫忙擴散他們的觀點。社群媒體上面親人民行動黨的酸民網頁大肆糟蹋我的名聲，不必擔心任何實質後果；面對自家最死忠的支持者，執政黨不會苛責。在這場爭取公眾關注的戰役中，我寡不敵眾。

當抹黑行動與攻擊詆毀發生時，我們這些受害者有何選擇？當我被誣指做出叛國行為，朋友與相識者建議我提起誹謗罪訴訟，絕不能讓那些人逍遙法外。我同意他們的看法，然而法律訴訟並非兒戲。首先，打官司非常花錢，大部分運動者沒有什麼財力，我當然也沒有。

此外還要顧慮時間、精力、情緒負擔、風險攀升的問題。一場受矚目的誹謗官司訴訟——如果被告是人民行動黨成員，肯定備受矚目——可能會激起更嚴重的網路騷擾，占據更多心思，在此同時還得進行一場毫無把握的官司。這樣的做法恐怕會導致不必要的公眾關注、浪費寶貴時間、引發財務危機。我相信對大多數人而言，承認這種做法並不務實並非怯懦。

除了保持冷靜、繼續努力之外，我幾乎無技可施。我提醒自己必須堂堂正正行事——臨危不亂，做出清晰而有尊嚴的陳述，表現出最恰當的行為，因為新加坡人對於掌權者特別寬容，卻會以高標準要求運動者。我的任何錯誤或者疏忽都會被有心人士拿來對付我，當成理由為相關議題進行辯解、尋找藉口，或者轉移注意力。我一旦崩潰，只會為批評、羞辱與怪罪的行為煽風點火。

被鎖定為打擊對象的代價要長期支付。對於抹黑行動釋放的毒素，我的解釋與聲明一直無法完全解毒。那些誹謗侮蔑可能會糾纏我一輩子，甚至要更久之後才會消失。

謝健平指控我與朋友邀請馬哈地干預新加坡國內政治，是好幾年前的事。我們已經做出回應，指出他的說法純屬虛構。我們甚至寄出幾封申訴信，收件人是人民行動黨的領導人李顯龍，以及謝健平擔任委員的網路蓄意假消息特選委員會。其他人也聲援我們，批駁謝健平的說法，指出他根本毫無憑據。儘管如此，我仍然會看到有人說我是「馬哈地支持者」，謊稱我尋求外國勢力干預，指控我接受外國經費來傷害新加坡。許多內容生產者或有意或無意，持續散播這種虛假的說法。二〇二二年初，一個討論俄羅斯入侵烏克蘭的新加坡播客（podcast）在快結束時，提到我們與馬哈地的會面。他們無憑無據指稱我們飛往馬來西亞向馬哈地獻策，表示新加坡人希望從自家的政府「被解放」，期盼馬哈地扮演救世主。他們說：「各位能夠想像新加坡人為了政治目的，對自己的國家做出這種事嗎？」[27]當我向播客製作人抗議並詢問他們是否做過事實查核，對方回答他們的資訊是「擷取」自《海峽時報》一篇文章引述的尚穆根說法，因此不需要進一步的查證。那位製作人提議他們會貼出一則啟示，附上我的部落格文章連結——在他們看來，這就代表公平與均衡報導。其實這是一種虛假的對等，但我也只能要求到這個地步。

我不知道未來會有多少人看到我的部落格文章或者社群媒體回應，我只知道未來的學生、研究人員與歷史學者在搜尋主流媒體報紙檔案時，會讀到政府說我拿了索羅斯的錢來幫助他在新加坡搞政治活動，或是我邀請馬哈地干預自己國家的政治事務；他們會知道這些指控虛假不實嗎？還是這些人民行動黨的抹黑誣蔑會陰魂不散，甚至到我死後依然如故？

當酸民找上門來，他們可是無所顧忌。任何事都會成為攻擊目標，從你的政治意見、配偶到你的體重與外貌——尤其如果你是女性。你的時間、注意力與精力會被消耗殆盡；你原本可以利用這些時間來工作、娛樂或休息。關心你的家人心情也會大受影響，他們甚至會因為自己與被攻擊目標朝夕相處而感到焦慮和恐懼。你會身心俱疲，你原本就負荷過重、疲憊倦怠、擔心自己的努力根本無法產生影響，如今還得承受更多的打擊，知道許多人在網路空間詛咒你。你的同胞對你的辛勤工作不當一回事，不僅如此，你還會感受到他們處心積慮對付你、要你閉嘴坐下。有時候你會心想，也許自己真的應該閉嘴坐下。

被迫與新加坡警方約會

線上騷擾之外，線下衝擊也少不了。二〇二二年六月中旬，我受到德國大使館邀請，參加一場為德國總統訪問新加坡舉行的歡迎會，並且預訂和史坦邁爾（Frank-Walter Steinmeier）總統以及一小群人共進早餐，討論性別平權議題，時間就在歡迎會過後翌日。歡迎會當天晚上，我笨拙地踩著一雙華麗的高跟鞋，來到富麗敦海灣酒店開闊的宴會廳，與兩位德國大使館人員閒話家常。這時我的手機響起，來自一個陌生的號碼。我接起電話，一位女士自稱是勿洛警署（Bedok Police Division）的調查員，問我何時回家，顯示她若不是現在就站在我家門口，就是剛剛才去過。她說有一份信函要當面送交給我。又是一個超現實的場景。德國總統正在與企業領導人、社會名流握手寒暄，一位人民行動黨的部長四處遊走；我身穿自己最體面的衣服、最磨腳的鞋子，站在大廳中，接到電話通知：我要被迫接受一項完全是在浪費時間的調查。

我有足夠的線索來拼湊事件全貌。那名警員自稱來自勿洛警署，也就是距離樟宜監獄最近的警署，因此警方很可能是在調查我在監獄外面參與的活動。二〇一七年也發生過類似狀況，我和九位運動者接受勿洛警署偵訊，理由是我們在馬來西亞青年普拉巴嘉蘭・斯里維嘉揚（Prabagaran Srivijayan）因為販運毒品而遭絞刑處決的前夕，在監獄外面為他舉行燭光守夜。

我還能猜到這回是什麼事件引發警方興趣。二〇二二年三月二十九日晚上，我和三位朋友坐在樟宜監獄外面的人行道上，拿著有淡淡香味的茶燈蠟燭（tea lights），有時低聲交談，有時沉默不語。隔天凌晨六點，卡哈爾將被絞死，新加坡兩年來第一次執行死刑。

幾天之前，我在卡哈爾的弟弟穆塔里布（Mutalib）舒適的家中和他見面，我們面對面坐著，他談起兄弟倆貧困的童年，卡哈爾一生難以掙脫毒癮，出獄後面對早已拋下他的世界不知何去何從。我曾經寫過卡哈爾的故事，發表在變革正義公社的網站上，並且透過我的新聞電子信發送。[28]我們期望也祈禱奇蹟會出現，讓卡哈爾逃過死劫。但祈禱沒有得到回應。那天晚上，我盤腿坐在龐大監獄外面的人行道上，心裡想的並不是示威抗議，而是卡哈爾在等待處決的最後幾個小時有何感受，是那些我寫過也為之奔走過、已經逝去的生命。那天晚上，我覺得自己一定要來到樟宜監獄外面，因為卡哈爾與所有被絞刑處決的死刑犯，都應該要被大家知道。我很慶幸有朋友與我同行。

監獄周遭沒有什麼動靜，對街的公寓有一排樹木阻擋著，超市早已打烊，加油站不見顧客，我們四個人沒有干擾到任何人；如果我們決定要高舉標語牌，也不會有任何旁觀者。儘管如此，大約四十分鐘過後，一輛民防部隊（Civil Defence Force）的車子開過來，一群消防員全副裝備上身，準備採取行動。他們看到我們圍成一圈坐著，似乎相當困惑。他們接獲通報說監獄外面有人縱火，卻發現所謂的「火」只是芳療茶燈蠟燭的小小燭焰；他們沒有什麼狀況可以處置，只能很有禮貌地請我們不要點燃明火。就在此時，多名警察出現。

當時我們已經準備離開，吹熄蠟燭，清理茶燈，丟進鄰近巴士站的垃圾箱。然而警方不打算放過我們，我看到一名警員伸手進垃圾箱，拿出蠟燭，可能是要當成「證物」扣押。警員對我們做了短暫的偵訊，記下我們的姓名，然後才讓我們離開。

一個月之後，我們之中有幾個人重返樟宜監獄，這回是為了聲援另一位即將被處決的死刑犯納加德蘭．達馬林甘（Nagaenthran K Dharmalingam）。與卡哈爾案相比，這回我們投入更多的努力，因為我們有更充裕的時間。當局原本訂於二〇二一年十一月處決納加德蘭，但後來因為一連串的事件而暫緩執行。監獄人員發現他感染新冠肺炎，病情嚴重到無法被處死。而且本案情節有更多的疑慮，納加德蘭的智商只有六十九，遠低於一般人的平均值一〇〇，而且他被診斷出罹患注意力缺陷過動症（ADHD），腦部執行功能也受損。國際人權專家與組織紛紛發布聲明與呼籲，請求新加坡政府不要處決一個有心理社會障礙的人。[29]數以百計的新加坡人在芳林公園集會抗議死刑，呼籲放過納加德蘭與其他死刑犯。[30]然而政府充耳不聞。納加德蘭被處決前兩個晚上，我們四個人聚集在監獄大門之前，手持電子茶燈蠟燭與標語牌拍照，標語牌上寫著「終結壓迫，不要終結生命」。我們拍照之後隨即離開，整個過程感覺只花了幾分鐘時間，事後並在社群媒體發布照片。那天晚上，我再一次想到那些被奪走的生命，想到我多少次抗議新加坡的死刑體制，想到我不知還要再抗議多少次才能夠讓新加坡停止絞死人們。

勿洛警署在二〇二二年六月傳喚我接受偵訊，為的就是這兩樁事情。那天晚上我參加德國大使館的歡迎會，警方到我家找不到人，因此第二天再試一次，打電話問我人在哪裡。我告訴警員我在實龍崗（Serangoon）地鐵站附近辦事情，他們前去當地會見我，要地鐵員工把我帶到一個獨立的房間，交給我一張書面通知，要求我自行到警署接受「訪談」。

警方「訪談」就是偵訊，就等你說溜嘴，露出把柄；如果檢察官決定起訴你，就可以拿來在法庭上對付你。在新加坡，接受偵訊時不得要求法律顧問在場陪伴。你會被帶進警署一間平平無奇的小房間，坐在一張空蕩蕩的桌子前方，面對一或兩名負責做筆錄的警員。警員從一部筆電唸出問題，打字記錄你的回答。由於法律並未規定要逐字逐句記錄，因此警員經常會改寫你的回答，結果這份筆錄可能完全不像你會說的話。結束時你要將筆錄看過一遍，找出語法錯誤或者任何可能曲解你原意的細節，無論是刻意抑或無意。然後你可以要求更正或改寫，但只要你在筆錄上簽名，就代表你認定它的真實性，如果案情持續升高，未來可由檢方在法庭上提出。就我個人經驗而言，警方提出的問題相當平常——你為什麼去那個地方？你如何抵達？用Grab叫車還是搭乘大眾運輸工具？你跟誰一起？你有申請許可嗎？然而你必須全神貫注、保持警覺，因此整個過程會非常無聊且累人。

偵訊最糟糕的部分不在於盤問的過程。待在警署的時間大約是二到三個小時，然而從事前到事後，你會浪費大量的時間與精力。法律賦予警方廣泛的權力來要求資訊、搜索、查扣，許多犯行——包括《公共秩序法》定義的犯行——都被劃歸「可予以逮捕」，意思就是警方不需逮捕令就能動手。二〇一六年，公民社會大受震撼，我們的兩位朋友張素蘭與鄞義林遭到調查，他們在臉書的發文被指控是未獲允許的選舉廣告。他們不僅被偵訊了數個小時，而且被警方帶回家中進行搜索，查扣電子裝置。如今這種做法已成常態。運動者一旦被警方傳喚調查，都要做好至少手機會被查扣的心理準備。這會引發嚴重的隱私權與數位安全問題；也讓我們在警方偵訊還沒到來之前，就要擔心自己會有何遭遇。

大部分新加坡民眾可能都將警察視為守護者，但運動者和記者與眾不同。我們在致力於某些議題的時候，可能會接觸被執法單位視為具威脅性的人。這並不意謂他們是逍遙法外的罪犯，他們可能只是處境危殆；或者先前曾被警方恐嚇與騷擾，而不是照顧或保護。有些人會擔心警方成為一種工具，幫助更大規模的國家或政府機構對付他們。性工作者、移工、更生人、各行各業的吹哨者都有充分的理由，不想讓當局知道他們的身分，盡可能避免與警方打交道。當這些人與運動者以及記者對談，將自己的經驗提供給我們寫成報導和故事，他們信賴我們不會未經同意就透露他們的身分，而且會採取行動盡可能保密。對於這些休戚與共的人，我們有責任至少不要造成更大的傷害。

警方一旦拿到我們的手機與筆電，我們無法知道他們到底會幹什麼勾當。「別擔心，我們會依照相關規定，以正當方式處理你的裝置。」一位負責調查的警官曾經一面跟我說，一面拿走我的手機。然而這種模糊的保證並不意謂手機從我眼前消失之後，我還能夠知道警方做了什麼。對於那些同意以匿名身分與我對話的人，我無法心安理得告訴他們：「警察拿走我的手機，上面有我們的對話紀錄，但是別擔心，他們保證不會濫用權力。」

正因如此，準備接受警方偵訊的時候，我必須將自己的「數位衛生」（digital hygiene）與資料安全措施徹底檢查一遍：更改密碼、清除社群媒體平臺與通訊應用程式的聊天紀錄、決定要退出哪個群組。我還必須將所有資料備分。這樣一旦手機遭到查扣，我還是可以使用備用裝置，將工作的中斷降到最低。

一如我的預期，當我進入勿洛警署接受偵訊，手機就被查扣。我詢問能否留下

ＳＩＭ卡，因為換新ＳＩＭ卡很麻煩，如果換新門號更是得逐一通知親友同事。調查警員走出偵訊室，向某人（我不知道是誰）請示我的要求。他回來後表示我可以留下ＳＩＭ卡，但是必須交出我的社群媒體帳號密碼，並且在接受調查期間不得登入這些帳號。

「這次調查會持續多久？」我問。

「我們無法告訴你。」警員回答。

我從先前的經驗得知，就算是無足輕重的調查也有可能拖上幾個月。無論如何，重點不是我多久不能使用這些帳號，更為迫切的問題是我交出這些帳號任憑處置。雖然我使用推特、臉書與Instagram經常是在浪費時間——漫不經心的捲動、迷因、貓咪圖片、韓國流行音樂影片，但還是會用在工作上。有時候大家會透過這些平臺聯絡我，有些人可能想問我對一些問題的意見，有時候平臺上的對話會激發我追逐下一個故事。當我和人在社群媒體上接觸，默契是未經對方同意就不會透露他們的身分以及我們的談話內容。身為一位記者，我會全力保護自己的消息來源。這不僅是基本的職業道德，也是一個簡單的邏輯：如果大家無法信賴我能夠確保當局不會發現他們的身分，他們就不會與我交談，我的工作將很難進行。

我告訴調查警員我無法交出密碼，他警告我不合作將形同妨害調查，可能讓我罪加一等。依據《刑事訴訟法典》第三十九（三）條，最重的處罰會是五千新加坡元罰金、六個月徒刑，有可能兩者併罰。我詢問是否可以尋求法律諮詢，警員表示我可以在偵訊過後找一位律師，如此一來我的提問根本毫無意義。我衡量自己的選擇，心裡明白根本沒有什麼好考慮的。這件事沒有協商談判的餘地，我不能交出密碼。後來警方又追加一份筆錄，記錄我的拒絕配合。一直到寫作本書的時候，我都還不知道這樣的拒絕會有何後果。

這還不是偵訊過程出現的唯一問題。我到勿洛警署時穿的T恤，和四月在樟宜監獄外面拍照時穿的是同一件。我的朋友與變革正義公社同事賀文剛（Rocky Howe）在隔壁房間接受偵訊，罪名同樣是「非法集會」，穿同樣一件反死刑T恤。當天早上，我們先在警署對面的小販中心碰面，共進早餐，然後在約定的時間走進警署。「訪談」進行了一段時間，警員告訴我，穿著反死刑標語T恤走進警署可能構成「非法遊行」，因此警方必須查扣我們兩個人的T恤。我不得不打電話給正在接待區等候的張素蘭，請她幫我們買襯衫替換。當時除非我脫下T恤交給警察，否則不得離開警署。

張素蘭買回來的新襯衫被送進偵訊室，調查警員陪我走到洗手間換衣服。我交出那件反死刑T恤，警員將它密封在一個透明的證物袋之中，簽名並寫明日期。接下來的幾個小時，我在心裡反覆回想這幾幕場景，試圖體認這是確確實實發生過的事。看似一場徹頭徹尾的鬧劇，但我多多少少也能夠理解，這顯示了權力在新加坡可以運作到什麼程度。《海峽時報》在接下來的那個星期一報導，總檢察署對警方表示，穿著反死刑T恤進警署並不構成「非法遊行」。我們和其他人一樣，是從主流媒體的報導得知這項裁決，警方根本懶得告知我們。

那天發生的每一件事情，都不會讓我對自己的工作打退堂鼓，也完全無法促使我放棄反對死刑運動。然而偵訊過後隔天晚上，我檢視自己智慧型手表的健身追蹤器，它恭喜我完成了四百分鐘的運動——計算根據是過去一天我心搏加速的狀況。我就寢時頭痛欲裂，感覺就像是血液拍打著腦門。要將堅決與鎮靜表現出來相當容易，但是要對自己的身體說謊可就難上加難。有時我會好奇，從焦慮的夢境到疲憊引發的疾病與過勞，如果我認真衡量當局騷擾造成的心理與生理衝擊，不知道會發現什麼結果。

他們何必在意？

歷史學者與記者安・愛波邦（Anne Applebaum）在《民主暮光：威權主義的魅惑》（*Twilight of Democracy: The Seductive Lure of Authoritarianism*）一書探討波蘭、匈牙利、西班牙與美國的政治人物與知識分子，如何充分利用新通訊科技引發的混亂與喧譁。[31]他們找出社會區隔之間的挫折不滿，進而對這些區隔販賣陰謀論與走偏鋒的政治立場，號稱可以解決當前世界讓人難以承受的紛雜與混亂。對於許多威權主義者及其狂熱支持者而言，這類行動讓他們得以用不正當手段獲取權力，從無足輕重躍升為目光焦點。許多感到幻滅的群體與憤怒的選民覺得主流政黨無法代表他們和服務他們，威權主義者利用這些人，將仇外、恐同等心態包裝成政治訴求，插上共同的旗幟。愛波邦指出，這種做法類似唱片公司推出流行樂團之前的市場研究：首先弄清楚民眾能夠接受什麼，然後作為依據來打造樂團的風格。真實性與原則、事實與真相都不重要，重要的是如何才能夠攫取關注、獲取利益、贏取權力。

對於這套做法，新加坡並不陌生，也不限於政治行動者。律師林鼎（Lim Tean）領導的新政黨「人民之聲」（Peoples Voice）成立之後就利用仇外論述，來批判政府政策與

《印度—新加坡全面經濟合作協定》之類的雙邊條約，爭取反移民選民的支持。新冠疫情期間，吳明盛（Goh Meng Seng）與他領導的人民力量黨（People's Power Party）放大並散播關於新冠肺炎的錯誤資訊與陰謀論，吸引一群規模雖小但聲量可觀的疫苗懷疑論者。這兩個政黨目前在新加坡都還沒有什麼發展，近期內也不太可能贏得國會席次。

這類政治伎倆無論來自何方，我都敬謝不敏；儘管我至少可以理解，自私自利的邊緣政黨為什麼要全力爭取名聲與注意力。但是我愈來愈難以理解，像人民行動黨這樣獨大的政黨也要玩如此扭曲的遊戲。他們並不需要從邊緣出發、成為關注焦點——他們早已置身令人豔羨的聚光燈之下，近期內也不必擔心會失去這個位置。人民行動黨從一九五九年首度贏得大選以來，在國會的絕對多數地位一直穩如泰山，「敗選」更是絕無可能。他們至今仍擁有一個龐大忠誠的支持者基本盤，歷屆政府也備受民眾信賴。既然如此，他們為何還要召喚民族主義的幽靈，來對付抵抗能力薄弱的運動者與批評者？

對於這個問題，我並沒有明確的答案，只有一些得自觀察與——很不幸的——第一手經驗的理論。

首先，貶低與孤立批評者與反對者，對政黨而言有一種策略的實用性。如果你能夠在比賽還沒開始之前，就先鏟除反對陣營的一名成員，那麼比賽可能根本不需舉行。如果人民行動黨能夠讓公眾相信亞非言、我或者其他批評者都是不可理喻、不忠誠、不誠實，甚至是危險人物，因此不值得信賴、不應該被聽到，那麼他們就不需要從實質層面來處理我們的批評，還可以化身為堅定不移的捍衛者，對抗可怕的激進人士與外國代理人。對於前文討論過的新加坡人圍困心態，這種做法正中下懷。

營造近在咫尺的威脅，也可以用來為攫取權力辯護。二〇一九年九月，律政部兼內政部部長尚穆根來到拉惹勒南國際關係學院，在一場討論如何反制外國勢力干預的會議上演講。他以《網絡公民》與我為例，說明外國勢力干預可能如何進行。《網絡公民》的財力僱用不起本地作者，於是選擇馬來西亞作者，而且後者不會被新加坡政府騷擾；但這種做法被醜化為一種心懷不軌的計謀，企圖打造一座用來分裂新加坡的內容農場。我在二〇一六年十一月做過一場關於公民反抗與組織的演講，也被扭曲為我拿外國資金來煽動大規模街頭示威。

這些扭曲真相的描述為尚穆根在會議上的談話定調：新加坡需要新的立法來對付外國勢力干預。[32]執政黨四處散播「危險已經降臨你我之間」的想法，強化了迫切感。新加坡沒有時間省思、檢視、主張與辯論，只有時間信賴執政黨做他們認為該做的事，在這個可怕的世界中保護我們。

這種做法還有一個好處就是，它會建構一種虛假的二元對立，預先削弱人民行動黨計畫遭到的反對。舉例而言，在我們被醜化為外國勢力干預的代理人之後，《網絡公民》和我對於反外國勢力干預立法工作的任何批評，都會被塑造為從私利出發，讓我們的行跡更為可疑。如果你不是外國勢力干預的代理人，你對新法律有什麼好擔心的？你為什麼反對阻止外國勢力干預的措施？你是不是贊同外國勢力介入新加坡事務？一旦陷入這種過度簡化的取向，對於執政黨計畫能否解決問題、權力制衡是否受到影響，我們將無法進行言之有物的批判。「我們對抗他們」的遊戲容不得複雜性。

人民行動黨與匈牙利總理奧爾班（Viktor Orbán）、土耳其總統艾爾多安（Recep Tayyip Erdoğan）等威權統治者有志一同，經常將批評者塑造為叛國者與威脅；對於這種現象，我有另一套理論：與其說是策略，不如說是習性，也許人民行動黨就只是想贏。與世界其他較具競爭性的民主體制狀況不同，今日人民行動黨的政治人物可能並不需要水裡來火裡去的選舉經驗，拚盡全力爭取每一張選票；一旦進入國會，也不必面對各方勢均力敵、激烈爭執的議程。他們可能是出身菁英學府的學者，透過公務員體系快速晉升，藉由集選區選制、在更具人望的黨內前輩提攜之下進入國會。[33]他們得天獨厚，受到新加坡最強大政黨的庇蔭；這個政黨掌權時間久到就像天經地義。人民行動黨對手的實力都不足以構成挑戰，他們早已習慣獨斷獨行，猶如這個城邦唯一夠資格的統治者。據我觀察，對這樣的觀點抱持異議，尤其如果異議者是有組織與成長潛力的個人與團體，不僅會被當成政治挑戰，還會造成個人層面的干擾與冒犯。人民行動黨的反應與駁斥有時會變成某種計分比賽，帶有並無必要的個人色彩，只為了安撫或者提升某些人的自尊心。

一個案例就發生在二〇二〇年大選投票前夕，人民行動黨國會議員陳有明（Tan Wu Meng）在部落格發布一篇文章〈畢丹星支持亞非言〉，引述亞非言的臉書貼文但是斷章取義，形容他親馬來西亞、親馬哈地、反新加坡。陳有明這段文字尤其令人側目：

> 這個人在新加坡長大成人，新加坡讓他接受教育，讓他賺錢生活，這地區許多少數族裔都無法享有的教育和生活。但是他一直在貶抑新加坡，聲稱自己寧可當個馬來西亞人，新加坡接受馬來西亞土著政策（Bumiputera policies）並無不可。每當馬來西亞與新加坡關係緊張，他總是站在馬來西亞那一邊。[34]

這是對亞非言的惡毒攻擊，然而就如同部落格文章標題顯示，陳有明真正要打擊的目標是工人黨祕書長畢丹星。兩者有何關聯？畢丹星曾經為亞非言辯護，在二〇二〇年六月的國會預算案辯論演說中形容他是一位「愛國的批評者」。[35]

我第一次看到人民行動黨社群媒體頻道分享這篇部落格文章時，還以為他們的網頁被駭客入侵，執政黨官網怎麼會如此公然攻擊一位民眾。這種網路世界的「駕車開槍」手法，如果出現在親執政黨的酸民網頁倒是不足為奇。但我實在沒有預期到，一位現任、後來又連任的國會議員會如此明目張膽。其他執政黨人士也為這項攻擊行動張目背書，清楚顯示它不是某個黨內人士言行失控的單一事件。

如此不擇手段、牽強附會地抹黑政治對手，但最終揭露的不是畢丹星或者亞非言，而是陳有明與他齷齪的政治伎倆。我不知道人民行動黨為何與如何決定要力挺這樣一名成員。

新加坡缺乏獨立、全面、定期的民意調查，很難判定選民對這種伎倆會有何反應。但這篇部落格文章的主要訴求對象，似乎是人民行動黨的死忠支持者——黨的任何說法他們照單全收，黨要攻擊的目標就是他們的目標。對其他新加坡人而言，這種攻擊可能會產生反作用，傷害他們對黨原本相當不錯的印象。

六十年來執掌國政，讓人民行動黨行使權力時為所欲為。也許對他們而言，討好自家支持者換得的即時滿足感就值回票價；儘管這種做法似乎並不值得，也非明智策略，畢竟這個政黨向來標榜自身高瞻遠矚、從長計議。它的做法只會造成反效果：進行用心惡毒的互動並予以常態化，長期下來，公共論述的泉源將遭到毒害。

真實的威脅，可疑的動機

每當我與公民社會的朋友見面，或者透過通訊程式聯絡，我都很想知道我們在內部安全局監控幹員的眼中或耳中是什麼樣子。如果有人想要蒐集重大罪行的事證，恐怕會大失所望。我們被指控「圖謀不軌」，但其實並不是那麼有組織。我們有許多訊息都在談論錯過截止期限；或者因為太忙碌或根本忘記而未能完成工作，如今必須拚命趕進度；此外還不時出現自以為可愛的貼圖、貓咪照片，以及關於韓劇的熱烈討論。

然而政府呈現的新加坡運動者與批評者形象，卻是背棄國家、鬼鬼祟祟的外國勢力干預代理人，兩者有著天壤之別。從最基本的層面來看，這種形象嚴重誤判了我們的能耐與影響力。不僅如此，從我們身為人類的角度而論，這是既錯誤又不公平的描述。儘管我們不時會意見分歧，但我從來不懷疑我的朋友與同事都念茲在茲要做出正面的貢獻，讓周遭的世界更為美好。其中許多人都可以找到待遇更好的工作，過更舒服的生活，遠離警察與酸民的騷擾，但是他們選擇繼續進行公民社會工作，忍受當局在他們背後畫上標靶，只因為他們秉持高於個人得失的理念。看到這些朋友被形容為心態陰暗、行跡可疑、企圖傷害新加坡的人物，我不禁怒火中燒。

關於運動者是外國勢力干預工具的敘事也形同一個框架，認定新加坡人在與外國組織打交道時總是低人一等。運動者只要接受外國的獎助資金或是支持，就想當然耳要讓外國人發號施令。這種敘事的捏造者似乎無法想像新加坡人也可以當家作主，自己決定該做什麼事。這種敘事侮辱新加坡人，侮辱我們獨立思考與行動的能力。

這並不意謂外國勢力干預的狀況不存在。從美國、澳洲到臺灣，都有相關活動的扎實報導與指控。新加坡人也曾涉入間諜活動，例如二〇二〇年十月，姚俊威（Dickson Yeo）在美國遭到判刑，他承認非法擔任外國代理人的罪名，犯行則是招募美國官員為中國提供機密資訊。[36]因此新加坡要提高警覺，這並不足為奇。

然而這些真實的顧慮有可能遭到利用，來遂行不正當目的。如果運動者被當成可疑人物，勾結居心叵測的外國人士，執政黨就可以宣稱他們基於職責必須採取行動，以「公眾利益」和「國家安全」之名打壓運動者。

這種做法除了是陰險狡詐和不公不義，也會導致新加坡人忽略與誤解真正威脅的型態樣貌與應對之道。如果某個敵意的外國行為者真的想在新加坡發起一場影響力行動（influence operation），運動者會是很糟糕的工具。我們沒有制定政策的權力，無法掌控主流媒體，與政治圈重量級人士也沒有什麼接觸機會與關係。我們不在其位，無法操控政策走向，也無法蒐集任何重要人士或重要事務的敏感資訊。政治學者莊嘉穎（Ian Chong）二〇二〇年發表於《東亞論壇》（*East Asia Forum*）的一篇文章寫道：「新加坡微不足道的獨立媒體、弱不禁風的公民社會、死氣沉沉的學術界，實在沒有什麼社會資本與政治資本值得外界費心操控。」[37]這番話很傷我的自尊心，但實情的確如此。

如果某個敵意的外國行為者真的想要發起影響力行動，他們不會青睞新加坡弱勢的運動者圈子，尤其不會青睞我們這些已經遭到鎖定、承受敵意的成員。有什麼理由要找那些容易被送進偵訊室與監獄牢房的人合作，而不是找那些端坐會議室與國會殿堂、參與決策與政策的人？莊嘉穎如此解釋：

> 想要從外部有效操控本土政治，通常的做法是操控位高權重、角色敏感的群體與個人。如此一來可以直接涉入立法過程、政策制定、政策施行、敏感資訊，同時降低曝

光的風險與負面效應的可能性。想要撒下社會紛爭的種子，多半必須利用受到社會信賴的人物、實體或資訊來源，來製造分裂或者擴大現有的分裂。[38]

換言之，如果我們要防範來自外國的影響力行動，我們就必須設計機制來密切關注那些位高權重的人士。正確做法不是讓政府有更大的權力來監控每一個人，而是設置更多的程序來監控政府。對此，新加坡國會已經通過的《防止外來干預（對應措施）法》（*Foreign Interference (Countermeasures) Act*）完全無濟於事。

鎖定本國民眾的反外國干預法

《防止外來干預（對應措施）法》洋洋灑灑二百多頁，是一個龐然大物。它的頁數實在太多太多，無法在我的筆電上好好閱讀。我最後只得將它印出來，為了環保起見，A4紙每一面印兩頁，然後拿著黃色螢光筆一行一行細讀。

這部法令包山包海，架構類似《防止網路假訊息和網路操縱法》（見〈第二章：我們不知道的事〉），授權政府要求用戶帳號發布通知、移除線上貼文、屏蔽內容存取；政府甚至可以禁止使用特定應用程式，如果它們被視為敵意外國影響力行動與造假資訊行動的平臺。但是《防止外來干預（對應措施）法》比《防止網路假訊息和網路操縱法》更進一步，後者還容許民眾上法院針對政府命令提出申訴，前者則基本上阻絕了司法途徑，將申訴導向內政部或者一個特設審議機構。《防止外來干預（對應措施）法》不僅取代了規範政治人物與政黨接受財務支持的《政治捐贈法》（*Political Donations Act*），也將管轄範圍擴大到被政府指定機構認定為「具政治影響力人士」的個人與組織。個人或團體一旦被貼上「具政治影響力」的標籤，就必須定期向政府報告自己的活動、隸屬關係與捐贈者，還可能被勒令終止與特定外國實體的連結，或者拒絕讓非新加坡公民擔任志工。雖然國會議員也必須依照《防止外來干預（對應措施）法》進行申報，但接受申報的對象是政府；其他國家會設立公共資料庫，透明呈現利益團體的遊說活動，《防止外來干預（對應措施）法》則提都不提這種公開性，它的做法又是典型的「自己檢查自己」，而且政府同時進一步擴張了它檢查所有人的權力。

《防止外來干預（對應措施）法》大舉包圍合法正當的公民社會。「外國主事者」（foreign principals）的定義涵蓋任何一位非新加坡公民，甚至包含落地生根多年的新加坡永久居民；「代表外國主事者工作」的範圍包山包海，就連新加坡人與外國人不涉及經費的單純合作，也是難逃法網。早在國會通過這項法案之前，我們就見識過政府如何廣泛定義「外國勢力干預」：外交部在二〇二一年五月發出一項照會，警告美國大使館「不要干預」新加坡內政事務；導火線則是大使館與本地民間組織「Oogachaga」合作舉辦網路研討會，邀請一位美國經濟學家從經濟學角度探討LGBTQ+平權議題。[39]

從《防止外來干預（對應措施）法案》在國會網站公布的那一刻開始，公民社會運動者就知道大勢不妙。我們見識過太多次，人民行動黨政府的優先要務是加強控制，而不是保障言論自由、結社自由與集會自由等基本權利。然而時間對我們不利，人民行動黨在國會擁有絕對多數，我們知道在一讀過後，整個立法工作只需一個月就能完成。我們也知道主流媒體對於這項法令的意涵，並不會盡到教育公眾的職責，更別說鼓勵鞭辟入裡的批判性辯論與評論。

我們當中有一小群人決定要盡力而為。透過聊天群組交換大量訊息之後，我們設立了一個網站，讓公眾能夠更加理解《防止外來干預（對應措施）法案》的內容與意涵。我們將法案內容做成摘要，標明特別讓人憂心的條文，解釋它們為什麼問題重重。我們收集了律師、企業與組織的聲明與批評，顯示除了我們以外還有許多人憂心忡忡。我們向國會提交請願，但由於沒有時間收集夠多的實體簽名，我們發動同樣訴求的網路請願，請網友響應。我們也以連結方式提供模板，讓民眾寫信給自家的民選議員，表明反對這項立法工作。

政府對我們的努力並不領情。法案二讀期間，尚穆根描述我們——特別點名《網絡公民》的許淵臣、新敘述的覃炳鑫與我本人——「積極散播關於《防止外來干預（對應措施）法案》的錯誤資訊」。[40]他還指控我們發起一項「造假資訊行動」，因為阻擋這項法案過關符合我們的既得利益，我們長期以來接受外國實體資助。我們與索羅斯以及開放社會基金會的關聯、我們與馬哈地的會面，又再一次冷飯重炒。

這種做法完美呈現了《防止外來干預（對應措施）法案》的危險性。我從來不曾參與任何敵意的外國勢力影響力行動。但是新法案賦予政府極為廣泛的權力，可以採取行動對付尚穆根所謂的「看似正常但其實並不正常」的活動。[41]《防止外來干預（對應措施）法案》授權政府判定何謂「其實並不正常」，我們這些被指控者則沒有多少申訴或反抗的管道。儘管有專家指出，外國勢力如果試圖干預，比較可能鎖定的對象是權力菁英，但是《防止外來干預（對應措施）法》反其道而行，擴大對於權力弱勢者的控制與監視，保護大權在握者不受檢視與挑戰。

人民行動黨完全掌控新加坡國會，我們能做的相當有限，只能看著《防止外來干預

（對應措施）法案》通過。

「愛國的批評者」

我必須承認，我們的處境不是只有無可奈何與愁雲慘霧。遭遇國家騷擾、名聲受到攻擊的經驗的確不太愉快，然而多年下來，我也曾經感受到新加坡人的善意與關懷，而且得到愈來愈多的支持。

每當一項抹黑行動變本加厲，例如我因為新敘述遭到批評、或者會見馬哈地而被網路酸民騷擾，我也會收到來自陌生人的私訊，給予支持和鼓勵。這些訊息會說：「我們看到發生了什麼事情，希望你們要知道有人認為你們遭遇到霸凌和不公不義。我們很感激你們的努力，你們要知道有人支持你們。」我曾經被Grab司機與戶戶送（Deliveroo）的外送員認出身分，在活動上被陌生人攀談。有一回我參加一場誰都不認識的社交聚會，遇到唯一一位讓我安心的同伴，對我表示自己是《我們公民》電子信的訂戶。人們如果選擇避免公開發聲，都有各自的理由，有些人——尤其是公務員——擔心會丟掉工作，有些人承認是因為恐懼而噤聲；但這並不表示他們不會密切追蹤事態發展，得出自己的結論。

我跟支持者面對面的時候經常覺得尷尬、舌頭打結，總是很難充分回應他們的熱忱與讚美。儘管如此，他們不會知道我有多麼感激他們的善意與支持。對於騷擾、霸凌與其他國家手段造成的傷害，他們送上療癒的膏油。對公民社會的運動者而言，知道自己的努力得到肯定，會是非常重要的鼓舞。

在亞非言因為耶魯－新加坡國立大學學院工作坊事件而遭到攻擊之後，外交部無任所大使許通美（Tommy Koh）挺身為他辯護，在二〇一九年「新加坡開埠兩百年會議」上發表演講（後來投書《海峽時報》），主張政府不應該只因為藝術家、知識分子與作家抱持異議，就將他們列入黑名單：

> 只要一位批評者熱愛新加坡，起心動念不是要摧毀新加坡，我們都應該歡迎他的批評。如果熱愛新加坡的人不敢批評，或者它的批評者不熱愛這個國家，新加坡將會積弱不振。新加坡需要的不是逢迎諂媚之徒，而是愛國的批評者，以及敢於批評的愛國者。[42]

「愛國的批評者」這句話傳誦一時，原因不難理解：愛一個國家不代表你必須永遠贊同政府，批評可以發自愛國心與推動進步的渴望。我對這句話也深有所感，因為我的工作動力來自一種感覺：我是自己國家的所有權人與投資人。

因此最符合新加坡利益的做法就是：營造與保持一種環境，讓大家可以暢所欲言表達異議、批評掌權者；因為唯有如此我們才能夠學習與進步。在此同時，我想我們能夠更進一步，發展出更為精細、成熟的觀點，來促成一系列的參與。

但我們也應該將「愛國」與「批評」脫鉤。一個人是否愛國由他自己決定，但表達異議與批評事關言論自由的權利。兩件事不應混為一談，愛國心不能被視為發表批評的先決條件。

熱愛一個國家與企圖摧毀一個國家，也不是一種二元對立關係。只因為某個人的異議或者抗議可能不是出自愛國心，並不意謂他們試圖造成傷害。每個人都有自己的動機，大部分與效忠任何國家無關。事實上，我認識的許多運動者刻意抗拒「愛國心」的概念，因為他們發現民族國家的建構過程問題重重。由於國家的概念是一種社會建構，因此它很容易遭到濫用，製造出內團體（in-groups）與外團體（out-groups），進而導致一種排他性的結果，以國籍而非普世權利原則來決定應得報償（deservedness）。[43] 這些運動者傾向於能夠保障權利的原則、處理社會不公平問題、對抗剝削現象，無論這些不公不義是發生在哪一個國家，他們都會挺身而出。

只要行為不構成引發傷害或仇恨，例如散播仇恨言論或使用肢體暴力，這些不公不義都可以是發起運動、倡議與改革工作的起點，完全不必考慮對於特定國家的愛。一位發聲者如果無法通過某個武斷的「愛國心」標準，我們也不必因此輕忽此人發出的異議與批評。

「愛國的批評者」的問題在於，「愛國」與否的判斷相當主觀，甚至相當武斷，我們如何判定一個人愛或不愛新加坡？

二〇一三年我在加地夫大學（Cardiff University）攻讀碩士期間，寫了一篇論文探討新加坡主流媒體與另類媒體的民族主義。[44]我分析了兩家主流媒體報紙《海峽時報》與《今日》（*TODAY*）、兩家另類媒體網站《網絡公民》與《淡馬錫譽評論》（*Temasek Review Emeritus*），並且聚焦三個案例：一位永久居民對馬來人利用建屋發展局組屋區閒置樓層舉行婚禮的評論引發民憤；中國籍司機發起新加坡地鐵巴士大罷工；二〇一三年《人口白皮書》表示要為二〇三〇年人口達到六百九十萬做好準備引發的反應。

我發現主流與另類媒體都會訴諸民族主義，以含蓄或明顯的手法在語言或主張之中建構「我們對抗他們」的敘事。兩類媒體都強調多元文化主義之類的特定性質與心態，認定為新加坡人的本質並且攸關國家認同。外國人則是被他者化（Othered）——討論那位永久居民的冷酷評論時，通常會聚焦她的非公民身分，彷彿這可以解釋她的種族歧視；中國籍巴士司機則是受到譴責，不理解「我們」在新加坡如何處理勞資爭議。另一個共同現象是圍困心態的運用，儘管方向有所不同：主流媒體警告種族歧視言論或罷工會引發混亂與破壞；另類媒體則聚焦一旦人口——主要由於移民——增加到六百九十萬，「我們的」文化與生活品質會受到什麼樣的傷害。

兩類媒體的分歧之處在於，他們如何界定誰屬於「我們」、誰屬於「他們」。親體制的主流媒體大體上依據公民與外國人來劃分「我們」與「他們」，並且將人民行動黨政府納入「我們」。另類媒體的觀點則傾向於將人民行動黨政府逐出「我們」之外。主流媒體聚焦於外國人如何學習「我們的」價值、成為「新加坡核心」（Singapore core）的一部分；另類媒體則更有可能表達對於政府的憤怒——特別是在討論《人口白皮書》的時候，並且將人民行動黨視為「他們」，出賣了「真正的新加坡人」。

主流媒體與另類媒體代表兩個非常廣泛、概括化的群體，各自內部都有相當多的分歧與差異。我知道有許多新加坡人鄙夷主流媒體一面倒支持人民行動黨，同時也批評另類媒體以特定角度呈現或扭曲報導內容。然而前述的案例充分顯示，兩種參考架構會有多麼巨大的差異。某人可能因為支持被政府認定符合新加坡最佳利益的政策，而被權力體制認定為「愛國者」，但卻會被抱持強烈異議的新加坡人譴責為出賣國家。許通美與畢丹星將亞非言視為「愛國的批評者」，但陳有明與人民行動黨不以為然。如果我們連對判定一個人是否「愛國」的標準都無法達成共識，我們如何能夠討論對「愛國的批評者」給予支持？

我對新加坡的忠誠也曾經被人民行動黨及其支持者質疑；其他人則譴責我不是一個「愛國者」，因為我批判仇外心態，因為我支持人權議題不論是何國籍，因為我與一個非新加坡人結婚。要討好每一個人是不可能的事，而且說實話，我不認為有必要討好。我對自己出生國的感覺、我與出生國的關係，都是我個人的判斷，完全不影響我基於正當理念以及用和平非暴力的方式來發言、批評和參與的權利。我不應該被要求必須先表現或證明我的「愛國」或「忠誠」，然後才能夠發言和參與。

在新加坡這樣的環境中，基於支持「愛國的批評者」而捍衛言論自由，當然要比基於聲張普世人權來得容易被人接受。然而要將愛國心作為表達批判或發起運動的先決條件，可能會導致沒有人願意見到的結果。民族主義雖然可以動員眾人為共同福祉集體努力，但也可以變成排斥與妖魔化的武器。以「愛國的批評者」為名來進行辯護，其實也就容許或者至少默許對於「不愛國的批評者」的譴責。

我很慶幸有像許通美和畢丹星這樣具影響力的人物挺身而出，為那些因為政治理由而被公開妖魔化與攻擊的批評者、藝術家與運動者辯護。但是我要建議我們把愛國心與言論自由分開來看。事實上，我們可以認同也應該認同以和平非暴力方式表達對自己國家的憤怒甚至反感，也是在行使言論自由。我們對於各種主張與建議的評斷，應該是基於實質內容、優點價值與連貫一致，而不是要求提出者先證明自己對國家的熱愛與奉獻，然後才給予發言的空間。

人們對於新加坡有任何感覺都應該被容許。有些人因為覺得國家賜給他們一切，讓他們滿懷熱情與感恩。其他人——尤其是被邊緣化的團體成員——可能會感到失望、遭到排斥與歧視，因此對國家沒有多少熱忱可言。對後者而言，當他們面對一個不容許他們全力實現人生願望的民族國家，不應該被強迫表達「愛國心」。例如，我們如何能夠要求一個死刑犯的姊妹，在新加坡政府即將絞死她兄弟的時候，表達她對新加坡的「愛戴」與「承諾」？或者堅持一群移工在陳述自身遭到剝削的惡劣工作與生活狀況之前，必須先表明對新加坡的感恩之情？這些人對於不公不義有任何感受都是合情合理，也是我們身處的複雜多元新加坡社會的一部分，不應該讓任何人因此成為「叛徒」，或者因此被剝奪批評的空間。

注釋

1 *The Straits Times*, 12 April 2018, Joanna Seow, “Acra rejects company application from Thum Ping Tjin, Kirsten Han; says it has foreign funding links to George Soros,” https://www.straitstimes.com/singapore/acra-rejects-company-application-from-thum-ping-tjin-kirsten-han-says-it-has-foreign

2 Steven Levitsky and Daniel Ziblatt, *How Democracies Die* (Crown, 2018).

3 Daniel Wei Boon Chua, 2015, “Konfrontasi: Why It Still Matters to Singapore,” *RSIS Commentary*, https://www.rsis.edu.sg/wp-content/uploads/2015/03/CO15054.pdf

4 *TODAYonline*, 25 June 2018, Kelly Ng, “Mahathir revives water dispute with Singapore, calls 1962 deal ‘ridiculous’,” https://www.todayonline.com/world/mahathir-revives-water-dispute-singapore-says-1962-deal-too-costly

5 *TODAYonline*, 30 April 2017, Toh Ee Ming, “Singapore must ‘steal other people’s lunches’ to stay ahead of competition,” https://www.todayonline.com/singapore/singapore-must-steal-other-peoples-lunches-stay-ahead-competition

6 *CNA*, 9 September 2022, Lydia Lam, “Jolovan Wham fails in appeal over unlawful assembly outside court, chooses to go to jail again,” https://www.channelnewsasia.com/singapore/jolovan-wham-fails-appeal-over-unlawful-assembly-outside-court-chooses-go-jail-again-2929041

7 *General Division of the High Court of the Republic of Singapore*, "Wham Kwok Han Jolovan v Public Prosecutor," [2022] SGHC 241. https://www.elitigation.sg/gd/s/2022_SGHC_241

8 *TODAYonline*, 13 June 2020, Janice Lim, "The perennial debate in Singapore on minimum wage," https://www.todayonline.com/big-read/perennial-debate-singapore-minimum-wage

9 *The Straits Times*, 7 April 2020, Danson Cheong, "Parliament: Size of reserves cannot be disclosed as a matter of national security, says Heng Swee Keat," https://www.straitstimes.com/politics/size-of-reserves-cannot-be-disclosed-as-a-matter-of-national-security-says-heng-swee-keat

10 *Reuters*, 6 April 2007, Koh Gui Qing, "Singapore ministers set for million-dollar pay hike," https://www.reuters.com/article/us-singapore-salaries-ministers-idUSSIN16441320070405

11 Kirsten Han, 30 August 2018, "80 Minutes with Dr M," https://kirstenhan.com/2018/08/30/80-minutes-with-dr-m/

12 Ibid.

13 Seah Kian Peng, 1 September 2018, "PJ Thum and friends (including Kirsten Han, Sonny Liew, Jolovan Wham) meet DR M, invite Dr M to bring democracy to Singapore⋯" [Text], Facebook, https://www.facebook.com/SeahKianPeng/posts/1816993741712245

14 Pingtjin Thum, 30 August 2018, "I met with Malaysian Prime Minister Tun Dr Mahathir today⋯" [Text], Facebook, https://www.facebook.com/photo.php?fbid=10105206868076431&set=a.529313958421&type=3

15 Pingtjin Thum, 30 August 2018, "Selamat Hari Merdeka to the people⋯" [Text], Facebook, https://www.facebook.com/pjthum/posts/pfbid-02dTUeMYECAE4pCxTSMvnxjYJpAK1xY2e9o72PzHX5Nh49J4YViHJiLB-vMKLmp1erFl

16 Seah Kian Peng, 3 September 2018, "My posting over the weekend has indeed generated a number of comments⋯" [Text], Facebook, https://www.facebook.com/SeahKianPeng/posts/pfbid02HedoQiqjNxupNPJBYmThqWi-Y1QPdKod75FJPRnnN7WxLi8QMazHe4Quee4cwDBEFl

17 *The Straits Times*, 14 September 2019, Seow Bei Yi, "Yale-NUS cancels programme to introduce students to 'modes

of dissent and resistance in Singapore’,” https://www.straitstimes.com/singapore/education/yale-nus-cancels-programme-to-introduce-students-to-modes-of-dissent-and

18 *The Straits Times*, 30 September 2019, Rei Kurohi, “Decision to cancel Yale-NUS module on dissent made without government interference: Yale president,” https://www.straitstimes.com/singapore/decision-to-cancel-yale-nus-module-on-dissent-did-not-violate-academic-freedom-yale

19 *Singapore Matters*, 15 September 2019, “We cannot allow this in Singapore” [Video], Facebook, https://www.facebook.com/SingaporeMatters/videos/389962755229924/?v=389962755229924

20 Lianhe Zaobao, 18 September 2019, Goh Choon Kang, “Singapore does not need a color revolution,” https://www.zaobao.com.sg/zopinions/views/story20190918-990030 (Chinese); *The Straits Times*, 21 September 2019, https://www.straitstimes.com/opinion/singapore-does-not-need-a-colour-revolution (English)

21 Tan Chuan-Jin, 14 September 2019, “Spent the whole day in the community with Singaporeans of all ages trying to help and improve the lives of fellow Singaporeans,” [Text], Facebook, https://www.facebook.com/tan.chuan.jin/posts/10156647450702992

22 *Financial Times*, 2 November 2019, Stefania Palma and Mercedes Ruehl, “Hong Kong protests unnerve Singapore’s ruling class,” https://www.ft.com/content/0d8cba3c-f539-11e9-b018-3ef8794b17c6

23 Alfian Sa’at, “Singapore You Are Not My Country,” *One Fierce Hour* (Singapore: Landmark Books, 2004).

24 *The Straits Times*, 7 October 2019, “Why Yale-NUS course on dissent was scrapped: Ong Ye Kung,” https://www.straitstimes.com/politics/ong-ye-kung-on-cancelled-yale-nus-module-and-academic-freedom

25 *Parliament of Singapore*, 27 March 2018, “Select Committee on Deliberate Online Falsehoods, Summary of Evidence,” https://www.parliament.gov.sg/docs/default-source/sconlinefalsehoods/summary-of-evidence---27-march-2018-(public-hearing).pdf

26 Kirsten Han, 30 March 2018, “A letter of complaint to the Select Committee on Deliberate Online Falsehoods,” *Medium*, https://medium.com/@kixes/a-letter-of-complaint-to-the-select-committee-on-deliberate-online-

falsehoods-e84d5b484a55

27 *The Daily Ketchup Podcast*, 4 March 2022, “Ukraine vs Russia - Would You Die for Your Country,” YouTube, https://www.youtube.com/watch?v=MvO7lR36lcQ&t=2080s

28 *Transformative Justice Collective*, 28 March 2022, “When will we stop killing ‘small people’ who need care?” https://transformativejusticecollective.org/2022/03/28/when-will-we-stop-killing-small-people-who-need-care/

29 *United Nations*, 8 November 2021, “Singapore: UN experts urge halt to execution of drug offender with disabilities,” https://www.ohchr.org/en/press-releases/2021/11/singapore-un-experts-urge-halt-execution-drug-offender-disabilities?LangID=E&NewsID=27783

30 *Reuters*, 25 April 2022, Edgar Su, “Singaporeans hold vigil for Malaysian in high-profile death row case,” https://www.reuters.com/world/asia-pacific/singaporeans-hold-vigil-malaysian-high-profile-death-row-case-2022-04-25/

31 Anne Applebaum, *Twilight of Democracy: The Seductive Lure of Authoritarianism* (USA: Doubleday, 2020).

32 *The Straits Times*, 25 September 2019, Adrian Lim, “Singapore needs laws to tackle foreign interference in domestic matters: Shanmugam,” https://www.straitstimes.com/politics/singapore-needs-laws-to-tackle-foreign-interference-in-domestic-matters-shanmugam

33 集選區體系將幾個小選區集結為一個大選區，由一組一組而非單一候選人競爭。人民行動黨習慣將資深或人望高的候選人——例如現任部長——放在不同的集選區，帶領較不具知名度的候選人。一般認為，這種做法可以「確保」首度參選的人民行動黨有希望當選。參見：*The Interpreter*, 16 July 2019, Kirsten Han, “The guessing game for Singapore’s elections,” https://www.lowyinstitute.org/the-interpreter/guessing-game-singapore-s-elections

34 *People’s Action Party*, 19 June 2020, Tan Wu Meng, “Mr Pritam Singh supports Alfian Sa’at,” https://www.pap.org.sg/news/opinion-news/mr-pritam-singh-supports-alfian-saat/

35 *Worker’s Party*, 5 June 2020, “Framing the Fortitude Budget - Economy, Engagement and Empathy - Speech by Pritam Singh,” https://www.wp.sg/framing-the-fortitude-budget-economy-engagement-and-empathy-by-pritam-

singh/

36 *CNA*, 10 October 2020, "Singaporean Dickson Yeo jailed 14 months in US for spying for China," https://www.channelnewsasia.com/news/world/dickson-yeo-us-china-intelligence-sentenced-jail-14-months-13243306

37 *East Asia Forum*, 17 January 2020, Chong Ja Ian, "Is Singapore ready for malign foreign influence?" https://www.eastasiaforum.org/2020/01/17/is-singapore-ready-for-malign-foreign-influence/

38 Ibid.

39 *CNA*, 19 May 2021, Kurt Ganapathy, "MFA reminds US embassy 'not to interfere' with domestic matters following webinar with LGBT organization," https://www.channelnewsasia.com/singapore/mfa-us-embassy-webinar-oogachaga-lgbt-1378986

40 *TODAYonline*, 4 October 2021, Ng Jun Sen, "Shanmugam rejects claims that foreign interference Bill being rushed through and would curtail foreign collaborations," https://www.todayonline.com/singapore/shanmugam-rejects-claims-foreign-interference-bill-being-rushed-through-and-would-curtail

41 *The Straits Times*, 4 October 2021, Tham Yuen-C, "Fica's scope narrower than that of similar US, Australian laws on foreign agents, says Shanmugam," https://www.straitstimes.com/singapore/politics/ficas-scope-narrower-than-that-of-similar-us-australian-laws-on-foreign-agents

42 *The Straits Times*, 3 October 2019, Tommy Koh, "Singapore does not need sycophants. It needs loving critics," https://www.straitstimes.com/opinion/singapore-does-not-need-sycophants-it-needs-loving-critics

43 Kirsten Han, "One Singapore?: Nationalism and Identity in Singapore's mainstream and alternative media," *Academia.edu*, https://www.academia.edu/4460652/One_Singapore_Nationalism_and_identity_in_Singapores_mainstream_and_alternative_media

44 Ibid.

第六章
掌權者的皮影戲偶

二〇二〇年大選造勢活動期間，一名前主流媒體記者發布一則臉書貼文，討論在地媒體——人盡皆知深受人民行動黨與政府影響——刻意製造一種印象，讓民眾覺得反對黨只能推出一些條件薄弱、貽笑大方的候選人。根據這則貼文，媒體會放大處理反對黨候選人的失言與錯誤；對於有當選希望的反對黨候選人，則是盡可能淡化處理，只給予微不足道的篇幅與關注。

這名記者的貼文只開放給自己臉書上的朋友，但是有人將它截圖，廣為流傳。想知道更多主流媒體胡作非為故事的人，開始對這名記者送出交友邀請。他因此發布一則公開貼文，表示大家如果是要尋求「反體制」的內容，將會大失所望；而且這則貼文引發高度關注，已經讓他感到焦慮。

個人領域的界限受到侵犯，原本只想給少數人看的東西未經同意就被四處流傳，我能夠同情這名記者的困擾；但另一方面，我的感受相當複雜。這名記者承認自已曾經參與一項行動，扭曲新加坡人對國家政治情勢的觀照，刻意醜化反對黨政治人物。依據他自己的說法，他隸屬於一個「媒體機制」，設法讓特定候選人——有意競選公職、然而還沒有任何政治權力的新加坡人——受到公眾嘲弄與誤解。有些遭到主流媒體最惡毒攻擊的政治人物，例如惹耶勒南或徐順全博士，被醜化為政治浪人或妖魔鬼怪。執政黨的毀滅性誹謗與在地媒體的殺傷性報導狼狽為奸，讓他們的生活大受衝擊。

當這名記者事後坦承自己曾為人民行動黨效力、摧毀他人名譽，並且因此感到焦慮，我們應該為此人難過嗎？這名記者與其同事可曾想過自己對反對黨候選人及其親友造成的焦慮、傷害與痛苦？就算他們設法調離報社的政治組，或者乾脆辭職離開報社，這樣足夠嗎？此外，刻意誤導選民對政治選擇的認知，會造成什麼樣的政治與道德衝擊？

以這個主流媒體共同參與扭曲新加坡政治景觀的案例為起點，我要說明人民行動黨之所以能夠大權在握、強勢掌控，原因就在於他們擁有陣容龐大的幫手。黨需要媒體工作者生產內容，為黨的敘事服務。他們需要公務員來制定與施行符合其政綱的政策，或者發布信函與新聞稿來威脅和攻擊黨的批評者。他們需要公部門與民間的重量級人物在國內外歌功頌德，洗白黨的名聲。他們需要警察來調查在國家法院外面花十五秒鐘拍照之類的「犯行」。[1]他們需要檢察官願意起訴、上法院辯論。他們需要教師將人民行動黨認可的「新加坡故事」灌輸給一個又一個世代的兒童。他們需要出版社印行相關教科書。他們需要大學主管來監控學者，不要讓他們碰觸「政治敏感」的研究，在此同時堅稱新加坡絕不反對學術自由。如果新加坡的民主是人民行動黨導演的一部皮影戲，[2]那麼它會是一部史詩級巨作，卡司陣容龐大，還有無數的臨時演員參加演出；儘管這些演員未必是自願參與，甚至可能不知道自己共襄盛舉。

共犯的層級

我並不認為每一個支持人民行動黨與其政策的人都是威權體制的啦啦隊員。我們不應該將政治論述過度簡化為「親人民行動黨」與「反人民行動黨」的二元對立。我要強調的是，談到新加坡與新加坡政治，人民行動黨才是權力的掌控者。討論新加坡政治體系的時候，我們不能忽略一項事實：這個政黨不僅高踞階層頂端，而且是為自己量身打造這個階層，至今持續控制各種權力操縱桿。他們能夠做到這種地步，是因為許多人透過自身的行為與工作，認可並支持他們的權力，而且無法進行適當的檢視、質疑與制衡。

生活在人民行動黨治下的新加坡，是這樣的光景：這個政黨長期——而且至今持續——透過誹謗罪訴訟以及公開抹黑行動之類的動作來「整治」對手。一如前述那位記者的見證，反對派政治人物多年來飽受在地媒體刻意為之的負面報導與嘲弄。其他形式的騷擾與阻礙則包括：政府拒絕與反對黨或運動者分享資料，[3]透過政治化的「人民協會」設置草根與選區層級的障礙，[4]將公眾利益當成奪取政治利益的武器，例如建屋發展局組屋區的更新。[5]政黨政治之外，運動者與異議人士也會承受抹黑行動與含沙射影，被醜化為對國家不忠或是對國家福祉造成威脅。

更有甚者，立法工作也被用來營造一種環境，壓制政治言論以及對人民行動黨的批評，至少是完全不予鼓勵。法律學者拉賈（Jothie Rajah）在《「依法治國」的迷思：新加坡國家威權法治史》（*Authoritarian Rule of Law: Legislation, Discourse and Legitimacy in Singapore*）一書指出，新加坡或許自居為一個備受尊重的國家，「依法治國」（rule of law）的成就名列前茅，但其真實的狀況卻更適合形容為「以法治國」（rule by law）——

立法工作被掌權者用來控制人民。拉賈提出五項個案研究——相關法律涵蓋破壞行為（vandalism）與「公共秩序」，以及管制媒體與法律行業的法律——並且認為它們「對於非政府的行為者與機構噤聲不敢批評的狀況具有關鍵作用」。[6]新聞學教授施仁喬也曾論及一種「細心調校的壓迫」（calibrated coercion）做法：人民行動黨運用多種工具來營造一種情境，「儘管政府減少使用外顯的強制力量，但其主宰性仍然上升。」擁有「細心調校的壓迫」的體系之後，政黨不需要動用極權主義控制手段，它會精挑細選幾個目標，來壓制異議並嚇阻挑戰者。[7]新加坡也是古里耶夫（Sergei Guriev）與特萊斯曼（Daniel Treisman）《公關獨裁者：二十一世紀暴政的變化面貌》（*Spin Dictators: The Changing Face of Tyranny in the 21st Century*）一書探討的個案之一，範例意義在於新加坡政府施行控制的時候，會使用更為含蓄微妙、暗中運作的手法，而不是過往獨裁者明目張膽的暴力。[8]

這些因素結合起來，製造出一種威權主義的氛圍，讓新加坡人討論政治或者談起任何可能逾越人民行動黨「越界標記」的話題時，都免不了要頻頻回首，戰戰兢兢。

我們為什麼會有這麼多人共襄盛舉，讓新加坡的現狀保持長久不變？

有些人是現狀真正的支持者與信徒，甚至認為現狀的發展還不夠完備徹底，因此熱切推動現狀的維繫或擴張。只要言論與行為都能保持「正確」，就有可能上升到階層的頂端，然後居高臨下，全力加強讓自己獲益良多的現狀。

其他人則是在現狀之中看到問題，然而認為自己可以從內部著手推動改變。公部門有許多這樣的人，人民行動黨內甚至也有。他們認為如果要讓新加坡變得更好，最佳做法就是讓自己成為體系的一部分，坐上會議桌，與決策者打交道。他們相信只要付出時間與耐心，人的想法可以改變，做事的程序可以改進，最後的成果會不一樣。他們不僅希望自身的信念獲致成功，甚至也會希望改變人民行動黨與體系本身。

另一群人則只是想要「搵食」（cari makan）或維持生計。他們可能不是體系的支持者，甚至可能並不認同這個體系，但也不認為有可能做出改變。他們一心一意遵從命令，只為保住工作。這些人可能覺得自己只是一部機器中的齒輪，對重要的事情沒有什麼影響力。他們可能代表尋常新加坡人最能認同的形象，畢竟無論如何，每個人都要吃飯、都有帳單要付。

大部分的時候，我們大概都屬於這個類型。

我們如何成為共犯

二〇二一年十月，我意外收到一封內政部寄來的電子郵件，簽名者是政策發展部門高階主管。電子郵件的附加檔文件指控我散播關於內政部兼律政部部長尚穆根的錯誤訊息，內容涉及他在國會辯論《防止外來干預（對應措施）法案》時關於法治的談話。「你完全曲解了部長的談話，」電子郵件寫道：「你扭曲部長的聲明，讓你的讀者誤以為部長表明法治不適用於新加坡。」內政部要求我在一個小時之內發布一份「道歉與更正啟事」，還幫我打好草稿。

「部長保留他的權利。上述（道歉與更正）啟事必須刊登在顯眼的位置。」電子郵件的結尾說道，意思是提醒我：如果我的回應無法讓尚穆根滿意，他可能會告我。

我其實只是摘錄分享一篇發表在《慈母艦》（*Mothership*，譯注：新加坡一家英文網路媒體）上的文章，於是就被內政部指控為曲解尚穆根的談話。我將那篇文章的摘錄發到推特，附上原文連結，唯一的評論是「這就是我們的內政部與律政部部長」。（我也在臉書貼文，附上艾蒙〔Elmo〕在地獄受火刑的GIF圖檔。）

值得注意的是，早在內政部發來電子郵件之前，《慈母艦》已經對那篇文章做過編輯並加上說明，我有注意到，也分享了。[9]

我完全無法同意內政部如此認定我的行為。我只是引述別人的文章，並非自行捏造事實；我甚至主動發布《慈母艦》編輯的更正說明。

儘管如此，我可以想像被尚穆根告上法院的後果，我完全寡不敵眾。我能否找到一位優秀可靠的律師，積極對抗一個擁有價碼高昂、火力強大的法律團隊的部長？我負擔不起業界的標準費用，這位律師是否願意以公益服務的方式代表我，或者在費用上大打折扣？此外，想到主流媒體會如何描述整起事件、隨之而來的網路酸民攻擊與騷擾，我更是不寒而慄。當時我原本就非常疲憊，努力設法提醒人們《防止外來干預（對應措施）法》的嚴重性，同時要兼顧我其他的工作；心情上也有枯竭之感，新法令代表進一步的控制與壓迫，讓人非常沮喪。想到即將面對更多的動盪與壓力，痛苦也隨之而來。

一個小時內道歉的時限要求，其實在我看到內政部電子郵件之前就已逾期，我不知道在當局判定我拒絕配合之前，我還有多少時間可以行動。感覺就像時鐘滴滴答答作響，我要想出自己能接受的最恰當妥協。我並沒有直接發布內政部草擬的更正啟事，而是做了一番編輯，強調如果有任何誤解，源頭都是《慈母艦》。我的道歉對象不是部長，而是任何一位可能因為我傳播的《慈母艦》曲解內容而產生錯誤印象的人。

沒過多久，我就為自己的決定後悔了。刊登那則啟事——儘管做過編輯——感覺就是不對勁。從它出現在我社群媒體帳號的那一刻開始，我就深深覺得這種做法並不符合自己的原則與信念。我對自己如此輕易投降感到羞恥。我知道我做抉擇時並沒有平心靜氣、深思熟慮，而是滿懷恐懼和焦慮。想要打退堂鼓已經為時太晚，撤回啟事不太可能讓我好受一點，反而可能讓情勢惡化。

主流媒體的報導開始出現，我的悔恨也隨之高漲。一如預期，新加坡媒體只會反芻內政部發布的新聞稿。[10]我與其他八位收到相同電子郵件的人士被描述為發布「假貼文」，《慈母艦》也曲解了部長這件事則是輕描淡寫——這完全是一種扭曲式的呈現，隱瞞關鍵事實：《慈母艦》的文章是事件的源頭，不是副產品。[11]

這樁事件至少顯示了兩種型態的共犯現象。首先是主流媒體明目張膽充當共犯，毫不質疑地複製並散播內政部不準確的事件說明，這種做法對他們而言是家常便飯。更為有名也傷害更深的案例是一九八七年光譜行動發生之後，在地媒體對政府的說法照本宣科，報紙刊出官方聲明全文，受害者被逼供成了接受詢問。[12]「馬克思主義陰謀」試圖推翻政府的指控舉國皆知，被拘禁者百口莫辯。過了許多年之後，被拘禁者才有機會講出自己的故事；然而他們在歷史紀錄上的名聲仍未洗雪，除非有朝一日政府坦承自身過去造成的不公不義。媒體的參與擴大了政府攻擊行動的射程，造成的傷害範圍之大、時間之長，光靠執政黨自身是做不到的。

內政部電子郵件事件的第二種共犯現象呈現在我身上。儘管我知道政府的做法並不公平，如同霸凌，但是我很快就同意他們的訴求，也大體上配合他們的要求，這意謂國家的力量再一次長驅直入，不曾遭遇挑戰。這似乎只是一個無足輕重、甚至可以理解的決定，就算我當初決定反抗，恐怕也不會造成什麼改變。然而像這樣的小小屈服不斷累積，營造出我們置身的政治環境，不僅讓掌權者知道他們可以做這種事情而不必擔心後果，也讓民眾知道反抗是白費工夫。一段時間之後，我們將投降與消極轉化為一種全民的壞習慣。

有些人可能覺得我太苛責自己，才會將刊登啟事的決定視為「共犯」。我這麼做的原因在於想要讓自己記住，這是一個選擇的結果。我雖然沒有任何理想的選項，但總還是保有自己的能動性。能動性的一部分意義就在於，對於自己選擇的道路負起責任，無論當初是什麼原因做出選擇。

接受收編，成為共犯

我們常聽到有人「被收編」——進入人民行動黨或者權力體制，因此愈來愈認同掌權者，並為之辯護。「收編」的敘事聚焦於掌權者如何將人拉進自己的運作軌道，但還有另一種觀點：如果我們將焦點轉移到那些進入軌道的人，我們會看到他們如何成為共犯。他們不是被動的馬前卒，而是能夠做出選擇的人。

成為共犯的標準做法之一是洗白，也就是協助洗刷人民行動黨的威權與霸凌行為。媒體這麼做的時候，會以有利於黨的方式來扭曲報導內容，報喜不報憂，拒絕追究黨的壓迫行為。還有其他人也會成為共犯，從公務員到草根領導人、工會人士、企業領導人，當然還包括人民行動黨的成員。這些人雖然並未直接參與提出誹謗訴訟、帶頭倡議壓迫性的法律、攻擊運動者與批評者，但仍然扮演一定的角色，將一切狀態都視為常態。

一個顯著的洗白案例是頗受愛戴的尚達曼（Tharman Shanmugaratnam），許多新加坡人希望他能成為總理，卻始終無法如願。[13]尚達曼的形象既沉穩又具同情心，在國際社會備受尊重，曾經是領導國際貨幣基金組織（International Monetary Fund）的熱門人選。[14]他的許多人民行動黨同僚都曾控告或攻擊政治對手與異議人士，但他不曾直接參與這類霸凌行為。而且尚達曼促成新加坡許多較具左傾色彩的政策，減輕民眾生活痛苦——生活成本一直是引發焦慮的源頭。然而一個人在人民行動黨位居要津多年，卻未曾涉入不怎麼光明磊落的行為，這是不可能的事。[15]

前一章我談到裕廊集選區（Jurong GRC）國會議員陳有明可恥的部落格文章，他指控劇作家與詩人亞非言對新加坡不忠。這篇文章發表在人民行動黨的官網，透過黨的社群媒體管道分享，因此我們可以認定，陳有明的攻擊得到黨的默許。當時裕廊集選區的議員由尚達曼領軍，陳有明是選區議員。近年的幾場選舉中，人民行動黨在裕廊集選區都能夠輕騎過關，極具人望的尚達曼被認為是勝選主因。

陳有明的攻擊引發各方批評，但尚達曼不置一詞；雖然同僚對一位民眾的人格進行拙劣而毫無根據的攻擊，但他沒有公開駁斥或譴責，甚至不曾劃清界線。無論尚達曼是否支持陳有明的做法，他的保持緘默與持續讓陳有明留在團隊，都意謂至少在他看來，黨與同僚的做法並不值得他以有意義的方式表示反對，儘管黨因為他的明星身分獲利。

公民社會的特定成員，可能也會因為明星身分而受到人民行動黨青睞。黃國光與陳澮敏（Carrie Tan）是新加坡公民社會兩位頗具地位的人士，前者多年來致力於保護動物福利，後者創辦幫助低收入女性的NGO「明天的女兒」（Daughters of Tomorrow）。兩人後來加入執政黨，到內政部與律政部部長尚穆根領軍的集選區競選國會議員。

黃國光與陳澮敏都有權利抱持政治見解，選擇加入最符合自身信念與利益的政黨。然而他們熱切地加入人民行動黨，在黨內同志迫害運動者與批評者時默不吭聲，藉此為人民行動黨的公眾形象發揮洗白作用。

人民行動黨與公民社會的關係複雜糾葛，隨著不同的理念、組織與個人而變化。我在本書、以及其他人在各自的著作中都舉出許多例子，指出批評者因為拍照之類的「犯行」而遭到調查，在官方演說與主流媒體中遭到攻擊，被拖進法庭整治。這些案例代表人民行動黨騷擾及壓迫運動者與公民社會，在新加坡國內與國際社會都受到批評。但人民行動黨收編公民社會成員，可以藉此來反駁各方批評，投射友善形象，辯稱無意與運動者為敵，運動者甚至可以成為黨員，只有那些「有問題的」運動者才會拒絕透過「適當的管道」做事。

人民行動黨公民社會成員發揮最大用處的時候，就是他們會直接吹捧黨內長官。二〇二〇年七月二十二日，陳澮敏在臉書貼出一張螢幕截圖，內容是她與尚穆根互傳訊息。她開了一個玩笑，部長大人回應了一個表情符號：一隻貓擺出驚訝的臉。

「誰說我們的律政部部長沒有幽默感？他其實非常和藹可親、心態開放，是一位面面俱到的卓越領導人。只不過他為了工作需要，經常得表現出嚴格、嚴肅的形象。」陳澮敏在臉書寫下這一段圖說，最後是一個標籤「#coolboss」（#酷長官）。[16]

我並不懷疑尚穆根對陳澮敏和藹可親，也不驚訝他可以化身為一個「酷長官」。然而尚穆根身兼內政部與律政部的部長，在新加坡位高權重，是人民行動黨出了名的強硬派。他致力於大幅擴張政府的權力來壓制公民，限縮公民社會運作的空間，提高運動、組織與公開批評的風險。他在二〇〇九年向國會提交《公共秩序法案》，就連單人進行的和平示威抗議也都視為罪行。他在二〇一六年帶頭推動《司法行政（保護）法案》（*Administration of Justice (Protection) Act*），將藐視法庭的言論門檻降低。他是二〇一九年四月《防止網路假訊息和網路操縱法》生效施行的關鍵人物。他大力推動《防止外來干預（對應措施）法》，賦予政府——尤其是身為部長的他——更大的權力，限縮法庭的角色。他公開指控運動者與批評者，暗示我們處心積慮要傷害新加坡。[17]當陳有明因為使用卑劣政治手段而遭到批判，尚穆根為他辯護，聲稱他的部落格文章只是問了一個該問的問題。[18]

當陳澮敏宣稱她的「酷上司」「其實非常和藹可親、心態開放，是一位面面俱到的卓越領導人」，她淡化掩飾了許多運動者的經驗：被尚穆根與他推動實施的法律恐嚇跟威脅。她將尚穆根描述為一個好好先生，只因為行為舉止嚴肅而遭到誤解。由於她是公民社會的成員，因此尚穆根與人民行動黨可以把她的吹捧當成「證據」，聲稱自己並非壓迫成性，而是能與運動者友善合作。在此同時，他們當然不會承認，對於某些理念的倡議，根本不存在「適當的管道」；例如攸關人民行動黨正當性（像是呼籲解密冷藏行動相關文件），或者觸及人民行動黨政策的核心（像是死刑、未經審判的拘留）。陳濬敏這樣公開大獻殷勤，只會讓我們不再關注人民行動黨的真面目：它沒有興趣在這些議題上進行互動、談判或妥協，打壓推動這些議題的運動者時也不會良心不安。

在這樣一個一黨獨大、占盡優勢的環境中，人民行動黨一直能夠做到分而治之，做法是對某些團體施惠，給他們機會接近掌權者，與他們建立友誼、甚至是某種盟友關係。當這些團體對執政黨歌功頌德的時候，他們也在有意無意之間掩飾了其他團體受到的騷擾與打擊，這些團體不像他們能夠得到執政黨的寵愛。

自我監管

政治人物的行為是直接外顯地攤在世人眼前，任人批評。但是另一種共犯行為可以更為微妙含蓄、偷偷摸摸、難以鎖定。

生活在新加坡，我們將某些事情內化並學習去做，其中包括相互監管與自我監管。新加坡每一位運動者都有過類似的遭遇，被家人或朋友勸告放棄自己的工作、說話要小心謹慎。我開始在部落格談社會與政治議題的時候，外公會關注我的文章，打電話告訴我寫文章要小心。其他運動者則是會有朋友勸他們不要參加討論會，家人因為他們進行示威抗議——包括芳林公園的合法示威抗議——而氣惱不已。年輕一點的運動者告訴我，父母親會責備他們的行動，要求他們退出公民社會、專心讀書、不要糟蹋自己的前途。

這種型態的監管不像警方傳喚偵訊或拘禁那麼直接衝擊，但是與國家管制同樣有效，甚至可能更有成效。家人的憂慮可以理解，關於逮捕、拘禁、法庭訴訟戰、入獄、後果嚴重的誹謗官司，這些新聞報導在在提醒家中長輩，晚輩如果繼續搞運動會有何後果。親人基於憂慮與關心而發出的責備與懇求，可能會比警方的警告信更難以忽略跟拋下。面對一樁法案、一名警員或一名部長的聲明，你可以直接譴責為打壓、騷擾或霸凌。但是面對擔心你的安全與福祉的阿嬤，你很難告訴她你的運動比她晚上睡不好更重要。我認識的許多運動者之所以不再公開行動，原因不是擔心政府報復，而是要讓摯愛的人安心。

二〇二三年二月底，我在第一章專訪的鄞義林被警方登門拜訪。當時是他在二〇一六年九月移居臺灣之後首度重返新加坡老家，再過一個星期就要離開。他低調處理返鄉一事，時間主要留給家人，只告訴一小群朋友他回來了。然而一場計劃好的密友聚會，最後轉移陣地來到裕廊警署（Jurong Police Division HQ），鄞義林被盤問了兩個小時，事關兩年多前他在二〇二〇年大選期間發布的一則臉書貼文。偵訊結束時，負責警員表示他有意啟動相關程序、扣押他的護照，禁止他在調查期間離開新加坡。果真如此，鄞義林將錯過他與伴侶前往日本度假的計畫，而且無法趕回臺北投入一項新工作。

整個狀況就是不公不義。鄞義林的臉書貼文批評人民行動黨利用少數族裔議題獲取政治利益，警方根據《刑事法典》第二九八A條進行調查；這條法律禁止在新加坡各種族之間鼓吹「敵意、仇恨或惡意的感受」。但誰會記得鄞義林兩年多前在社群媒體上寫了什麼？如果那則貼文真的非常有害、值得警方發動調查，我們在這兩年間應該已經看到傷害的效應；更何況，政府在這兩年間根本沒有採取任何行動。身為鄞義林的朋友，我覺得他應該把整件事情公開，讓新加坡人自行評斷是非曲直；他也很願意這麼做，但後來還是打了退堂鼓，原因就是顧慮家人，不希望為家人帶來更多煩惱，讓留在新加坡的他們面對事件公開的後果。在他原本預訂離開新加坡的那天上午，警方終於通知他會對他發出嚴峻警告，但准許他離境，他的家人也希望不要再有波折。從他被李顯龍總理控告誹謗到被迫移民，他的家人已經承受太多，他尤其不願意讓年邁的雙親增加負擔。

我能夠瞭解和同理鄞義林的處境，我陪他一起前往警署之前有見過他的家人，看到他父母親臉上深刻的憂慮，這種事情不能等閒視之。我們其他知道這起事件的人，都沒有在社群媒體上透露什麼。當局做出如此惡劣的騷擾行動，形象與名聲卻幾乎不受影響，我們的緘默成了幫凶。後來我要求鄞義林容許我在本書呈現這起事件，留下紀錄，儘管已是事件過去許久之後。

鄞義林的爸媽雖然擔憂，但還是相當支持他。其他人未必如此幸運。當一個人因為進行運動或是批評執政黨而遭到打擊，原本善意的警告可能很快就變成責怪受害者。「我們不是告訴過你要小心？」「你也知道人民行動黨會這麼做。」這種反應帶有一種假定：人民行動黨無法動搖。

這類反應的影響與衝擊相當深遠。首先，它剝奪了我們的力量，讓我們深陷於無助感。我們責怪那些受到壓迫或霸凌的人，認定他們遭遇困境是咎由自取，因此更加深化一個信念：我們對掌權者不能也不應有所期待。我們不斷要求權力弱勢者調整自身行為，遵守問題叢生的規則，有任何不滿只能隱忍；在此同時，我們對掌權者高抬貴手，不會嚴格監督與制衡他們的行為。受害者被責怪是一種孤立無援的痛苦經驗。我覺得自己一個人撐持著信念與原則，就好像自己的所作所為沒有價值也無人肯定，世人只當我是個傻瓜。那些當初促使我採取行動的理由無法得到支持，我因此質疑自己：也許我真的就是犯下錯誤的人。

這些懷疑的種子讓我焦慮、恐懼、疲憊。有時候我會太過於擔心犯下錯誤，因此對自己的判斷力失去信心。當我陷入這樣的感覺，原本想說的話、想做的事都會打消。我欠缺足夠的能量來克服自身疑慮、繼續努力前進，退卻是一條比較容易走的路。

對於威權主義政府而言，相互監管與責怪受害者有如一份大禮，不僅代勞了他們自身的工作，而且是以微妙低調、難以記錄、不會招惹負面報導的方式進行。如果不必國家出手干預，大家就會選擇自我噤聲，那麼政府就不需要引人注目的鎮壓行動，不必擔心在國際社會引發譴責。如果民眾已經將自我監管與監管他人轉化為一種生活方式，警察國家（police state）體制也就毋須設置。

如何對治共犯現象？

新加坡媒體淪為權力體制成員的共犯，以及我們無法相互支持、捍衛自身權利與信念，多年以來一直讓我感到幻滅。在挫折與失望的時刻，我會很想譴責眾人的選擇與行動，聲稱他們已經無藥可救，不值得信賴、不能與之合作。然而等到第一波憤怒退潮，我也開始思考一個更為複雜的問題：當我們的行動淪為替威權主義、壓迫與霸凌尋找藉口，甚至助紂為虐，我們對眾人或者對彼此可以究責到什麼地步？

有些情況要比其他情境清楚明確。如果某人真的做了壞事，例如陳有明在人民行動黨網站刊文抹黑亞非言，或者主流媒體記者公開承認為政府進行宣傳，[19]那麼我們可以批評和鄙夷他們積極參與壓迫的體系，導致這個體系牢不可破。他們應該要為自身的行為負起全部的責任。

然而當一個《海峽時報》記者——可能是透過獎學金計畫任職，解約要付出高額賠償——負責撰寫報導來抹黑一位運動者，或者複述政府的宣傳訊息，我們該如何評斷？我不清楚本章開頭提到那位前主流媒體記者的處境，但是從他的臉書貼文可以看出，至少他並不滿意自己必須扮演的角色。我在本書略去他的姓名，因為他無意讓自己在社群媒體上的暴衝搞到人盡皆知。然而這就讓我想到，我展現出來的善意體諒，媒體在攻擊反對派政治人物、運動者與異議人士的時候從來不曾展現。是否點名批判才能夠對淪為共犯的記者究責？還是我們要體諒他們個人的力量有限？他們的罪責到底該如何判斷？

如果是一位國會議員，總是嘗試提出有意義的問題，推動改善人民生活的議題，但所屬政黨施行壓迫前科累累？如果是一家NGO刻意結交政府人士，避免參與「敏感」的工作，但目的是促成其他重要的行動或者方案？如果是一個人的父母、手足或者夥伴，要求他退出公民社會？如果是我們自己，對於我們促成或者以共犯身分參與的事，我們要如何省思自己的決定、對自己究責？

我們都不可能做到完全「清白」，本章稍早描述的例子，正是我如何辜負自己的期望，但這絕不是唯一的案例。雖然我對主流媒體記者極度不滿，但是我自己的新聞工作有時也不免淪為共犯，撐持一個不公不義的體系。我批判新加坡記者照單全收人民行動黨關於光譜行動以及被拘禁者的不實說法，然而當我兼職擔任一家國際新聞通訊社的特約記者，有一回內政部拘禁一批人士，指稱他們已經激進化並支持恐怖組織；我處理這則突發新聞，交稿時間緊迫，於是根據內政部的新聞稿來報導，完全無法找其他記者或組織做獨立查證。當時我能想出的最適當做法——或者應該說是我對自己如此解釋——

就是提及冷藏行動，提醒讀者要對政府關於動用《內部安全法》的說法存疑。但是如果未來三十年裡，人們發現這樁拘禁行動缺乏事實根據與正當理由，那麼我在報導裡東插一段暗示、西接一段評論，就足以豁免我加重他人傷害的責任嗎？

這個主題晦暗模糊的本質，在新加坡並沒有受到嚴肅、充分的討論，就連公民社會圈子也是如此。我們的反應像鐘擺一樣振盪，一端是對於被收編的個人或組織不屑一顧，另一邊是滿懷挫折地感嘆「事情就那樣囉，別無選擇」。私底下，我們可能會承認組織中存在自我審查與恐懼感，對於自己必須經手或者忍受的惡劣事務發洩不滿或悲傷情緒。當新聞記者承認自己扭曲公眾的認知，對倒楣的目標人物造成痛苦，他們頂多就是私底下自打嘴巴：「我知道啦，我知道啦。」當一家NGO或者公司為了保護更重大的目標，明知會對其他人造成負面衝擊，但仍然決定進行審查或自我審查；他們對外說明時頂多就是露出心虛歉疚的微笑。我們被認定應該要滿意接受這種自我覺察，肯定對方願意嘗試，給人方便自己方便，不要深入挖掘已經造成的傷害。我們一而再、再而三忽略與掩飾這一部分的故事。

這個主題相當棘手與敏感，如果緊抓不放，很有可能會對自尊或人際關係造成傷害。我們的重點不在於追究誰應該被責怪，而在於推動建立一個以自我反省與責任感為基礎的集體檢討機制。

不當共犯可能嗎？

新加坡的權力運作動態非常扭曲，每個人到最後都會成為掌權者的皮影戲偶，只是角色各有不同。在這樣的環境中，我們盡可能設法摸索前進，然而他們掌控「世界」和「劇本」的權力會影響我們的選項、我們的盤算、我們的抉擇，以及我們如何相互關聯。

二〇一六年，一小群朋友和我參與一項很短暫的行動，反對《司法行政（保護）法案》。人民行動黨將這項法案包裝為只是先前藐視法庭法例的整合，但其實它降低了「中傷法庭」（scandalising the judiciary）的門檻，從「實質風險」調整為「風險」，意謂許多類型的言論與表達今後都有可能觸法。我們擔心新法將對言論自由與獨立報導產生寒蟬效應。

雖然《司法行政（保護）法案》之中也有一些內容我們並無意見（例如服從法院命令），但是我們從根本反對法案令人憂心的層面，認為它不應該通過立法。儘管如此，我們的第一步仍然是做出妥協。我們知道以人民行動黨在國會的絕對多數地位，法案過關已成定局，這是很單純的數字遊戲。因此我們雖然很想完全封殺這個法案，後來還是調整訴求，只要求延後表決時程，將它送入特設委員會審查。

我們撰寫一封國會請願書，由時任官委議員郭慶亮（Kok Heng Leun）提交。他是一位劇場工作者，也是非常可貴的盟友。他瞭解藝術與公民社會的關聯，積極在新加坡為藝術家與運動者開拓空間，讓他們有地方創作表達、進行實驗、提出異議。郭慶亮也知道法案的問題所在，於是與另外兩位官委議員莫漢（Mahdev Mohan）及郭曉韻（Kuik Shiao-Yin）聯手提出修正案。我們的請願無法阻止法案的二讀與三讀，但是在國會促成一場漫長而實質的討論。然而我們沒有預料到的是，郭慶亮與其他曾經對新法案表達憂心的官委議員，最後還是投票贊成法案通過。

事情剛發生的時候，很多人大感不滿，指控幾位官委議員屈服於壓力、背叛了理念。郭慶亮在臉書貼文說明自己的心路歷程，指出他最後之所以投下贊成票，是為了尊重整個協商與對話的過程。[20]他請大家注意尚穆根在國會所做的解釋，指出其內容會記載在議事錄（Hansard）之中，未來可用於法庭，說明新法立法原意的模糊或混淆之處。郭慶亮認為對照官委議員提出的修正案，尚穆根的解釋是「我們能夠得到的最接近結果」。因此幾位官委議員決定撤回修正案，對法案投下贊成票。

關於《司法行政（保護）法案》的任何修正案要想過關，都需要人民行動黨同意放行，而且他們沒有理由同意對自家法案進行大幅修改。因此郭慶亮也許是對的，部長的解釋是我們能得到的最好結果。然而修正案是從法案內部限制當局的擴權，效力遠遠超過議事錄記載的解釋。我們已經看到許多憂慮一一成真：國會的解釋無法阻止總檢察署對運動者范國瀚採取行動，他只不過是分享他對新加坡與馬來西亞司法的觀點；當反對黨政治人物陳兩裕（John Tan）因為支持范國瀚而遭到起訴，國會的解釋也幫不上忙。[21]堅持到底要求修正法案，大概不會有任何結果，但至少可以在議事錄中留下紀錄，顯示官委議員對於法案的質疑並未得到解決，改進法案內容的努力被人民行動黨以人數優勢封殺。然而幾位官委議員最後撤回修正案、對法案投下贊成票，讓人民行動黨不但贏得表決，而且也贏得觀感，外界以為他們讓有疑慮的官委議員回心轉意。

我特別提到《司法行政（保護）法案》並不是因為它是罕見案例，顯示我們身處不公平的競技場，選擇非常有限；而是因為它的發展過程昭昭在人耳目，讓我得以公開討論它。在新加坡因為權力嚴重不對等而導致的妥協退讓，還有其他的案例：選舉時各個反對黨必須協商劃分地盤，避免陷入多邊混戰；新加坡人有時候會勉強投票給自己並不認同的政黨，目的是對執政黨送出不滿訊息；我們傾向於將自身的政治能動性局限於五年一次的選舉，因為我們認定在選舉與選舉之間，人民行動黨主宰一切。

不幸的是，關於權力運作動態不對等還有更多的案例，但是無法如此公開討論，原因是擔心相關人士的生活與生計受到衝擊。有時候是團體或個人與當局開會或互動之後，被告誡不得留下紀錄也不得公開；有時候是參與者不願揭露特定的行為或情況，擔心會因此斷了自己後路。軼事與故事在公民社會流傳，有時候是竊竊私語，有時候是餐桌上的感嘆，但多半也就僅止於此。我們記者也有自己的抒發方式，然而未經當事人同意，我不能說那些故事。

大家被迫妥協讓步以保住工作，或者確保倡議與計畫繼續進行；不能公開談論這些案例，讓人非常挫折。在新加坡光鮮亮麗的公關品牌形象之下，這才是它真實的運作狀況。這些故事必須分享出去，然而有太多只能私藏。不能分享也是問題的一部分。

生活在這樣一個體系之中，幾乎所有的權力都集中在單方面，我們往往要做出痛苦又令人憤怒的抉擇，並且悶不吭聲。我們多年來見證各種不公平的霸凌手法，被用來暗中壓制、顛覆，甚至破壞新加坡人追求政治自由、人權與社會正義的努力。對這一切，我們保持緘默。

為了保持緘默，大家消耗了許多能量。我們不願意談論眾人如何因為參與運動及政治表態而失去工作，或者根本求職無門；組織的慈善團體身分或者註冊登記如何受到或暗或明的威脅；與政府官員的密室會議如何變成霸凌或是一場安撫收編的行動。堅守原則讓我們綁手綁腳。身為運動者或獨立記者，當對方告訴我們有些事情不能列入紀錄，我們會予以尊重；甚至當他們承認自己曾經傷害他人或是傷害民主，也是如此。曾經有記者告訴我，我的同儕被指控協助外國勢力進行干預，但他們在報導時找不到證據，最後寫出來的東西只是在複述政府的新聞稿。後來當這些記者或者他們的同事公開抹黑我，我仍然不願公開他們的身分。

我們這麼做有幾個原因。有時候是因為我們體認記者與運動者也都是在一個廣大的壓迫體系中求生存，不希望讓他們陷入麻煩。有時候是因為我們不想面對可能引發的反彈，不想激怒掌權者。不得不承認在許多情況下，我們沒有本錢斷自己的退路，儘管另一端的執政黨隨時都可以斷絕這條路。許多公民社會團體對政府而言是可有可無，但執政黨與政府對公民社會而言並非如此。我們許多同儕會妥協讓步和自我克制，為的是繼續生存、繼續奮鬥。

不僅運動者，人人皆如此

根據權力差異進行成本效益分析，是我們日常生活與互動的一部分。就連對政治或時事不感興趣的人，也會進行同樣的盤算，因為它已經深深植入新加坡人的心理特質之中；我們知道基於風險考量，有些事就是不能做，有些話就是不能說。

我初次踏入公民社會之後不久，和母親談起自己覺得很困擾的一些議題。我記不得這場談話的細節，可能是有關死刑或者街友的議題，但是她對我描述的不公不義反應冷淡，這一點令我火冒三丈。當我滿懷義憤與驚恐，她的回應卻只有聳聳肩、嘆口氣，「事情就是那樣囉，有什麼辦法。」她對我參與的網路行動和芳林公園的活動沒有什麼興趣。她雖然沒有禁止我投入，但也沒有表現得非常支持，「你為什麼要這樣做？想一想你的家人。記住你還有一個弟弟。」我可以察覺她並不認同我的所作所為，這讓我感到挫折。難道她看不出來事情的是非曲直？為什麼她不像我一樣義憤填膺？難道她不認為新加坡人應該對消除自家社會的不公不義盡一份心力？

她跟我說：「是的，情況很糟糕。但是要怎麼辦？我有自己的家庭，有兩個孩子要照顧。」

這番話令我難以忘懷，因為它說出了許多人的經驗。問題不在於大家看不到不公平、不可理喻、不公不義，而在於大環境一再讓人見識到，反對、異議與抵抗會讓一個人付出沉重的代價，能夠帶來的社會變化卻很有限；因此合理的做法會是保持低姿態，好好照顧摯愛的人。

當然，能夠抱持這種立場，前提是擁有某種程度的特權。因為來自邊緣社群的人經常會落入一種境地，對於是否衝撞體系並沒有選擇可言。現實中的新加坡人總是在憂慮我們會失去什麼。社會將我們調教成這種心態：再怎麼不開心也要長時間工作，休息和放假代表缺乏衝勁與毅力，要一直擔心生活成本高漲，缺少「嚴厲鞭策」會讓我們被「更廉價、更優秀、更快速」的對手取代，零和（zero-sum）論述深入人心讓生存憂慮揮之不去。當你在日常生活中就已飽受壓力，操心如何才能夠收支平衡、繳交房貸、養活家人，從事社會運動恐怕是你負擔不起的奢侈品。

我過去會浪漫地想，人生最重要的是堅守原則，對抗權力，一絲一毫也不能讓步。當我還跟爸媽住在一起、不必繳房租與帳單，要說這些話相當容易。等到我年紀漸長、結婚、搬出去住、開始擔負各種成年人的責任，多重的考量與妥協也變得愈來愈真實。

在新加坡，執政黨擁有許多權力機制可以對付民眾。他們在負責國家運作的每一個體系中都是根深柢固，長年以來發號施令，民眾不敢輕忽他們的能耐。簽證的申請可能被駁回，加簽可能被拒絕；資格審查沒有明確的標準，每一次申請都是個案處理。工作可能受到威脅，事業受到影響，名聲受到抹黑，努力受到抹殺。我們甚至還沒談到警察調查的直接與間接效應，以及伴隨刑事罪名而來的懲罰。

這些風險不能也不應該等閒視之，人必須隨時權衡輕重得失，考量自己的行為與言論是否值得遭到打擊的風險。對我而言，多年下來，權衡輕重的過程愈來愈複雜。我參與「爭議性的」公民社會活動時間愈長，風險也就居高不下。我有帳單要付，有貓兒要養；參與活動可能威脅我的工作與收入，而且非常迫切。

改變現狀，我們能做什麼？

要消除已經內化的既定認知與習性是有可能的。我們可以做的第一件事就是關注自己的心態與習性。我們不應該不假思索地勸阻身邊的人投入公民社會、依循個人價值與原則來表達意見或採取行動；我們應該將焦點轉移到協助他們評估風險、對於採取適當步驟做出有依據的選擇。我們不應該讓恐懼與相互監管造成分裂，而應該訓練自己避免草率評斷別人的抉擇、策略與方法，並且以公開與私下的方式展現團結支持。我們不應該讓責怪受害者的心態陰魂不散，而應該動員支持那些被掌權者鎖定的人，確保他們在經歷風暴時不會孤立無援。

在個人的層面，我們也可以如法炮製，重點在於堅守幾個基本原則。當我們覺得自己會做出本能反應式的決定時，可以提醒自己放慢腳步，深呼吸幾口氣，回到基本層面：我們已經做到了什麼事？我們為什麼要這麼做？我們做的事產生哪些影響，有沒有對任何人造成傷害？我們做的事是否違反道德，抑或只是違反過於寬泛的法律？引發的批評或反彈是否有道理可言？我們是否需要道歉；如果需要，向誰道歉？這些問題可以幫助我們讓自己的回應意向更為明確、更加深思熟慮；同時梳理我們的思緒與情感，得到更清晰的觀點。我們要盡可能依據信念而非恐懼來行事。

單單只靠這些步驟，並無法為我們解決所有的問題。然而這些步驟能夠幫助我們逃脫淪為某人的皮影戲偶，培養出更為強固、更有助益的人際關係；這種人際關係的重要性無以復加。當我們建立相互團結的社群，營造集體力量的泉源供眾人汲取，我們會找到力量來訴說自己的故事、書寫自己的劇本。

注釋

1 *The Straits Times*, 23 August 2021, Kei Kurohi, "Jolovan Wham held photo-taking session, not public assembly at State Courts Building: Lawyer," https://www.straitstimes.com/singapore/courts-crime/jolovan-wham-held-photo-taking-session-not-public-assembly-at-state-courts

2 皮影戲是一種劇場表演，但在新加坡也常用來描述表演意味濃厚、「純屬作秀」、缺乏誠意與實質意義的行動。

3 *TodayOnline*, 6 January 2020, Janice Lim, "Chan Chun Sing, Pritam Singh spar in Parliament over data on distribution of new jobs among S' poreans and non-citizens," https://www.todayonline.com/singapore/chan-chun-sing-and-pritam-singh-spar-parliament-over-data-distribution-new-jobs-among

4 *TodayOnline*, 16 October 2019, Navene Elangovan, "'Double standards' in how People' s Association and grassroots groups operate in opposition wards: Pritam Singh," https://www.todayonline.com/singapore/double-standards-how-peoples-association-and-grassroots-groups-operate-opposition-wards

5 *TodayOnline*, 26 October 2019, Wong Pei Ting, "Explainer: The perennial issue of public funding for upgrading works in opposition wards," https://www.todayonline.com/singapore/explainer-perennial-issue-public-funding-upgrading-works-opposition-wards

6 Jothie Rajah, *Authoritarian Rule of Law: Legislation, Discourse, and Legitimacy in Singapore* (United Kingdom: Cambridge University Press, 2012).

7 Cherian George, 2007, "Consolidating authoritarian rule: Calibrated coercion in Singapore," *Pacific Review*, 20(2), https://www.tandfonline.com/doi/abs/10.1080/09512740701306782?journalCode=rpre20

8 Sergei Guriev and Daniel Treisman, *Spin Dictators: The Changing Face of Tyranny in the 21st Century* (USA: Princeton University Press, 2022).

9《慈母艦》也為曲解尚穆根談話而道歉：「我們先前發布的文章會讓讀者以為，尚穆根部長改變了他關於法治的觀念，這是錯誤的斷章取義……我們已經更正文章，精確呈現尚穆根的談話。」尚穆根原始談話如下：「無論是運作已經上軌道的社會，還是建立一個現代化、經濟蓬勃發展的社會，起點永遠是法治。在此同時，我們也體認到對於特定事務而言，正規的司法程序並非不二法門，有一種做法必須審慎考量……看看美國，歐巴馬總統在二〇〇八年就職（譯注：歐巴馬在二〇〇九年一月二十日就職），他先前在競選時承諾要關閉關達納摩灣監獄（Guantanamo Bay, Gitmo，譯注：位於古巴的美國軍事監獄，用於無限期監禁美國在反恐戰爭中俘虜的恐怖分子疑犯），但他當了八年總統，還是沒有兌現承諾。一個原因：關閉關達納摩灣監獄意謂數名惡性重大的被拘禁者會被移送到美國本土，許多美國民眾反對這種做法。直到今日，根據我們的資料——可能有錯，只有一名關達納摩灣囚犯被移送美國聯邦法庭（譯注：歐巴馬任內，關達納摩灣監獄囚犯從二百五十人減少至四十一人，至二〇二四年八月尚有三十人）。確實數字可能有誤，但我相信是一個很低的數字。這是什麼道理，道理就是美國人一直拿《內部安全法》的事來教訓我們，要依循正當程序，不可以未經審判就拘禁，美國國務院會三令五申還發布名單，但是當我們來到美國，美國也講正當程序，然後是這些死不悔改的罪犯，從世界各地抓來的恐怖分子，因此美國人將他們送到位於古巴的關達納摩灣，如此一來就可以說，這地方不在美國境內，不適用美國的正當程序法律，可以未經審判就拘禁他們，他們無法享有美國正當程序的權益。除此之外，各位議員也知道那些囚犯遭遇的暴行。因此我要指出我們應該實事求是，避免偽善。內部安全局的被拘禁者會有醫生照顧，太平紳士（Justices of Peace）會去探望他們，我們還會給予宗教輔導，我們不會只把囚犯關起來了事。一段時間之後，許多已經改過向善者都會獲釋。我們不會因為不可理喻的意識形態作祟，就不去做對社會有利的事。意識形態必須對新加坡有利……各位看看九一一恐攻，看看美國如何處理，看看西歐的問題。各位看看世界各地的問題，高尚的觀念人人會講，但是社會的情況無比悲慘，法治的觀念適用於律師，但是在真實的世界並不管用。」（Parliament No: 14, Session No: 1, Volume No: 95, Sitting No: 39, Sitting Date: 4-10-2021）

10 *Ministry of Home Affairs*, 7 October 2021, "MHA Statement on the False Posts Which Misrepresented Minister K Shanmugam's Comments in Parliament on 4 October 2021," http://www.mha.gov.sg/mediaroom/press-releases/mha-statement-on-the-false-posts-which-misrepresented-minister-k-shanmugam-comments-in-parliament-on-4-october-2021/

11 *CNA*, 8 October 2021, Emil Chan, “MHA asks 9 to correct false statements, apologise over posts ‘completely misstating’ Shanmugam’s remarks on rule of law,” https://www.channelnewsasia.com/singapore/fica-shanmugam-mothership-rule-law-mha-2229381

12 *Pusat Komas*, 10 March 2017, “1987: Untracing the Conspiracy,” dir. Jason Soo, 2015, [Video], YouTube, https://www.youtube.com/watch?v=eBJqJroWt3E

13 二〇一六年由市調諮詢公司Blackbox進行的一項調查顯示，大多數新加坡民眾期待尚達曼成為下一任總理，但他從未被當局列為可能人選，原因可能在於種族，人民行動黨曾說新加坡還無法接受一位非華人的總理。另一個原因可能在於和黨內同儕相比，他的政治立場相對偏自由派。尚達曼本人則反覆表明無意爭取總理大位。參見：*Yahoo!News*, 26 September 2017, “Most Singaporeans would choose Tharman as the next Prime Minister: survey,” https://sg.news.yahoo.com/most-singaporeans-would-choose-tharman-1523976433713206.html; *Musings from Singapore*, 24 December 2020, Sudhir Thomas Vadaketh, “Singapore’s leadership crisis: why not Tharman?” https://sudhirtv.com/2020/12/24/singapores-leadership-crisis-why-not-tharman/; *The Straits Times*, 28 September 2016, Rachel Au-Yong, “DPM Tharman rules himself out as next prime minister: ‘I am not the man for PM’,” https://www.straitstimes.com/politics/dpm-tharman-rules-himself-out-as-next-prime-minister-i-am-not-the-man-for-pm

14 *South China Morning Post*, 9 July 2019, Dewey Sim, “Ex-Singapore finance chief Tharman Shanmugaratnam shortlisted for IMF top job, but will Europeans hand over the title?” https://www.scmp.com/week-asia/politics/article/3017704/ex-singaporean-finance-chief-tharman-shortlisted-imf-top-job

15 二〇二三年六月，尚達曼請辭官職，退出人民行動黨，競選新加坡第九任總統。參見：*CNA*, 8 June 2023, “Tharman Shanmugaratnam to run for President in Singapore, will resign from PAP,” https://www.channelnewsasia.com/singapore/tharman-shanmugaratnam-singapore-presidential-election-candidate-3547586?cid=telegram_cna_social_28112017_cna

16 Carrie Tan, 22 July 2020, “Ain’t kidding, and real time. K Shanmugam Sc sent me a [cat pulling a shocked face]

emoji on whatsapp," [Text], Facebook, https://www.facebook.com/CarrieTanCares/posts/pfbid0czAwCeq-2jykudSX6cZ4VXcL3kk8mFjTtafa5R61Fa74YwLxatyCPLgQiEmmgGDAul

17 *Ministry of Home Affairs*, 25 September 2019, "RSIS Conference on Foreign Interference Tactics and Countermeasures - Speech by Mr K Shanmugam, Minister for Home Affairs and Minister for Law," https://www.mha.gov.sg/mediaroom/speeches/rsis-conference-on-foreign-interference-tactics-and-countermeasures---speech-by-mr-k-shanmugam-minister-for-home-affairs-and-minister-for-law/

18 *The Straits Times*, 21 June 2020, Olivia Ho, "Legitimate to question WP chief Pritam Singh's support for playwright Alfian Sa'at, says Shanmugam on post by MP Tan Wu Meng," https://www.straitstimes.com/politics/legitimate-to-question-pritam-singhs-support-for-alfian-saat-says-shanmugam-on-post-by-tan

19 *UpNow Social*, 12 July 2020, "Steven Chia of CNA admits that Singaporean Media is Censored | UpNowMedia.com," [Video], YouTube, https://youtu.be/15kPCG0yI60

20 Kok Heng Leun, 16 August 2016, "Reflection on the Parliamentary Debate of Administration of Justice (Protection) Bill," [Text], Facebook, https://www.facebook.com/kok.leun/posts/10154371208462856

21 *The Straits Times*, 29 April 2019, Selina Lum, "$5000 fine each for activist Jolovan Wham and SDP's John Tan for contempt of court," https://www.straitstimes.com/singapore/courts-crime/5000-fine-each-for-activist-jolovan-wham-and-sdps-john-tan-for-contempt-of

結語

我們將會萬分驚訝

我喜歡黃昏時分在城市裡四處遊走，熱帶的燠熱感受消退，城市籠罩著一股「魔幻時刻」的光輝。我從政府大廈地鐵站走出來，行經宏偉的國家美術館，走向維多利亞劇院及音樂會堂。我的目光沿著天際線移動，天空泛著碧藍、橙黃、粉紅的色調。我呼吸著潮溼的空氣，浸淫在熟悉的氛圍之中，全心體會自己的腳步踩在人行道上的感覺；那是我年復一年、在人生不同階段走過的人行道。我很幸運，到過許多地方旅行，從墨西哥到蘇格蘭，從南韓到紐西蘭。我在世界其他地方見證了許多樂趣、美麗與和平，然而新加坡仍然有它獨一無二之處。

新加坡是我的家。

本書的開宗明義是伸張一種認識：認識那些不斷遭到新加坡主流體制敘事抹殺或掩蓋的經驗、挑戰與運動。我對此懷有強烈的感受，因為正是這些議題與歷史、這些缺陷與問題、這些人與他們的努力，豐富了我對自己國家的經驗，改變了我與新加坡的關係，讓我扎根更牢、投入更深，程度遠超過自身原先的想像。

異議不是背叛，儘管不時會造成混亂，然而它是民主的必備特質，在所有成熟的民主國家都是司空見慣。當我們以自己海量的敘事排斥或者複雜化主流體制的「新加坡故事」，我們並不是在排斥新加坡。我們只是想從掌權者訴說的故事下方發掘充滿活力、性質複雜的層次。

我也反對「愛國的批評者」這樣的概念，堅信一個人不必先做到「愛新加坡」然後才能夠「批評新加坡」。儘管如此，我也無法否認雖然我關心人權、民主與社會正義，但是如果事關新加坡的人權、民主與社會正義，我會特別關注熱中。當這些事情存在與發生在一個我稱之為家鄉的國家，它們會展現出不一樣的性質。我為新加坡做的一切都是出自於我有更高的期待、要求與關心。

無論我如何看待這件事，如何在腦海裡反覆思索，唯一的結論就只有我的動機是愛。這本書是我的情書，不僅寫給新加坡的公民社會及其成員，也寫給整個新加坡。這本書不只是呈現我認識的新加坡，也代表我摯愛的新加坡。我要伸張這樣的認識，正是因為對於自己摯愛的家園，我希望大家看到它的這一面。

我的希望不僅如此。我在這本書寫下的許多內容，對許多人而言——包括我的新加坡同胞——聞所未聞，然而這本書並不只是裝載著過往的經驗。我們除了要伸張自己的認識，也要為變革賦予力量。

我經常遇到認為新加坡不可能發生改變的人。有一股勢力能夠起訴我們、逮捕我們、以漫長無意義的調查折磨我們、甚至可能讓我們失業而且無法養家活口，我們如何能夠對抗它？我們每五年可以行使一次投票權，但是面對選區不公平劃分、反對黨遭到霸凌的問題該如何是好？在每次投票之間，我們還能夠做些什麼？

這種憤怒不滿與力量剝奪讓我深有所感；每當我身心疲憊、忍無可忍，心中就充斥這樣的感受。然而等到我冷靜下來，反思過去十年的所見所聞，我明白事態已經有所改變，而且正在我們周遭改變。我們如果還認定新加坡不可能發生改變，那會是對不起自己。改變已經出現，我在本書前幾章也特別提及，並且值得進一步闡述，因為我們從反思之中可以得到力量。

如果我們衡量自己是依據掌權菁英才能夠行使的特定類型行動——例如提案立法或

廢除法令，或者主導政策變化，那麼我們似乎是原地踏步，耗費大量心力卻一事無成。然而如果我們把視線轉移到現實狀況，轉移到社群和彼此之間，我們會看到自己其實大有進展，因此感到振奮。

過去十年間，某些原本禁忌的主題得到公眾高度關注，覺察和討論都更為常態化。移工權利的倡議者過去常說，對於嚴重的侵害勞工權利事件，《網絡公民》是唯一一個願意好好報導的平臺。但是現在，主流媒體、民間經營的雜誌與新聞網站、追蹤者眾多的社群媒體帳號與國際媒體都會報導相關事件，儘管品質參差不齊。街友議題也是如此，過去政府拒絕面對，但是現在媒體願意關注，在地學者也做了我們可以援用的重要研究；[1]我自己曾經參與相關研究，進行全國性的統計，瞭解新加坡街友問題的規模。

近年來，我觀察到反死刑運動的轉向。當我剛開始投入的時候，一提到毒品就會引發反射式的道德恐慌，嚴重到我們的倡議完全不敢提毒品政策改革，更別說除罪化與減害。到了最近這段日子，輿論或許仍然贊同符合國家論述的嚴峻毒品法規，但是愈來愈多新加坡人開始批判現狀。大家也會針對死刑與種族、性別以及階級的關聯性提出犀利的問題。就連人民行動黨也承認，年輕一代新加坡人期望對於種族與種族正義能有不一樣的、更公開的討論。[2]LGBTQ+運動者多年來鍥而不捨的行動與釋憲官司，終於改變人民行動黨的政治盤算，迫使他們廢除《刑事法典》第三七七A條。

「還不存在的國家」

二〇一六年夏天，我到波士頓參加國際非暴力抗爭中心（International Center on Nonviolent Conflict）一場研討會，遇見勞森牧師（Reverend James Lawson），他是美國民權運動的元老。勞森牧師在團體討論中的一句話撼動了我：「我是一個還不存在的國家的國民。」他的聲音響徹廣大的會議室。這句話是引述自已故的哈丁（Vincent Harding）博士二〇一二年的一場演講，而哈丁博士又是引述自一位西非詩人的作品。[3]勞森牧師談到世界各地的社群都必須組織工作，不只是為了眼前的目標，也是為了一場範圍廣大、持續進行的正義抗爭。

那個星期我參加了許多場課程與工作坊，這一場留下最深刻的印象，大幅影響我如何思考自己進行的運動、自身設定的目標。

一直到那時候，我雖然希望能夠改變人心、政策與法律，然而並不是非常清楚該怎麼做。我對自己、對自己短期內能夠達成的目標有很高的期許：我與人對話時振振有詞，一定要對方同意廢除死刑是唯一的解決之道；如果最後無法讓對方口服心服，我會怒火中燒。我主張新加坡立刻廢除死刑，認定那是唯一值得追求的目標，任何做法如果無法促成這項變革，就等於失敗。

可以想見，這種做法只會帶來失望與挫折感。後來我在波士頓、特別是從勞森牧師談話學到的教訓，促使我看得更遠。值得追求的目標不會在一天之內完成，正義與公平之類重要議題的運動不會立竿見影。這些都是漫長的抗爭，一個世代又一個世代工作的累積。我們每一個人都致力於建立一個更美好、更公平、更平等的國家，沒有任何一個人的工作會是了無意義或浪費時間。

我在有生之年也許看不到自己對新加坡的每一個期望都能實現，儘管我希望至少某些能夠實現。我已經可以坦然接受這樣的現實。完全實現不再是我用來衡量自己與所有工作的一把尺。我現在的認知是，我是一場更龐大更長久旅程的一小部分，旅程目的地是一個還不存在的新加坡。我做的每一件事都有助於奠定一個知識與記憶的基礎，為年輕一輩的新加坡人——以及許多後來者——營造空間與機會，繼續奮鬥。這樣的心態適用於每一位投入公民社會與志願工作、打造更美好新加坡的人，我們的衡量目標不應該是短程目標，我們應該不斷捫心自問：我們是否做到擴展視野、移除想像力的障礙、建立能夠幫助他人前進的團結與支持機制。

二〇一五年，勞森牧師在美國賓州伯利恆（Bethlehem）的摩拉維亞學院（Moravian College）發表演講，敦促在場大約二百五十位聽眾不要抱持消極心態，指望選舉是通往公平正義的唯一道路。他說：「我們必須學習如何工作與抗爭，不僅為了眼前的事物；我們必須為了一個還沒有出現的國家，以其人民的身分全力以赴。」

「如果像你們這樣的人也不計風險、加入抗爭，讓平等、自由與正義的實現機會以我們從來無法想像的方式蒸蒸日上，那該有多好。我們將會萬分驚訝。」

我們將會萬分驚訝。這是一幅強而有力的景象，眾人團結起來，完成遠比單打獨鬥所能期盼、所能完成的更為巨大的事業。將我們的集體實力與能力發揮到連自己都訝異的地步，那會是什麼樣的光景？想必會是一場奇蹟。

我相信我們能夠在新加坡發現這樣的奇蹟，儘管我們許多人經常感覺疲憊沮喪，儘管關於基本自由、民主與進步價值的倡議慢如牛步。一旦我們將視線從運動的巨大目標移開，審視四周的一切，我們將會明白自己有許多理由抱持希望。

在我所認識的新加坡，有許多人正在進行出色而有意義的工作；無論大環境如何對他們的工作、原則與理想造成困難或是滿懷敵意，他們從來不曾灰心氣餒。我曾經看著他們經歷網路騷擾、警方調查、誤導操控、責怪受害者、耗竭心力的法律訴訟，甚至牢獄之災，但仍然保持堅定、熱情與良善。我們會遭遇挫折、犯下錯誤，會對彼此惱怒決裂（然後和好），但我們也一起學習、一起成長。沒有過去十年那些與我結識、與我共事、讓我學習的人，不會有今日的我。他們多年來冒著巨大風險、付出巨大代價，但仍堅持不懈；他們志願投入時間與精力，儘管回報少得可憐；他們默默付出關懷、給予支持，儘管他們受限於環境很難大聲說出想法。在我認識的新加坡，我們正在共同創造我們期盼的國家願景，這是一項強而有力、賦予力量的工作，非常值得參與。

我想要鼓勵各位加入我們的行列，只要從自己的舒適圈踏出一步就已經很了不起。各位不必立刻就做大規模的投入。點點滴滴都會累積在既有的成果，也為未來的工作提供基礎。如果我們都能夠從自己的舒適圈踏出一步，為民主與正義奮鬥，我們將對公眾的意識造成顯著的變化。如果我們繼續集體這麼做，一步一步邁出去，打破新加坡人不關心政治、抗拒變革的迷思，想像我們可以一起完成多少事。

我們也會驚訝萬分。

注釋

1 *Lee Kuan Yew School of Public Policy*, 2022, Social Inclusion Project, "First & Second Nationwide Homelessness Street Count," https://lkyspp.\nus.edu.sg/research/social-inclusion-project/homelessness-street-count/key-findings#:~:text=The%20number%20of%20street%20homeless,in%20most%20parts%20of%20Singapore.

2 *The Straits Times*, 11 July 2020, Olivia Ho, "Singapore GE2020: Shanmugam gives take on younger generation' s different approach to race relations, and PAP loss in Sengkang," https://www.straitstimes.com/politics/shanmugam-gives-take-on-younger-generations-different-approach-to-race-relations-and-pap

3 *Children's Defense Fund*, 30 May 2014, Marian Wright Edelman, "Dr. Vincent Harding's Call to Make America America," https://www.childrensdefense.org/child-watch-columns/health/2014/dr-vincent-hardings-call-to-make-america-america/

4 *WFMZ.TV*, 24 April 2015, Randy Kraft, "Civil rights leader James Lawson speaks of an America that is yet to be," https://www.wfmz.com/news/insideyourtown/civil-rights-leader-james-lawson-speaks-of-an-america-that-is-yet-to-be/article_7fe4abb6-3e16-5740-9c22-e4e2e3366914.html

致謝

寫作本書是一個漫長（真的很長！）而困難的過程，如果沒有許許多多人的支持與體諒，我不可能完成。

這本書首先要獻給我已經過世的外公，如果他有機會讀到《我所認識的新加坡》，他會打電話給我，叮嚀我要小心，然後說出一些比我發表過的文字更不客氣的批評。我每一天都在想念他。

如果你關注新加坡的出版業，你可能會注意到我曾連續兩年在Ethos Books的預告晚會上介紹這本書。這是因為我耽誤交稿期限整整一年，而且還不是我第一次（也不是最後一次）錯過出書期限。Ethos Books每一位成員對我的耐心、關心與支持都受到考驗，尤其是兩位編輯Kah Gay與Arin。他們不但全力投入這本書的出版與行銷工作，而且到現在還願意和我說話。整個過程讓我滿懷感激，我不但得到一家卓越的出版商，而且得到珍貴的朋友。

除了Ethos Books的好朋友，還有幾位朋友讀過本書的早期手稿，幫助我撥雲見日，改進各章的內容。Yu-Mei Balasingamchow花了許多時間與精力，強化本書的中心主題。莊嘉穎確保我不會對臺灣及其轉型正義過程胡說八道。朱正熙大概做到讓我免於被政府告到連褲子都沒得穿（不過就算我被告，也不是他的錯！）。我這個設計學院中輟生原本打算用Canva自行設計書的封面，還好Currency Design拯救了我。

在公民社會的這些年裡，許多人對我展現了關愛與慷慨，這些人以及我們共同完成與經歷的事，造就了今天的我。為了這本書，有人花時間接受訪談，有人協助整理參考資訊與背景資訊；還有許許多多的人在我需要的時候，以鼓勵的話語（或者GIF圖檔）陪伴我。有太多太多美好的人要指名感謝，因此我決定得罪大家，不提任何一個人的姓名。但是我相信大家都知道我的心意。❤

一方面當自由投稿記者，一方面寫書，過程相當辛苦，因此要有所割捨。我的電子信《我們公民》有四百多人訂閱，在寫作本書時，經常是他們的訂閱費讓我免於喝西北風。如果你是《我們公民》的美祿冰贊助者（Milo Peng Funder），我要感謝的除了美祿冰，還有雜菜飯、杯麵與韓式炸雞。也要感謝你接收我更新寫作進度的電子信，讀我的抱怨牢騷，還回信問我要如何預購此書。

我的家人未必支持我做的每一件事，但總是讓我自己做決定。從我小時候開始，母親和父親就是這樣對待我，從未改變；有時候別人會勸他們勉強我改變選擇，但他們還是支持我。我的公公婆婆歡迎我來到他們在蘇格蘭的家，讓我搞亂他們的網飛（Netflix）推薦演算法（韓劇萬萬歲），還幫我準備無比豐盛的布丁與茶。拜這兩對父母親之賜，我得天獨厚，擁有層層疊疊的安全網，並且在遊走世界之餘心境踏實：我永遠有家可回。這是一份不能輕描淡寫的特權，一份永難忘懷的福祐。

我要感謝我的三隻貓Houdini、Saltire與Francis Begbie，牠們完全幫不上忙，還常常害我分心、大搞破壞；不過貓就是貓，不可不謝。

最後要提到我的先生Calum（不能叫Cal）：謝謝你。

SMOOCH

如何處理社會政治壓力與倦怠

我們知道面對社會政治的現實會影響一個人的心理健康，因此在這裡提供幾個實用的訣竅，有助於處理社會政治壓力。如果你因為政治發展而感覺困惑、倦怠與絕望，我們建議你減少接觸新聞報導與社群媒體，時間長短視個人需要而定；並且在採取行動與休息之間尋求平衡。保持健康的生理生活方式、練習放鬆、體認個人情緒限度、尋求社群模式的照護，也會有所幫助。以上建議節選自波士頓大學保健中心的「處理社會政治壓力」。[1]

注釋

1 *Boston University Health Services*, "Coping with Socio-political Stress," https://www.bu.edu/shs/behavioral-medicine/behavioral-resources/coping-with-socio-political-stress/

春山之巔　O31

我所認識的新加坡：一位在地記者的參與及觀察

The Singapore I Recognise: Essays on home, community and hope

作　　者　韓俐穎 Kirsten Han
總 編 輯　莊瑞琳
責任編輯　吳崢鴻
行銷企畫　甘彩蓉
業　　務　尹子麟
封面設計　廖韡
內文排版　藍天圖物宣字社
出　　版　春山出版有限公司
地址：11670 台北市文山區羅斯福路六段 297 號 10 樓
電話：02-29318171
傳真：02-86638233
法律顧問　鵬耀法律事務所戴智權律師
總 經 銷　時報文化出版企業股份有限公司
地址：33343 桃園市龜山區萬壽路二段 351 號
電話：02-23066842
製　　版　瑞豐電腦製版印刷股份有限公司
印　　刷　搖籃本文化事業有限公司
初版一刷　2024 年 11 月

定　　價　新臺幣 480 元
I S B N　978-626-7478-36-3（紙本）
978-626-7478-41-7（PDF）
978-626-7478-37-0（EPUB）

填寫本書線上回函

Email　SpringHillPublishing@gmail.com
Facebook　www.facebook.com/springhillpublishing/

國家圖書館出版品預行編目資料

我所認識的新加坡：一位在地記者的參與及觀察／韓俐穎（Kirsten Han）著；
閻紀宇譯. -- 初版. -- 臺北市：春山出版有限公司, 2024.11
面；　公分. --（春山之巔；31）
譯自：The Singapore I recognise: essays on home, community, and hope
ISBN 978-626-7478-36-3（平裝）
1. CST：政治發展　2. CST：社會環境　3. CST：新加坡

574.387　　113016080

World as a Perspective

世界作為一種視野